地域統合、国家主権とグローバリゼーション

松本八重子 著

中央公論事業出版

まえがき

　地域主義、地域統合、あるいはＦＴＡ、ＥＰＡという言葉は、近年日常生活でもよく用いられる言葉であるが、その歴史は古く、またその内容は多様である。日本と関連がある地域主義といえば、やはりアジア太平洋地域や東アジア共同体構想などがすぐ念頭に浮かぶが、現在地域主義が一番深化しているのは欧州である。また、長年多国間主義を固持してきた米国も北米自由貿易協定（ＮＡＦＴＡ）発足以降は積極的にＦＴＡ戦略を展開しているが、米国の地域主義・ＦＴＡ政策を理解するためには、アジア太平洋ばかりでなく、米州における地域主義の歴史的展開にも視野を広げる必要がある。統計的に見ても、この三つの地域が世界貿易総額の約8割を占めており、ＷＴＯの仕組みに加えて、この三つの地域における統合を把握することが、世界貿易秩序全体を理解するうえで不可欠ともなっている。本書の目的は、米州、欧州、アジア太平洋地域で展開されてきた多彩な地域統合、地域主義を比較研究的視点から論じることにより、それぞれの統合の特徴を明らかにすることである。さらに本書の作業をとおして、将来日本がどのような地域主義を模索することになるのか、を長期的視点から展望するうえでの参考資料を提供することができれば幸いである。
　地域主義や政治・経済統合に関する研究は、政治学、経済学、歴史学、法学、国際関係論、国際政治経済学、地域研究などの様々な分野で行われており、学際的アプローチがしばしば必要とされる領域である。古くは連邦制に関わる歴史研究があり、ドイツやイタリアなどの例に見られるように、政治統合は近代主権国家を形成するうえで重要な役割を果たしてきた。また、アメリカ大陸の独立にも、統合が深く関わっている。米国の場合、イギリスから13の植民地（colonies）が独立した後に、さらに主権を有する13の州（states）が統合し、連邦を形成することにより、現在のような超大国が出現することになった[1]。旧スペイン領諸国の場合には、サン・マルティン将軍とシモン・ボリーバルが独立戦争を指揮し独立を勝ち取ったが、ボリーバルはこれら新

興独立諸国全体が一つの連邦国家を形成することを提言し、国際会議まで開催したものの受け入れられなかったという歴史がある。ボリーバル自身が政治家でありかつ統合研究者であったともいえ、彼の思想はその後もラテンアメリカの地域統合・地域協力に影響している。

　第2次世界大戦後、国際政治学（international politics）の分野ではE. ハース（Ernst B. Haas）を中心とする新機能主義学派が興隆し、欧州を念頭においた地域統合に関する理論研究を展開した。新機能主義学派の予測では、欧州に超国家的機関が出現するであろうとされ、政治制度や意思決定プロセス、統合の機能などに関する細分化された理論研究が蓄積されたが、1960年代に実態と理論の差が歴然とし、70年代に入ると新機能主義学派研究は次第に衰退してしまった。1975年にハースは自ら『地域統合理論の衰退（*The Obsolescence of Regional Integration Theory*）』[2]という著書を出し、新機能主義学派研究に区切りをつけ、相互依存論、レジーム論研究への道筋をつけた[3]。その後の欧州統合研究者の理論的関心は、超国家的機関やスピルオーバー仮説から離れ、レジーム論、グローバル・ガバナンス論や国際制度論に移っていった。現在欧州ではEU憲法の批准が凍結された後にリスボン条約が調印された状況にあり、1960年代当時と比べれば政治統合は進展しているが、新機能主義学派が予測したような国家を超越した共同体の出現には至っていない。

　戦後間もなく活躍したもう1人の統合研究者として、カール・ドイッチュ（Karl W. Deutsch）を忘れてはならないであろう。1957年にドイッチュらは『政治共同体―北大西洋地域―（*Political Community: the North Atlantic Area*）』[4]を著し、武力を行使せずに問題解決が可能な領域を「安全保障共同体」として論じ、北大西洋地域がこのような共同体を形成しつつあると論じた。この共同体概念は現在研究が盛んな地域（経済）統合の領域とは異なっているが、現在のコンストラクティビズムの議論との関連性を読み取ることができる。欧州と北米諸国との政治文化的な均質性が共同体形成にとり有利な条件として作用していることを理解するために重要な書である。と同時に、日本が欧米諸国の中に入って信頼関係を築き、政治的役割を果たすために乗り越えるべき壁、欧米と日本との政治・文化的ギャップを考える際に、ヒントを与えてくれる本でもある。

　経済学の分野では、地域統合を自由貿易論の延長線上にあるものと捕らえ

れば、古くはアダム・スミスの『国富論』なども経済統合を擁護する議論として位置づけることもできるであろう。また、リカードの比較優位論も自由主義に基づく経済統合の合理性を説明するものであり、ヴァイナーらの関税同盟理論は、さらに域外に対する関税を統一して関税同盟を形成することにより経済効果を高めることができると論じた。実際1830年代にはドイツ関税同盟が形成され、ドイツの政治統合のための基礎を築いた。帝国主義時代におけるブロック経済も一種の経済統合として捕らえることも可能であるが、その場合は自由競争ではなく、保護主義に基づく経済の拡大が目指されることになる。ベラ・バラッサ（Béla Balassa）[5]は戦後の欧州統合を念頭に地域統合を自由貿易地域、関税同盟、共同市場、経済同盟、完全な経済統合の五つのタイプに分類し、関税・非関税障壁の撤廃ばかりでなく、政策的統合や地域的組織まで含めた議論を展開した。バラッサによる経済統合論は、今日の地域統合を理解するうえでも多くの示唆に富む研究である。また、ラテンアメリカを中心とする構造主義学派の研究者は、発展途上国の立場から、規模の経済を拡大し域内稚児産業を保護するための方法として経済統合を提唱した。彼らの提案の影響を受けて、ラテンアメリカ自由貿易連合（ＬＡＦＴＡ）、中米共同市場（ＣＡＣＭ）などの経済統合が1960年代には形成された。

　このように地域統合、地域主義研究の歴史は長く、すでに重要な理論上の議論は過去に出尽くしているように思われるが、現実の国際社会においては、次々と新たな地域統合が発足し、あるいは古い統合が再活性化しているので、研究すべき課題は尽きないというのがこの分野の実情であろう。その中で、本書で試みようとしている比較研究はどのような軌跡を辿ってきたのであろうか。1970年にハーバード大学のジョセフ・ナイ（J. Nye, Jr.）は『国際機構（*International Organization*）』誌の地域統合に関する特集号に「共同市場の比較——改訂版新機能主義モデル——（"Comparing Common Markets: A Revised Neo-Functionalist Model"）」を発表し、比較地域主義の可能性を模索した。しかし、この種の研究は個人で行うには多くの時間がかかり、あるいは共同研究をするためには地域統合間の相違を調整しながら共通の分析枠組みを設定する必要がある。そうした理由からあまり本格化せぬうちに、新機能主義学派は比較研究を諦めてしまったようにみえる。その後、欧州を中心とした事例研究は地道に継続され、1980年代末以降は、今度は現実の統

合の実態が急速に変化を遂げていった。欧州共同体（EC）は欧州連合（EU）となり、NAFTA、南米南部共同市場（メルコスール、MERCOSUR）、アジア太平洋経済協力会議（APEC）、ASEAN自由貿易地域（AFTA）などの新たな経済統合が次々と発足し、また2国間FTAも急増した。日本では1982年に浦野・大隈・谷・恒川・山影が『国際関係における地域主義——政治の論理・経済の論理——』[6]を著し、欧州、ラテンアメリカ、アフリカ、アジア、中東の地域主義に関する体系的な比較分析を共同研究により実施した。その後も、国内外において地域主義の比較研究は地道に継続されてきたと言えよう。

　本書では、筆者が常々地域統合や地域主義を理解するうえで重要であると感じているテーマを各章ごとに取り上げ、アジア太平洋、欧州、米州の間で比較を行うという形式をとりたい。もちろん、アフリカ、中東の地域主義は重要であり、この二つの地域を抜いては世界の現状を語ることはできない。特に中東は、産油国として世界経済の一翼を担っており、工業化を経ずに経済発展を遂げ、従来の欧州、米州、アジア太平洋地域とは全く異なる近代化プロセスを辿ってきた。また、アフリカは国連ミレニアム開発目標の対象となる多くの国々を抱え、豊富な資源と国家や社会の基盤の弱さとのギャップに悩んでいる国々も多い。今後の日本の経済戦略・経済開発協力においても、これらの地域における地域主義との関係を熟慮したうえで政策を組み立てていく必要がある。しかしながら、筆者はもともと英連邦カリブ、ラテンアメリカおよび米州における地域主義研究を専門としてきたため、アフリカ、中東まで分析対象を広げることは叶わなかった。しかしながら、一人の研究者が同じ視点から三つの地域における地域主義を比較することにより、通常の特定の事例に絞った研究では見えにくかった各地域統合の特徴をある程度浮き彫りにできることと思う。

　本書の全体の構成は、以下のとおりである。

　　　　第Ⅰ章　地域統合の誕生と軌跡
　　　　第Ⅱ章　統合機関と意思決定システムの比較
　　　　第Ⅲ章　統合の利益と公正な価値の分配
　　　　第Ⅳ章　民主主義と地域統合の関連性
　　　　第Ⅴ章　統合の拡大と重層化

第Ⅵ章　国家主権と地域統合レジーム
　　第Ⅶ章　グローバリゼーション、国際経済秩序と地域主義
　　第Ⅷ章　日本と地域主義――結びにかえて――

　テーマが異なる論文を集めた形式となっているが、最終章において、本書が一貫して抱える主題である、国家の多様性や国家主権と地域統合レジームとの関連性について明らかにしていくことにしたい。各章の内容は次のように予定している。
　第Ⅰ章では、アジア太平洋、欧州、米州における地域統合の構造を紹介し、それぞれの地域統合の誕生の経緯、その後の発展、衰退、再活性化の歴史について論じる。第Ⅱ章では、本書で扱う地域統合の意思決定システムの歴史的変化について論じる。ＡＳＥＡＮやＡＰＥＣはアジア的であると言われる所以は何か、あるいは、ＥＵの意思決定制度はどういった点が超国家的なのか、という問題を考察し、意思決定方式のあり方と地域性とは関係があるのか、という問題を提起したい。第Ⅲ章では、地域統合がもたらす価値にはどのようなものがあり、それらの価値はどのように分配されているか、あるいは価値の分配は加盟国により公正なものと認識されているか、という問題を検討する。第Ⅳ章では、まず理論やイデオロギーのレベルで地域統合と民主主義とはどのような関連性を持つと考えられるかを論じ、次に、現実の地域統合において、民主主義がどのように扱われてきたのかを、歴史的文脈のなかで考察していく。第Ⅲ章と第Ⅳ章は、経済発展レベル、政治体制・民主化レベルが異なる国々の間で、どのように地域統合が発展してきたのか、を分析している。さらにこの2章を受けて、第Ⅴ章では、政治・経済的に均質性の高い統合を目指す欧州では、複数の地域統合への参加を認めずに統合を拡大するという発展方法がとられ、均質性が低い米州、アジア太平洋では、重層的統合システムが発展しているという議論を展開する。ここでは、それぞれの地域域内の複数の地域統合間の関係を主として扱う。第Ⅵ章では、地域統合レジームと国家主権との関係を、①共同行動からの逸脱がどのように認められているか、②地域統合法が国内法にどのように組み入れられているか、③紛争解決に国家がどのように関わっているか、という項目に焦点を当てて論じる。第Ⅶ章では、国際経済秩序におけるグローバリズムと地域主義との関係を理解するため、ＧＡＴＴ・ＷＴＯにおける意思決定主体としての

ECの役割について論じる。次に、地域統合・FTAがその対外経済政策を通じて、グローバリゼーションをどのように促進しているのかを解説することにしたい。第Ⅷ章では、本書の論考をまとめたうえで、日本が東アジア地域においてどのような地域主義を模索することが可能かを考察したい。

ところで、本書で頻出する地域主義、地域統合という言葉は同義語のようでありながら、微妙にニュアンスの異なる、厄介な言葉であり、筆者なりの解釈を本論を始める前に紹介しておきたいと思う。地域主義とは、ドイッチュ流の「安全保障共同体」に近いものであり、少なくとも政府レベルにおいては多国間主義的に問題解決を図ることができるグループを指しており、国家間の障壁の譲許や、あるいは政策統一を必要条件としてはいない。他方、政治統合であろうと、経済統合であろうと、地域統合は域内の政策の収斂や関税・非関税障壁の譲許を促進する過程や、障壁が撤廃され政策等が統一されている状況を示す言葉として理解できると言えよう。現実の地域統合では、安全共同体としての側面と経済統合の側面の両方を持っているものもあり、また、片方に偏っているものもある。また、厳密な意味における政治統合とは、従来の国家主権の放棄を意味しており、地域統合でよく見られる国家間の政策協調とは異なるものと理論上は理解できる。

また、FTAと地域統合とはどう違うのか、という問題については、本書では2国間による地域経済統合をFTA（EPA）、3ヵ国以上によるものを地域統合と呼ぶことにしたい。しかしながら、現実のNAFTAは米国、カナダ、メキシコの3ヵ国により形成されており、筆者の区別はあくまで理論上のものとして理解していただきたい。また、FTAは国家間のものもあれば、地域統合間のFTA、あるいは地域統合と国家とのFTAなど、現実には実に多様であり、その時々の状況や必要に応じて実に多彩なタイプが生み出されてきたと言えよう。また近年、FTAと並行して経済連携協定（Economic Partnership Agreement, EPA）という用語もよく使われているが、両者はどのように違うのであろうか。日本政府はEPAとFTAをほぼ同義語として使用しているようであり、FTAを「経済連携協定の主要な内容の一つ」と位置づけている[7]。EUもEPAという用語を用いているが[8]、コトヌー協定やWTOの枠内で発展途上国の貿易を促進することを意図した協定であり、必ずしもEUと将来FTAを締結することを前提として交わされた条約ではない。また、中南米のFTAにはWTOに申請されていないもの

も多い。このようにFTA、EPAという用語は文脈によって意味するものが異なってくることを一言指摘しておきたい。

【注】
1) 五十嵐武士『覇権国アメリカの再編——冷戦後の変革と政治的伝統』(東京大学出版会、2001年)、第6章。
2) E.B. Haas, *The Obsolescence of Regional Integration Theory* (Institute of International Studies, University of California, Berkeley, 1975).
3) 国際レジーム論とグローバル・ガバナンス論との関連については、山本吉宣『国際レジームとガバナンス』(有斐閣、2008年)。
4) K.W.Deutsch, et al., *Political Community: the North Atlantic Area: International Organization in the Light of Historical Experience* (Princeton University Press, 1957).
5) Béla Balassa, *The Theory of Economic Integration* (Richard D. Irwin, 1961). B・バラッサ、中島正信訳『経済統合の理論』(ダイヤモンド社、1962年)。
6) 浦野起央・大隈宏・谷明良・恒川惠市・山影進『国際関係における地域主義——政治の論理・経済の論理——』(有信堂、1982年)。地域主義の比較研究としては、W.A. Axline, ed., *The Political Economy of Regional Cooperation: Comparative Case Studies* (Pinter Publishers, 1994); Andrew Gamble and Anthony Payne, eds., *Regionalism and World Order* (St. Martin's Press, 1996); Walter Mattli, *The Logic of Regional Integration: Europe and Beyond* (Cambridge University Press, 1999); Robert A. Pastor, *Toward A North American Community: Lessons from the Old World for the New* (Institute for International Economics, 2001); Shaun Breslin, Christopher W. Hughes, Nicola Phillips and Ben Rosamond, eds., *New Regionalisms in the Global Political Economy* (Routledge 2002). 大隈宏「EUとAPECの軌跡——比較地域主義の視点から——」『国際問題』1997年11月号。山本武彦『地域主義の国際比較：アジア太平洋、ヨーロッパ、西半球を中心にして』(早稲田大学出版部、2005年)。
7) 外務省経済局『日本の経済連携協定(EPA)交渉——現状と課題——』平成20年4月。
8) European Commission, "Economic Partnership Agreements — Means and Objectives—." (http://trade.ec.europa.eu/doclib/docs/2003/december/tradoc_115007.pdf<02/21/2009>)

目次

まえがき　1

図・表一覧　13
略語表　14

第Ⅰ章　地域統合の誕生と軌跡 ——————————— 19

　　1950年代から60年代の地域統合発足の波　21
　　欧州におけるEC、EFTAの発足　22
　　ラテンアメリカにおける地域統合の発足　24
　　英連邦カリブ諸国の統合と脱植民地化　26
　　統合の停滞から再活性化へ　28
　　NAFTAの誕生　30
　　NAFTAとメキシコの環境問題　31
　　冷戦終焉以降の中南米における地域統合の動き　34
　　アジア太平洋の地域統合　35
　　冷戦後のアジア太平洋における信頼醸成　37

第Ⅱ章　統合機関と意思決定システムの比較 ——————— 41

　　意思決定システムの多様性　43
　　欧州統合の意思決定システム　43
　　英連邦カリブ地域の意思決定システム　50
　　NAFTAとメルコスールの意思決定システム　51
　　中米統合機構とアンデス共同体　53
　　APECの意思決定システム　55
　　ASEANの意思決定システムと重層的外交ネットワーク　56
　　意思決定のレベルと統合の超国家性　59

意思決定の構造と決定方式　　61
　　　制度化と意思決定　　63
　　　意思決定と地域性　　64

第Ⅲ章　統合の利益と公正な価値の分配 ──── 69

　　　地域統合が生み出す価値　　71
　　　分配上の「公正」とは何か　　73
　　　相互主義と発展途上国のための特恵制度　　75
　　　ＥＣの構造政策とＣＡＰ　　77
　　　米州における多国間開発援助　　82
　　　米州における域内途上国のための優遇措置　　90
　　　アジアと域内格差問題　　92
　　　自助努力か優遇措置か　　95

第Ⅳ章　民主主義と地域統合の関連性 ──── 99

　　　民主主義は地域統合を促進する要因か　　101
　　　欧州統合と民主主義イデオロギー　　103
　　　欧州議会と国民投票　　107
　　　米州における地域統合と民主主義　　108
　　　ＣＡＲＩＣＯＭの民主主義、イデオロギーに関する立場　　111
　　　ハイチの民主化支援とカリブ共同体　　113
　　　アジア太平洋と民主主義　　115
　　　ＡＳＥＡＮと民主主義　　117
　　　安全保障共同体と民主主義　　120

第Ⅴ章　統合の拡大と重層化 ──── 125

　　　拡大の論理、重層化の論理　　127
　　　唯一の地域統合か、複数の地域統合か　　127
　　　地域経済統合間の相互作用のダイナミックス　　130
　　　ＥＥＣとＥＦＴＡの形成　　133
　　　ＥＣの拡大、ＥＦＴＡの縮小　　135

ＥＵの東と南への拡大　138
　　　米州における重層的地域経済統合機構の形成　142
　　　英連邦カリブにおける重層的地域統合機構の形成と拡大　144
　　　米国のハブ・アンド・スポークス関係とＦＴＡＡ構想　146
　　　アジア太平洋における重層的経済ガバナンス　148
　　　アジア太平洋の重層的な安全保障協力枠組み　150
　　　重層的制度の意義　153

第Ⅵ章　国家主権と地域統合レジーム ─── 159

　　　地域統合規範と国内法体系の調和　161
　　　経済分野における共同行動からの逸脱　162
　　　セーフガード　164
　　　安全保障分野における共同行動への参加と逸脱　166
　　　地域統合法と国内法との関係　169
　　　地域統合法が国内法に組み入れられていく方法　170
　　　紛争解決の方法と国家主権　172
　　　常設裁判所のある地域統合　175
　　　常設裁判所のない地域統合の紛争解決機能　178
　　　地域統合の制度化と国家主権　181

第Ⅶ章　グローバリゼーション、国際経済秩序と地域主義 ── 187

　　　国際経済秩序におけるグローバリズムと地域主義　189
　　　歴史的に見た地域主義、グローバリズム　192
　　　ＧＡＴＴ・ＷＴＯの意思決定主体としてのＥＣ　195
　　　ＥＣのＷＴＯにおける利害　197
　　　紛争解決におけるＷＴＯと地域機構・ＦＴＡの関係　200
　　　グローバリゼーションの担い手としての地域統合　201
　　　ＥＵの対外経済政策　204
　　　ＥＵの発展途上国との経済関係　207
　　　米国の対外経済政策　209
　　　米国の対発展途上国政策　212
　　　中南米地域・諸国の対域外経済政策　214

アジア太平洋地域の対域外経済政策　216
　　ＡＳＥＡＮとＥＵ──対照的な地域統合間の協力──　218
　　ＦＴＡ・ＲＴＡ、地域主義とグローバリズム　219

第Ⅷ章　日本と地域主義──結びにかえて ─────── 225
　　地域統合と加盟国の多様性　227
　　地域統合と国家主権　230
　　アジア太平洋と重層的統合システム　233
　　政治・安全保障面から見た東アジア　235
　　東アジア共同体は可能か　239
　　東アジアにおける経済統合の展望　240
　　日本は他地域から何を学ぶことができるか　243

あとがき　247
参考文献　249
索引　264

図・表一覧

図1　EU機関の仕組み　48
図2　アンデス共同体の構造　54
図3　農業部門の被雇用者1人当たりの欧州農業指導保証基金（EAGGF）
　　　支出と生産者への直接支出（2001年、ユーロ）　81

表1　欧州司法裁判所の新規訴訟数　1972 – 1997年　46
表2　意思決定方式とパワー構造による地域主義の分類　62
表3　構造基金と結束基金の分配　1989 – 2006年　79
表4　欧州における農業部門の対GDP比及び全人口に占める比率の歴史的
　　　変化　80
表5　IDBにおける資本金と投票数　84
表6　IDBの2007年度及び1961 – 2007年度累積融資情報　86
表7　カリブ開発銀行の特別開発基金（SDF）等の融資条件　88
表8　カリブ開発銀行における国別、基金別認可融資額の配分
　　　1970 – 2007年　89
表9　アンデス開発公社の加盟国への融資額　88
表10　EU加盟候補国の加盟国民投票　105
表11　地域統合A、B間の相互作用のダイナミックス　132
表12　EUの東方拡大　140
表13　紛争解決デザインにおける制度的選択肢　173
表14　地域統合と国家との関係　182

略語表

ACP（Africa, Caribbean and the Pacific）　アフリカ・カリブ・太平洋諸国
ACS（Association of Caribbean States）　カリブ諸国連合
ADB（Asian Development Bank）　アジア開発銀行
ADF（Asian Development Fund）　アジア開発基金
AFTA（ASEAN Free Trade Area）　ASEAN自由貿易地域
AGOA（African Growth and Opportunity Act）　アフリカの成長と機会法
ALADI（Associasion Latinoamericana de Integración）　ラテンアメリカ統合連合
ANCOM（Andean Common Market）　アンデス共同市場
APEC（Asia Pacific Economic Cooperation）　アジア太平洋経済協力会議
ARF（ASEAN Regional Forum）　ASEAN地域フォーラム
ASEAN（Association of Southeast Asian Nations）　東南アジア諸国連合
ASEM（Asia-Europe Meeting）　アジア欧州会議
BRICs　ブラジル、ロシア、インド、中国の新興諸国グループ
CABEI（Central American Bank for Economic Integration）　中米経済統合銀行
CACM（Central American Common Market）　中米共同市場
CAF（Corporación Andina de Fomento）　アンデス開発公社
CAFTA-DR（Central America-Dominican Republic Free Trade Agreement）
　　　　　　　　　　　　米国・中米・ドミニカ共和国自由貿易協定
CAN（Comunidad Andina, Andean Community）　アンデス共同体
CAP（Common Agricultural Policy）　共通農業政策（EU）
CARICOM（Caribbean Community and Common Market）　カリブ共同体・共同市場
CARIFTA（Caribbean Free Trade Association）　カリブ自由貿易連合
CBI（Caribbean Basin Initiative）　カリブ地域支援構想
CCJ（Caribbean Court of Justice）　カリブ司法裁判所
CDB（Caribbean Development Bank）　カリブ開発銀行
CEFTA（Central European Free Trade Agreement）　中欧自由貿易協定
CER（Australia-New Zealand Closer Economic Relationship Trade Agreement）
　　　　　　　　　　　　オーストラリア＝ニュージーランド経済緊密化協定
CFP（Common Fishery Policy）　共通漁業政策（EU）
CFSP（Common Foreign and Security Policy）　共通外交・安全保障政策（EU）
CIS（Commonwealth of Independent States）　独立国家共同体
CSCE（Conference on Security and Cooperation in Europe）　欧州安全保障協力会議
DDA（Doha Development Agenda）　ドーハ開発アジェンダ

EAEC（East Asian Economic Caucus）　東アジア経済協議体（構想）
EAGGF（European Agricultural Guidance and Guarantee Fund）　欧州農業指導保証基金
EAI（Enterprise for the Americas Initiative）　EAI構想（対中南米支援構想）
EAI（Enterprise for ASEAN Initiative）　ASEAN行動計画
EC（European Community）　欧州共同体
ECB（European Central Bank）　欧州中央銀行
ECCM（East Caribbean Common Market）　東カリブ共同市場
ECJ（European Court of Justice）　欧州司法裁判所
ECLA・ECLAC（U.N. Economic Commission for Latin America and the Caribbean）
　　　　　　　国連ラテンアメリカ（カリブ）経済委員会
ECSC（European Coal and Steel Community）　欧州石炭鉄鋼共同体
EDC（European Defense Community）　欧州防衛共同体（構想）
EEA（European Economic Area）　欧州経済地域
EEC（European Economic Community）　欧州経済共同体
EFTA（European Free Trade Association）　欧州自由貿易連合
EIA（Economic Integration Agreement）　経済統合協定
EMU（European Monetary Union）　欧州通貨同盟
EMS（European Monetary System）　欧州通貨制度
ENP（European Neighborhood Policy）　欧州近隣政策
EP（European Parliament）　欧州議会
EPA（Economic Partnership Agreement）　経済連携協定
EPA（European Parliamentary Assembly）　欧州議会総会
ERDF（European Regional Development Fund）　欧州地域開発基金
ESCB（European System of Central Banks）　欧州中央銀行制度
ESDP（European Security and Defense Policy）　欧州安全保障防衛政策
ESF（European Social Fund）　欧州社会基金
EU（European Union）　欧州連合
EURATOM（European Atomic Energy Community）　欧州原子力共同体
FDI（Foreign Direct Investment）　海外直接投資／対外直接投資
FLAR（Fondo Latino Americano de Reservas）　ラテンアメリカ準備基金
FRB（Federal Reserve Bank）　連邦準備銀行
FTA（Free Trade Agreement）　自由貿易協定
FTAA（Free Trade Area of Americas）　米州自由貿易圏（構想）
GATS（General Agreement on Trade in Services）　サービスの貿易に関する一般協定
GATT（General Agreement on Tariffs and Trade）
　　　　　　　関税と貿易に関する一般協定（ガット）

ＧＣＣ（Gulf Cooperation Council）　湾岸協力会議
ＧＳＰ（Generalized System of Preference）　一般特恵制度
ＩＤＡ（International Development Association）　国際開発協会
ＩＤＢ／ＩＡＤＢ（Inter-American Development Bank）　米州開発銀行
ＩＭＦ（International Monetary Fund）　国際通貨基金
ＩＳＩ（Import Substituting Industrialization）　輸入代替工業化
ＬＡＦＴＡ（Latin American Free Trade Association）　ラテンアメリカ自由貿易連合
ＬＤＣＳ（Less Developed Countries）　域内途上国
ＭＤＣＳ（More Developed Countries）　域内先進国
ＭＥＲＣＯＳＵＲ（Mercado Comun del Sur）　メルコスール（南米南部共同市場）
ＭＩＮＵＳＴＡＨ（UN Stabilization Mission in Haiti）　国連ハイチ安定化派遣団
ＮＡＤ Bank（North American Development Bank）　北米開発銀行
ＮＡＦＴＡ（North American Free Trade Agreement）　北米自由貿易協定
ＮＡＴＯ（North Atlantic Treaty Organization）　北大西洋条約機構
ＮＩＥＯ（New International Economic Order）　新国際経済秩序
ＮＩＥＳ（Newly Industrializing Economies）　新興工業経済群
ＮＰＴ（Treaty on the Non-Proliferation of Nuclear Weapons）　核不拡散条約
ＯＡＳ（Organization of American States）　米州機構
ＯＤＡ（Official Development Assistance）　政府開発援助
ＯＤＥＣＡ（Organizacion de los Estados Centroamericanos）　中米機構
ＯＥＣＤ（Organization for Economic Cooperation and Development）　経済協力開発機構
ＯＥＣＳ（Organization of East Caribbean States）　東カリブ諸国機構
ＯＰＥＣ（Organization of the Petroleum Exporting Countries）　石油輸出国機構
ＯＰＴＡＤ（Organization for Pacific Trade and Development）　太平洋貿易開発機構
ＯＳＣＥ（Organization for Security and Cooperation in Europe）　欧州安全保障協力機構
ＰＡＦＴＡ（Pacific Free Trade Area）　太平洋自由貿易地域
ＰＣＡ（Partnership and Cooperation Agreement）　パートナーシップと協力協定（ＥＵ）
ＰＥＣＣ（Pacific Economic Cooperation Conference）　太平洋経済協力会議
ＰＬＯ（Palestine Liberation Organization）　パレスチナ解放機構
ＰＭＣ（Post-Ministerial Conferences）　ＡＳＥＡＮ拡大外相会議
ＲＳＳ（Regional Security System）　東カリブ地域安全保障システム
ＲＴＡ（Regional Trade Agreement）　地域貿易協定
ＳＡＡＲＣ（South Asian Association for Regional Cooperation）　南アジア地域協力連合
ＳＡＣＵ（Southern African Customs Union）　南部アフリカ関税同盟
ＳＡＤＣ（Southern Africa Development Community）　南部アフリカ開発共同体
ＳＩＣＡ（el Sistema de la integracion Centroamericana）　中米統合システム

ＴＡＣ（Treaty of Amity and Cooperation in South-East Asia）　東南アジア友好協力条約
ＴＲＩＰＳ（Agreement on Trade-Related Aspects of Intellectual Property Rights）
　　　　　　　　　　　　　　　知的所有権の貿易関連の側面に関する協定
ＵＮ（United Nations）　国連
ＵＮＤＰ（United Nations Development Program）　国連開発計画
ＵＮＣＴＡＤ（United Nations Conference on Trade and Development）
　　　　　　　　　　　　　　　　　　　　　　　国連貿易開発会議
ＷＡＥＭＵ（West African Economic and Monetary Union）　西アフリカ経済・通貨同盟
ＷＥＵ（Western European Union）　西欧同盟
ＷＩＳＡ（Council of Ministers of the West Indies Associated States）　ＷＩＳＡ閣僚理事会
ＷＴＯ（World Trade Organizations）　世界貿易機関
ＺＯＰＦＡＮ（Zone of Peace, Freedom and Neutrality）
　　　　　　　　　　　　　　　　　東南アジア平和・自由・中立地帯構想

第Ⅰ章
地域統合の誕生と軌跡

1950年代から60年代の地域統合発足の波

　本章では、第2次世界大戦後に形成された地域統合は、どのような趣旨のもとに発足し、どのような目標を担ってきたのか、を概観していくことにしたい。

　1957年にローマ条約が結ばれ欧州経済共同体（EEC）が発足して以来、世界の至る所で地域統合が誕生してきたが、地域主義の活性化と衰退にはこれまでいくつかの波が存在していた。第1の波として、1960年代には、欧州自由貿易連合（EFTA）、CACM、LAFTA（後のALADI）、アンデス共同市場（ANCOM）、カリブ自由貿易連合（CARIFTA、後のカリブ共同体〈CARICOM〉）、東カリブ共同市場（ECCM）が欧州、米州（ラテンアメリカ）において誕生した。アジアにおいてもASEANが1967年に誕生したが、EFTAや米州の地域経済統合の多くが純粋な経済統合志向であったのとは対照的に、ASEANは当初、安全保障共同体志向の統合であった。また、ECとCACM、CARICOM、ECCM（後の東カリブ諸国機構〈OECS〉）は安全保障共同体と経済統合の両方を志向していた。

　この時期に地域統合が発足した理由は、貿易の拡大と経済成長以外の要因としては、大きく五つのタイプに分けることができる。まず第1に、戦後の国際貿易制度としてGATTが形成されていく過程において、従来の特恵関税を維持していくために地域統合を発足する場合、第2に、脱植民地化過程において、従来の特恵関係を維持したり、あるいは連邦国家を形成する等の目的から地域統合を発足する場合、第3に、安全保障上の目的から共同体形成を目指した場合、第4に、発展途上国が保護主義的輸入代替工業化政策を発展させるために市場統合を行う場合、第5に、既存の地域統合に対抗するために新たな地域統合を発足する場合[1]、が考えられる。地域統合の発足の原因は必ずしも一つに絞ることができるわけではなく、統合によっては、複数の要因により説明できるものも多い。これから紹介する地域統合を、あえて単純化してこれらのタイプに分類すると、ECは第3タイプ、EFTAは第5タイプ、LAFTAは第1と第4タイプ、CACMは第4タイプ、ANC

OMは第4タイプ、CARICOMとECCMは第2タイプ、ASEANは第3タイプとして分類できるであろう。

以下、地域ごとに地域統合の発足と変容を論じることにする。

欧州におけるEC、EFTAの発足

欧州の場合には、GATTが締結される以前よりベネルクス関税同盟が形成されていた。1921年にベルギーとルクセンブルク間で経済同盟が結ばれた経験があり、第2次世界大戦中の1944年にオランダ、ベルギー、ルクセンブルクの3ヵ国代表はロンドンにおいてベネルクス関税同盟に調印した。1947年にGATTが署名されたが、GATT第1条2(b)は(旧)植民地との特恵関係を認め、ベネルクスの関税同盟にも適用された。1960年には新条約が発効し、ヒト、モノ、資本、サービスの自由移動を促進するため、ベネルクス関税同盟はベネルクス経済同盟へと発展した。1960年のベネルクス経済同盟条約第99条では、50年後の2010年にはこの条約は失効する予定となっており、その後継続措置がとられる可能性も残されている。EC・EUの陰で市場規模の小さなベネルクス経済統合はどうしても目立たぬ存在となりがちであるが、長年にわたりベネルクス3ヵ国は地道な統合を進展させてきたと言えよう。ローマ条約第233条はベネルクス経済同盟との関係を規定しており、ベネルクス同盟の目的がローマ条約の適用により達成されない限り、ベネルクスの統合は継続されるよう規定されている。尚、ベネルクス経済同盟はRTAとしてWTOに申請されてはいない。

フランス、ドイツ、イタリア、ベネルクス3ヵ国によるEECの形成は、第2次世界大戦中に疲弊した西欧の経済復興を目標としていただけでなく、欧州平和のための共同体の構築が重要な目標とされていた。また、フランスとドイツとの長年の抗争に終止符を打ち、欧州の平和を構築しようとする統合主義者達の熱意が、欧州統合を切り開いていった面も多い。フランス人のジャン・モネ(Jean Monnet)は経済・軍事上重要な石炭・鉄鋼産業を統合することにより、西欧の平和が達成できると考えた。ルクセンブルク生まれのフランス外相であったロベール・シューマン(Robert Schuman)はモネと協力して「シューマン・プラン」を提唱し、1952年に欧州石炭鉄鋼共同体(ECSC)を誕生させた。

また、オーストリア・ハンガリー帝国のリヒャルト・クーデンホーフ・カレルギー（Richard Coudenhove-Kalergi）[2]は第1次世界大戦後より、欧州の統合運動を熱心に展開し、英国のチャーチル首相（Winston Churchill）にも多くの影響を与えたとされている。1946年にはチャーチルはスイスのチューリッヒ大学における講演で欧州合衆国案を提起したが、結局英国は当初はECSC、EECには加盟せず、EFTAを発足させたのだった。すでに大戦中より脱植民地化の流れは加速されており、英連邦との関係を重視する立場から英国は当初はEECに参加しなかったといえよう。第2次世界大戦後の秩序構築の鍵を握っていた米国は、東西関係への配慮から欧州統合を全面的に支持していたものの、大戦中より植民地の独立を促す政策も展開していた[3]。英国は英連邦との貿易関係を維持するため、EFTAにおいては工業製品を中心に貿易自由化を目指すという方法をとったのであった。EFTAには、英国の他にオーストリア、スイス、スウェーデン、ノルウェー、ポルトガル、アイスランド（1970年に加盟）、デンマークが参加しており、中欧、北欧の中立国のための、政治的色彩の薄い経済統合の枠組みとしての役割をも果たしていた。フィンランドはEFTAの準加盟国となり、1986年にようやく正式メンバーになった。地政学的にソ連の軍事的脅威に晒されていた中欧、北欧諸国にとり、東西冷戦時代にECに加盟することは政治的リスクを背負うことをも意味していたのである。ただし、中立政策をとっている国々の間でも安全保障政策にはかなり開きがあり、デンマーク、ノルウェー、アイスランドは北大西洋条約機構（NATO）にも加盟していた。

　欧州統合は、ECSC、EEC、欧州原子力共同体（EURATOM）の三つの柱を中心に展開することになったが、あくまでも経済分野を中心とした統合であり、安全保障面ではすでに1949年に北大西洋条約が調印されており、EEC6ヵ国はすでに米国を中心とするNATOの安全保障体制にしっかりと組み込まれていた。また、安全保障面における協力を促進することによりドイツの軍事力を欧州に統合してしまおうとする、欧州防衛共同体（EDC）構想も提起されたが、フランス下院が条約の批准を拒否したために実現しなかった。1954年に西欧同盟（WEU）が発足したものの、NATOの陰に隠れ、近年EUが発足するまでその活動は極めて消極的なものであった。またフランスは、NATO統合軍事機構不参加の状況が続いた。

　ローマ条約調印後、EECは欧州統合の主役として深化と拡大の歴史を刻

んでいくことになる。1967年にはEEC、ECSC、EURATOMの理事会と委員会がそれぞれ統合され、ECが誕生した。1973年には第1次拡大が達成され、英国、デンマーク、アイルランドが加入し、ノルウェーは国民投票により加盟しなかった。このECの拡大は、EFTAの縮小を意味し、また植民地時代以来の南北の貿易関係を再編成するという副産物をももたらすことになった。ECは従来ヤウンデ協定により旧植民地諸国や非独立地域との連合関係を維持し、発展途上地域の経済発展を支援していた。英国のEC加入により旧大英帝国領を含めて、アフリカ・カリブ・太平洋諸国（ACP諸国）と1975年にロメ協定を結んだ。ロメ協定は第4次まで結ばれ、コトヌー協定が締結される2000年まで継続した。

ラテンアメリカにおける地域統合の発足

米州における地域主義は、1948年に発足した米州機構（OAS）が第2次世界大戦後に発足した最初の地域的機構であり、19世紀末より継続されてきた汎米主義や汎米会議の伝統をもとに地域主義が制度化された。経済・社会協力のほかに、リオ条約が結ばれ安全保障面における協力も活動分野とされた[4]。1954年に反共決議が採択された後、グアテマラ、ドミニカ共和国などへの軍事介入が実施され、米国に対するラテンアメリカ諸国の反発も高まった。その背景には、19世紀以来の不干渉主義を重視する伝統が影響していたともいえよう。1970年にブエノス・アイレス議定書が発効し、米州機構は社会経済協力を中心とする機構へと方向転換された。地域経済統合に関しては、米州機構自体は地域統合をその活動分野に組み込むことはせず、間接的に発展途上国の統合を支援するという姿勢が長年続いた。米国はGATTの多角主義を重視する貿易政策をとっており、先進国と発展途上国との経済統合は時期尚早であると考えていた。

ラテンアメリカで最初に発足した地域経済統合は、1960年に形成されたCACMであった。もともと中米5ヵ国（グアテマラ、エルサルバドル、ホンジュラス、ニカラグア、コスタリカ）は18世紀初頭にスペインから独立した時点では連邦を結成しており、1838年に連邦が崩壊し現在のような5ヵ国へと分裂したという歴史的経緯がある。20世紀に入ってからも政治統合が模索され、1951年には中米機構設立条約が調印され、55年に発効した。

中米機構は政治・経済統合を目標とし、域内で五つのＦＴＡが結ばれ、さらに多国間主義的条約（マナグア条約）へと再編成され、1960年末にはコスタリカを除く4ヵ国が調印した。さらに1962年にコスタリカも加盟し、1966年までに域内貿易の94％が関税を譲許され、域外との貿易の80％に対して共通域外関税が設定された。このように1960年代にはＣＡＣＭは成功を収めたが、1969年にサッカー戦争が起きるとホンジュラスは統合より離脱し、統合全体の勢いも失速していった。

　ラテンアメリカ自由貿易連合も、ＣＡＣＭとほぼ同時に発足した地域統合であり、中米、パナマ、カリブ海諸国を除くすべてのラテンアメリカ諸国、11ヵ国が参加した。ＬＡＦＴＡが形成された背景には、ＧＡＴＴ内でアルゼンチン、ブラジル、チリ、ウルグアイが貿易特恵を継続しようとする動機が作用していた。また、ラウル・プレビッシュを中心とする国連ラテンアメリカ経済委員会（ＥＣＬＡ）[5]は1950年代より、輸入代替工業化を継続するための方策として、ラテンアメリカ共同市場を発足することを提唱しており、アルゼンチン等4ヵ国による統合案が発表されると、その門戸を他のラテンアメリカ諸国へと開くように提唱した。この呼びかけにより、メキシコ、ペルー、ウルグアイ、パラグアイが発足メンバーとなり、後にコロンビア、エクアドル、ベネズエラも加盟した。このようにして、ラテンアメリカではＬＡＦＴＡとＣＡＣＭの二つに分かれて経済統合が発足し、この二つはケネディ政権により発足した「進歩のための同盟」からも援助を得られるはずであった。しかしながら、ケネディ大統領が暗殺されたために、「進歩のための同盟」は期待された成果をあげぬまま終了することになる。

　1960年代半ば、ＬＡＦＴＡの関税譲許は進まなくなり、また統合の利益がアルゼンチン、ブラジル、メキシコの3ヵ国に集中しがちになると、チリのフレイ大統領を中心とする域内中小国は、新たなサブリージョナルな統合として、アンデス共同市場（ＡＮＣＯＭ）を1969年に発足させた。加盟国は、チリ、コロンビア、ペルー、ベネズエラ、エクアドルで、後にボリビアも参加した。ＬＡＦＴＡは貿易自由化と産業補完協定を中心とする、緩い経済統合を目指していたが、ＡＮＣＯＭは共通域外関税の設定を目指していた。また、ホスト・カントリーが協力して多国籍企業の活動を制約し、あるいは外資が投資しやすい環境を整えるため、共通外資政策を実施した。しかし、チリでピノチェット軍事政権が成立し新経済自由主義に転じると、チリはＡＮ

COMを1976年に脱退し、共通外資政策も後に廃止されるという道筋を辿った。その後はANCOMの統合も行き詰まりの状況が久しく続くことになる。また、1970年前後は南北問題をめぐる交渉が活発であった時代であり、UNCTADでは1974年に「新国際経済秩序（NIEO）樹立に関する宣言」も出されたが、結局実現しなかった。そのような時代背景のもとで、ANCOM加盟国は、米国資本を中心とする多国籍企業を相手にいかに国家としての利益を守り、外資が齎す技術により経済発展を図るか、という問題に果敢に挑戦していたのである。

英連邦カリブ諸国の統合と脱植民地化

　旧英領カリブ諸国は、人口が最大のジャマイカでさえ約262万人（2004年の数値）であり、いわゆるマイクロステートの集まりで、経済構造は観光・サービス業に偏在する傾向にある。大戦間期より、英連邦の脱植民地化は始まっていたが、それはカナダ、オーストラリアなどの現在の先進国を中心としたものであった。英領カリブ地域の独立については、小植民地であるために財政、安全保障上の困難がつきまとうものと予測されていた。1941年の「大西洋憲章」以降、大英帝国内の植民地政府では民族自決や独立に関する意識が高まっていった。戦禍の直接的舞台とはならなかった西インド諸島の場合には、連邦を形成した上で独立させるとの方針がまず英国政府側より示され、1947年にはジャマイカのモンテゴベイにおいて最初の本格的な会議が開かれた。しかしながら、連邦形成のための植民地政府間交渉、英国政府と植民地政府との交渉は延々と続き、西インド諸島連邦が成立したのは1958年のことであった。

　しかしながら、この連邦は早くも1962年には崩壊するという結末を迎えた。連邦を構成していた植民地[6]は、ジャマイカ、トリニダード・トバゴ、バルバドス、アンティグア・バーブーダ、ドミニカ、グレナダ、モントセラト、セント・キッツ・ネーヴィス、セント・ルシア、セント・ビンセントであったが、このうちジャマイカ、トリニダード・トバゴ、バルバドスの3ヵ国は、戦間期より民主化が進み、英連邦内で自治領（dominion）[7]として受け入れられるのに近いレベルにまで、政治発展が進んでいた。連邦政府の実態はこれらの植民地よりはるかに遅れており、また、連邦政府と州政府との力関係、

財政、安全保障、ヒトの自由移動等の問題について連邦内の合意が形成されるには至らなかった。ジャマイカでは、野党のイニシアティブにより連邦に残るか、離脱するかを決定する国民投票が実施されることになり、1961年9月の投票の結果、離脱が決定した。翌62年にはトリニダード・トバゴはジャマイカの離脱・独立に続き、残された8植民地はバルバドスを中心に連邦を再建する方法を模索したが、合意点を見つけることができずに挫折し、最終的にはそれぞれの植民地が一つの国家として独立するという道を辿ることになった。折しも、1960年末には国連総会決議1514（XV）、「植民地と人民に対して独立を付与する宣言」が出され、英連邦カリブの島々は自らの将来を決定しなくてはならぬ時期に立たされたのである[8]。

　連邦崩壊後、トリニダード・トバゴのエリック・ウィリアムズ首相は「カリブ経済共同体」構想を掲げ、連邦に参加しなかった国々、非独立地域との地域経済統合を提唱した。しかしながら、連邦時代の政策決定者間の対立がまだ尾を引いており、むしろ連邦に参加していなかったガイアナのバーナム政権が実際には地域統合を推進するうえで中心的役割を果たすことになった。そもそも連邦を形成する段階において、関税同盟や単一市場を発足する必要があるわけであるが、実際には連邦時代に経済統合は実現しなかった。地域経済統合の最初のステップとして、まず自由貿易地域の形成から始めねばならず、1968年にカリブ自由貿易連合（ＣＡＲＩＦＴＡ）が発足した。この時期にはトリニダード・トバゴ、ジャマイカ、バルバドスは独立しており、西インド諸島連邦崩壊後、いまだ独立していなかった7政治ユニットはまだ連邦を再構築する可能性を残していた。そこで、一つのサブリージョナルな市場としてＣＡＲＩＦＴＡに参加することになった。これらの東カリブの島々は東カリブ・ドルという通貨も共有しており、1968年、ＣＡＲＩＦＴＡ加盟直前に東カリブ共同市場（ＥＣＣＭ）を発足した。

　ＣＡＲＩＦＴＡ発足後約10年で貿易自由化は達成される予定であったが、早くも1973年には域内貿易の約80％の自由化が達成され、カリブ共同体・共同市場（ＣＡＲＩＣＯＭ）へと再編することにより、新たな統合の段階に入った。域外共通関税が設定され、企業・サービス・資本の規制に関する調整、外交政策の調整が開始され、域内途上国のための優遇措置も実施された。また、西インド諸島大学の共同運営、司法教育などの機能上の協力も、正式にカリブ共同体の協力分野として規定された。統合の目標には、完全雇用の

達成と労働・生活水準の向上が掲げられたが、ヒトの自由移動には踏み込んではいない。英連邦カリブ諸国の多くが均質的な、黒人をマジョリティーとする移民国家であるが、トリニダード・トバゴとガイアナの場合には、黒人とインド系住民が2大エスニシティを構成している。これは奴隷制が廃止された後、プランテーションを運営するための労働不足を補うため多くのインド系住民が移民したためであるが、二つのグループ間の政治バランスへの配慮から、連邦時代においてもヒトの自由移動は実施されなかったという経緯がある。

このように、英連邦カリブ地域の統合は脱植民地化と深く関連しており、政治統合の失敗の後、地域統合は従来の経済、機能面における統合・協力を制度化するという役割を担っていたといえよう。また、通貨を共有している小国が、ＣＡＲＩＣＯＭ域内にサブリージョナルな地域統合ＥＣＣＭ・ＯＥＣＳを重層的に形成している、という特徴がある[9]。重層的地域統合機構の形成については、第Ⅴ章で論じることにしたい。

統合の停滞から再活性化へ

1970年代になると、欧州、中南米の地域統合は当初の勢いを失い、停滞期に入った。中南米では貿易自由化の実施が予定より遅れることが多くなり、域内貿易も伸び悩んだ。また、多くのラテンアメリカ諸国が軍事政権へと移行し、チリのように従来の輸入代替工業化政策を早々と放棄し、自由主義的政策に切り替える国もあった。軍部による開発主義の多くは、地域市場向けの輸入代替工業化政策よりも、むしろ世界市場を重視する輸出志向型工業化政策へと重心を移していた。また欧州では、1960年代半ばに共通農業政策（ＣＡＰ）が行き詰まり、国益を優先する立場からフランスのド・ゴール政権はＥＥＣと対立し、66年の「ルクセンブルクの合意」により重要イシューに関しては全会一致による決定方式が定着するようになった。

この間、世界経済自体も大きく変容しており、1971年のニクソン・ショックによりドルと金との自由兌換が廃止されるに至った。変動相場制への移行以後、米国は高金利政策をとり、ドル高が続いた結果、米国の財政赤字、国際収支の赤字が問題となり、85年のプラザ合意、87年のルーブル合意により事態が収拾された。この間、欧州レベルでも統合を推進するために為

替の安定が図られ、78年には欧州通貨制度（EMS）が導入された。EC加盟国の植民地であったアフリカ・カリブ・太平洋諸国（ACP）は、1975年に結ばれたロメ協定によりECとの特恵関係を結ぶことができた。しかしながら、石油ショック後、発展途上地域内部で産油国と非産油国との格差が拡大し、「新国際経済秩序」を求めた発展途上国内部の結束も弱まっていった。また、GATTは1986年にウルグアイ・ラウンドを開始したが、交渉は延々と続き、ようやく1994年にWTO条約が調印され、ラウンドもようやく終結した。

　この間、GATTの多国間交渉の低迷を補足する手段として、新たな地域統合の発足や従来の地域主義の再活性化が図られることになった。グローバリゼーションと冷戦の終焉という国際体系の急激な変化の中で、世界貿易の核を構成する地域として、欧州、アジア太平洋、米州という3つの地域が登場してくる。まず欧州では、1986年2月に「単一欧州議定書」が結ばれ、モノ、ヒト、サービス、資本の自由化が目指され、意思決定のスピード・アップのために理事会の決定に特定多数決制も導入された。さらに1992年にはマーストリヒト条約が調印され、ECはEUへと変貌を遂げることになる。1999年にはアムステルダム条約、2003年にはニース条約が発効し、EUは更なる深化と拡大のための準備を進め、2004年5月には中・東欧を中心とする10ヵ国の加盟が実現した。さらに、2004年10月には「欧州憲法制定条約」が調印されたが、オランダ、フランスでは国内批准が拒否され、熟慮期間をおくことになった。さらに2007年にはブルガリア、ルーマニアもEUに加盟し、EUの第5次拡大は完了した。2007年12月には「リスボン条約」が調印され、2009年1月に批准過程を終了するものと予定されていたが、2008年6月のアイルランドの国民投票では否決された。。

　米州では、米国が従来の多国間主義中心の貿易政策を改め、NAFTA発足、米州自由貿易圏（FTAA）構想の発表、活発な2国間主義的FTA網の形成という貿易戦略を展開し始めることになる。さらに、経済統合がなかなか実現しなかったアジア太平洋地域においても、APECが出現し、ASEANも本格的に経済統合を開始することになる。NAFTAとAPECの特徴は、すでに地域統合が発足する以前より、域内貿易が世界貿易に占める比率が非常に高いレベルに達していたことであり、経済の実態を制度化が追いかける、という順番になった。

第Ⅰ章　地域統合の誕生と軌跡

NAFTAの誕生

　GATTのウルグアイ・ラウンドが行き詰まり、単一欧州市場が出現すると、米国は従来のGATT中心の政策を修正し、地域統合やFTA締結に積極的姿勢を示すようになった。その一つの柱として、ブッシュ（父）大統領がEAI構想として提起し、クリントン政権が発展させたFTAA構想がある。これまで5度米州サミットは開催されており[10]、2003年11月にはFTAA条約草案が提起されているが、締結には至らぬ状況が続いている。キューバを除く、米州34ヵ国を加盟国とする広大な構想であるが、そこに至るまでの方法としては、米国を中心とするハブ・アンド・スポークスの関係を積み上げていくのか、あるいは、純粋に多国間主義的方法で貿易圏を形成するのか、という議論も当初は展開された。交渉中米国とブラジルとの間で主導権争いも展開され、米国中心の市場の確立か、あるいはラテンアメリカに有利な市場の構築か、という争点も存在した。実際には多国間主義的FTAA交渉中に、米国も、あるいはラテンアメリカ諸国も積極的に2国間FTAの締結に臨み、また、メルコスールも国際的主体として積極的にFTAを締結している。

　もう一つの米国の貿易政策の柱は、NAFTAであろう。もともとは1989年に締結された米加自由貿易協定が起源であるが、メキシコが加わることにより、GDPで東欧加盟後のEUを凌ぐ市場が登場することになった。また、従来発展途上国とされてきたメキシコと超大国米国の経済統合であり、均質性が強い国どうしで統合は成功する場合が多いとされてきた常識には反した統合であった。米国としては、国境地帯の不法移民問題、あるいは、麻薬問題を解決する上で、メキシコの貧困問題を是正することは必要課題であり、そのための間接的な解決策となる可能性はあった。もちろん、失業の増加や環境問題の悪化を懸念する労働組合も多く、1992年の米国大統領選の争点にまでなったが、ビジネス・チャンスを期待した米国企業も多かったことは言うまでもない。米国側の事情を反映し、NAFTAでは貿易、サービス、投資の自由化を中心とする本条約の他に、労働、環境問題に関して補完協定が結ばれた。

　ところで、FTAの3ヵ国への拡大を切り出したのはブッシュ（父）大統

領ではなく、実はメキシコのサリーナス大統領であった。当時メキシコはＩＭＦの指導のもと累積債務問題を克服する途上にあり、民主化に向けて政治的にも制度革命党（ＰＲＩ）が自らの伝統的政治基盤を切り崩すような制度改革に乗り出していた[11]。1990年6月に、ブッシュ（父）政権は対中南米支援構想（ＥＡＩ）を提唱し、この月にメキシコとのＦＴＡ交渉を開始することが決定された。ＮＡＦＴＡ交渉時においては、メキシコ政府は議会において強い立場を維持していたが、大企業の労資は交渉に関与することができた[12]。すでにＩＭＦの新経済自由主義を受け入れていたとはいえ、米加市場との統合は経済発展を期待したメキシコの大きな賭けであったと言える。

1994年にＮＡＦＴＡは発効したが、間もなくチアパス地域ではＮＡＦＴＡに反対する先住民らの反乱があり、またコロシオ大統領候補が暗殺されるというショッキングな事件も勃発し、メキシコのカントリー・リスクは高まった。さらに、同年11月に米国の公定歩合が0.75％引き上げられると、外貨準備も32億ドルにまで落ち込み、メキシコからの資本逃避が止まらず金融危機に陥った。メキシコの通貨危機に対し、米国が200億ドル、ＩＭＦが178億ドルの緊急融資を実施した結果、翌95年の実質経済成長率はマイナス6.2％だったが、その後は成長を回復し、着実にＮＡＦＴＡ市場への輸出も伸びた。また、ＮＡＦＴＡ加盟をきっかけとして、メキシコはＯＥＣＤ加盟を果たしたことも、大きな成果であったといえよう。また、2000年末にはマキラドーラがその役目を終えたことも、ＮＡＦＴＡが引き起こした大きな変化の一つであった[13]。マキラドーラ企業の要請により、2000年11月より「産業分野別生産促進措置（ＰＲＯＳＥＣ）」が発効し、国内産業育成のための優遇関税措置は継続して実施されているが、マキラドーラのように輸出振興を目的としてはいない[14]。

ＮＡＦＴＡとメキシコの環境問題

ＮＡＦＴＡの発足した時期は、環境問題、人権問題に国際社会が真剣に向き合うようになった頃と重なっており、1992年にはリオデジャネイロにおいて環境と開発に関する国連会議が開かれた。この会議の準備として米州レベルでも環境に関する様々な会議が開かれ[15]、アマゾンの森林伐採等が引き起こす環境破壊への関心が喚起され、生態系とともに共生する少数民族の

権利や文化を尊重すべきとする気運も高まった。南北間の環境問題に対する認識の隔たりも浮き彫りにされ、環境重視か持続的発展の継続か、未来志向か歴史的関係をも加味した協力関係か、あるいは、国際協力か国家主権か、という対立軸が明らかにされていった。また、「京都議定書」のもととなる「気候変動枠組み条約」など、今日の環境レジームの基本的構造も、リオ・サミットにおいて生み出されたと言えよう。

このように環境問題に関心が高まっていく時期にＮＡＦＴＡは発足したが、果たして経済統合は環境問題にどのような影響を与えたのであろうか。当時メキシコシティーでは自動車の排気ガスによる公害が深刻で、メキシコ政府も1989年には「メキシコシティー首都圏大気汚染対策統合計画」を実施した。日本も植林計画に資金協力した。また行政による車の規制により、排気ガスの汚染は現在ではかなり沈静化され、メキシコシティーに青空が戻ったという話もよく聞く。

しかしながら、ＮＡＦＴＡ発足後もメキシコの大気汚染は引き続き悪化し、その一因は経済統合にあるとする見解も存在する。2004年に出版されたガラファーの研究によれば[16]、ＮＡＦＴＡ発足前には、メキシコ経済が停滞していたこともあり、工業大気汚染の原因となる三つの物質、粉塵（PT）、酸化イオウ（SOx）、窒素酸化物（NOx）は減少していた。しかしＮＡＦＴＡ発足後は、汚染の構成内容は改善されているが、汚染の規模は悪化しており、ＮＡＦＴＡの引き起こした経済成長が環境面での後退を招いたとしている。ガラファーは、メキシコの１人当たりＧＤＰが5,000ドルを超えても環境汚染が改善せず、環境クズネッツ曲線（ＥＫＣ）がメキシコには当てはまらないと論じたうえで[17]、セクターごとの汚染に関する状況を米国とメキシコとで比較し、どのような分野が汚染の原因となっているかを考察している[18]。米国より環境汚染が少ないセクターは鉄鋼、アルミ、セメントであり、これらのセクターは新しい高度な技術を導入しており、ＮＡＦＴＡ発足により需要が伸びて生産を拡大した。また、鉄鋼とセメントではメキシコ資本が中心となっている。一方、環境汚染がメキシコの方が深刻なセクターはゴム、製紙、自動車、薬品、飲料で、輸出部門や米国などの外国資本の比重が高いのが特色であるとしている。民族資本と外資で何故環境汚染対策の開きが出てしまったか、について論じることは難しいが、新たに生産に踏み切ったセクターにおいては、環境に優しい最新設備を導入することは比

較的容易であるが、一方生産設備が老朽化しているセクターでは、厳しい国際競争の中で設備投資に資金をどれだけ回すことができるか、という経営上の問題が常に伴うと指摘できよう。

　ＮＡＦＴＡレジームでは発足当初より環境問題に関する補足協定が結ばれ、単なる貿易自由化だけではなく、公正な競争条件や労働条件、環境基準についても配慮がなされていた。しかしながら、共通の環境基準の設定や、共通基準の徹底遵守という方法はとらず、加盟国各国がそれぞれの環境基準を遵守するよう、相互に努めるという方法がとられている。そもそも、メキシコ経済の少なからぬ部分がインフォーマル・セクターに属しており、そこでは税制上の優遇措置等は機能しにくいと言えよう。経済成長を阻害しないという目的からも、ＮＡＦＴＡでは実現可能で緩やかな環境対策が選択されてきたのである。

　ＮＡＦＴＡ発足後、金融危機なども経験したものの、メキシコ経済は順当に回復し、近年カルデロン政権は環境政策にも積極的になってきている。例えば、ジャーマンウォッチによる2008年版の『気候変動実績指標』[19]では、メキシコは4位にランクされた。この指標は、①1人当たりの二酸化炭素排出量の変化（1998－2000年の排出量と2003－2005年の排出量を比較して、どれだけ改善しているか）、②各国の二酸化炭素の絶対的排出量、③国内における気候政策や、気候問題をめぐる国際的交渉における積極性、の3種類の指標により構成され、それぞれ全体の50％、30％、20％を占め、全体のランク付けが規定されている。この方法では、生活水準が高く多くのエネルギーを使う国や、人口が多い国には不利となりがちであり、また、工業化に伴う環境汚染のレベルがどの程度であるかより、むしろ地球全体の温暖化に対してどの程度の責任があるのか、を示す指標であると言えよう。従って、メキシコの工業化に伴う環境汚染やその人体に対する影響については、この指標から必ずしも明らかにすることはできないが、現状ではメキシコの二酸化炭素排出量は削減傾向にあり、メキシコ政府も積極的な政策を打ち出していると言えよう。ジャーマンウォッチは、「もし米国のブッシュ大統領が主張したように地球気候問題でリーダーシップを発揮すれば、（55位から）ランクを20位上げることができるであろう。」[20]としており、環境問題に消極的な超大国を叱咤激励する姿勢を示した。ただし、日本など早期より環境問題に取り組み、すでに実績を上げてきた国にとっては、急速な改善は望めず、

かなり厳しい採点ともなっている。

このような国際世論がどの程度影響力を発揮したかを明言することは難しいが、2008年の北海道洞爺湖サミットにおいて米国も「気候変動枠組み条約」に復帰する姿勢を明確にしたことは、大きな進歩であったと言えよう。また、「気候変動枠組み条約」が起草された時点と比べ、世界の経済情勢は急激に変動しており、中国、インドをはじめとする新興諸国にも温室効果ガス削減義務を課すことは、地球環境問題の悪化を防ぐためには不可欠の要素であるとも言える。一般的に経済成長は環境汚染を伴うものであり、経済統合により成長を促進させようと意図する場合には、環境問題への配慮が不可欠である。環境汚染の原因の削減を求める規範の設定、環境ルール遵守の徹底化、外部からの環境技術・資金援助を促進するための制度等を、経済統合プログラムと併せて組み立ててゆくことが、地球温暖化問題を解決するためには望ましい。持続的発展と環境保護、さらにはエコ技術などの知的財産権の保護という諸価値のバランスをどのように折り合わせるかが、統合プログラムを組み立てていく上での一つの鍵となるものと考えられる。

冷戦終焉以降の中南米における地域統合の動き

また、NAFTAの出現は、中米・カリブ諸国にも影響を与えた。冷戦時代、1979年にニカラグアでサンディニスタ革命政権が樹立され、中米紛争が勃発すると、米国のレーガン政権は左派勢力を封じ込めるためには中米・カリブ地域の経済発展が必要であるとの見解に達した。同地域の経済成長を促進するために、1982年にはカリブ地域支援構想（Caribbean Basin Initiative, CBI）を発表し、米国がユニラテラルに6,000品目の輸入を自由化し、中米・カリブ地域への投資を促進することを決定した。しかしながら、NAFTAはCBIの特恵措置を骨抜きにするものと懸念され、結局、中米・カリブ諸国の重要な輸出品目である繊維・アパレル製品等に対して、NAFTAパリティ（NAFTA Parity）と呼ばれる制度により、メキシコと同等の輸出条件が供与されることになった。この間、中米の地域統合の再活性化も進んだが、米国は特恵・援助よりむしろ中米・カリブ諸国にも貿易自由化を求める立場に政策を転換し、2005年8月には、中米、ドミニカ共和国と自由貿易協定（CAFTA-DR）を結んだ。EUのコトヌー条約も、最低開発国のた

めの特恵は維持したまま、WTOルールに沿って発展途上国にも貿易自由化を求めており、近年の新経済自由主義浸透の影響であると考えられる。

また南米においても、1980年代半ばより新たな地域統合を形成する動きが起こり、91年のアスンシオン条約によりメルコスールが誕生した。参加国はブラジル、アルゼンチン、パラグアイ、ウルグアイで、2006年よりベネズエラも正式に加盟した。また、チリとボリビア、ペルー、コロンビア、エクアドルが準加盟国として参加している。メルコスールの目的は、域外共通関税を設定し共同市場を創設することであり、長期的には資本やヒトの自由移動も目指している。1990年代末から2000年代初頭には、ブラジル、アルゼンチンが通貨危機に次々と見舞われ、通貨の切り下げや関税政策により局面を乗り切るという方針をとったため、メルコスールの統合は一時後退する事態も経験した。その後加盟国経済は回復し、2006年にはブラジル、アルゼンチンがブレイディ公債を繰り上げ償還した。

1990年代には古い地域統合も再活性化され、アンデス共同市場は1996年にはトルヒーヨ議定書によりアンデス共同体を発足し、さらに翌97年からはスクレ議定書により社会政策や共通外交政策へ協力を拡大した。また、中米和平が達成されると中米においても、テグシガルパ議定書により地域統合が再出発した。また、ブラジルを中心にメルコスールは米国主導のFTAA構想に対抗する立場をとっており、2004年以降はアンデス共同体とともに南米共同体を形成する動きを見せている。また、2006年にはベネズエラもメルコスールに加盟を果たしたが、一方同年ベネズエラは、ペルーとコロンビア間のFTAがアンデス共同体の経済統合を阻害しているとして同共同体を脱退した。

アジア太平洋の地域統合

アジア太平洋地域の地域主義は、古くは第2次世界大戦以前の大東亜共栄圏構想の記憶があり、アジア近隣諸国にとり第2次世界大戦以前の植民地体験の記憶を乗り越え、平和と経済的安定のための地域的制度を発足することは決して容易なことではなかった。そもそも、1960年代には日本は高度経済成長期を迎えたが、近隣のNIES諸国が輸出志向型工業化政策を成功させたのは1980年代のことであり、工業化レベルの相違により長らく経済統

合は困難な状況にあった。すでに1960年代より、日本の財界、官僚、研究者などにより、太平洋自由貿易地域（ＰＡＦＴＡ）、太平洋貿易開発機構（ＯＰＴＡＤ）などの様々な地域統合構想が練られたが、これらは実現しなかった。この間、日本とアジア太平洋諸国との貿易、投資関係も急速に拡大し、開発援助も活発に行われ、経済面における制度設立の第一歩として、1980年には民間主導の太平洋経済協力会議（ＰＥＣＣ）が発足した。日本の通産省（現・経済産業省）やオーストラリアのホーク首相らの尽力により、多国間主義的制度としてのＡＰＥＣはようやく1989年に発足した。しかしながら、政治面では日本に対する警戒感はなかなか払拭されず、北朝鮮の核問題も未解決のまま、安全保障面における地域的制度は今日まで構築されるに至っていない。

　アジアにおける地域主義は、東南アジア諸国によるＡＳＥＡＮが1960年代よりリードしてきたと言っても過言ではない。1967年にインドネシア、マレーシア、フィリピン、シンガポール、タイの5ヵ国により発足されて以来、経済統合よりもむしろ政治や安全保障分野で積極的な活動を展開してきた。冷戦構造の中で、東南アジアも政情不安をしばしば経験したが、相互に内政問題には不干渉をとおすという方針により、内政問題が地域紛争へとエスカレートするのを避け、地域全体の安定を図るという方法がとられた[21]。1971年には「東南アジア平和・自由・中立地帯宣言」が表明され、東西冷戦、ベトナム戦争、あるいは台頭する中国の影響を封じ込めようとした。こうした域内の信頼醸成作りは外相会議よりスタートし、1976年には首脳会議へと最高意思決定機関がレベル・アップした。また、「自然災害相互援助ＡＳＥＡＮ宣言」（1976年）、「麻薬乱用撲滅原則ＡＳＥＡＮ宣言」（同年）、「保健協力に関するＡＳＥＡＮ宣言」（1980年）などにより、様々な機能的分野における協力を推進していった。日本の高度経済成長を背景に、日本企業のアジアへの進出が加速し、雁行型の経済発展が展開するにつれ、東南アジア諸国も経済発展に積極的になった。地域レベルにおいても「特恵貿易取り決め協定」（1977年）、「工業プロジェクト基本協定」（1978年）、「産業補完計画基本協定」（1981年）などを結んだ。

　1989年のＡＰＥＣの設立は、グローバル・レベルにおける自由化の行き詰まりと欧州における統合の深化に対応するという側面を持っていたが、ＡＰＥＣの構造自体は欧州とはかなり異なった種類の統合であったと言える。

まず、政治、文化、経済発展レベルの異なった国々により構成され、米国、カナダ、オーストラリア、ニュージーランドの欧米文化を基礎とする先進国、日本、中国、韓国、香港、台湾という東アジア諸国・地域、およびＡＳＥＡＮを中心とする東南アジア諸国、メキシコ、ペルー、チリという西半球の国々とロシア、21ヵ国が現在加盟している。貿易・投資の自由化、経済技術協力が基本的な機能であるが、ＡＰＥＣ自体が域内の貿易・投資の自由化を促進するうえで重要な役割を果たしたというより、むしろ、ＡＰＥＣ発足以前より市場において貿易・投資の相互依存関係が急速に深まっていったとみるのが妥当であろう。ＡＰＥＣでは「開かれた地域主義」というアプローチをとり、域内における自由化を域外諸国へも同様に適用することにより、グローバルなレベルとＡＰＥＣのレベルとで自由化を促進するという新たな経済自由化の方法を創出したと言えよう。ＧＡＴＴ第24条で認められている、域外に対して差別的な従来の統合方法と比べ、ＡＰＥＣ方式はＧＡＴＴの多国間主義とより整合性が高く、またＷＴＯのラウンドを補足する機能を担っていると言えよう。既にＡＰＥＣ地域では対域内貿易が対世界貿易の約60％を占めており、域外貿易の拡大も重視したＡＰＥＣ加盟国の経済発展戦略を反映していると考えられる。また、2006年の「ハノイ宣言」ではＡＰＥＣ自由貿易協定を締結することが目標に掲げられており、従来より積極的な貿易自由化策が今後とられる可能性が出てきた。このような「開かれた地域主義」の変化の可能性は、差別的な２国間ＦＴＡが急増する現実への対応であるとも言えよう。

冷戦後のアジア太平洋における信頼醸成

　欧州においてＥＣからＥＵへと再編成が進行している時期は、まさにソ連の解体と世界秩序の変容の期間と重なっており、アジア太平洋においても冷戦終焉後の地域秩序の構築が重要な課題となった。ＡＳＥＡＮはその団体交渉力を利用して巧みな小国外交を展開し、地域の政治的安定と経済発展を本格的に軌道に乗せるよう努めてきた。ＡＳＥＡＮを軸として、ＡＳＥＡＮ地域フォーラム（ＡＲＦ）（1994年）、ＡＳＥＡＮ拡大外相会議（1979年）、アジア欧州会議（Asia-Europe Meeting, ＡＳＥＭ）（1996年）という、域外諸国との政治・安全保障対話、経済協力等を推進するための制度を設立し、会議

を定期的に開催することにより域外国との信頼醸成に努めている。また、重層的に協力枠組みのネットワークを張り巡らせることにより、イシューにより的確な枠組みを利用し、ASEANに有利な交渉が行えるようなシステムの構築に成功してきたと言えよう。米国、日本、オーストラリア、中国、ロシアという大国のいずれを交渉に組み込むべきか、という問題を、ASEAN側が決定することができる仕組みともなっているのである。また1992年にはASEANはAFTAを締結し、本格的に経済統合にも着手することになった。

東アジアは、経済躍進著しい社会主義大国・中国、北朝鮮との統一問題を抱える韓国、及びかつて敗戦した元宗主国の日本、という関係構築が難しい国々の集まりであり、いかに安全保障のための枠組みを作るか、は難題である。ASEAN諸国は1997年よりこれら3ヵ国と「ASEAN＋3」を発足することにより、東アジア共同体を長期的には目指してきた。また、アジア通貨危機が勃発した際には、このASEAN＋3が通貨・金融問題を解決するうえで主要な役割を果たし、ASEAN諸国には東アジア地域主義の必要性を改めて認識させる契機となった。しかしながら、民主主義・資本主義国と社会主義国との間で実施できる地域統合には制約があることも事実であり、EUのような統合を期待することには無理があろう。経済躍進の目覚ましい中国は近年活発にFTAを締結し、将来性のある市場として世界中の注目を集めている。他方、高度経済成長により拡大した経済格差をいかに是正し、市民社会の底上げを図るかは、社会主義国にとりイデオロギー上克服しなければならぬ課題であるとも言える。また、北朝鮮の核開発問題、あるいは日本人拉致問題を解決するうえで、北朝鮮が関与している6ヵ国協議は日本にとり重要であることは言うまでもない。

本章では、欧州、米州、アジア太平洋で多様な地域統合がどのように形成され、変容してきたか、その経緯を概説した。欧州統合では、第2次世界大戦後の不戦共同体構築を目指してまずエネルギーの共同管理と市場統合が着手され、現在では安全保障、外交、警察・刑事司法協力の分野にまで統合は進展している。米州では、安全保障や社会・経済協力は米州機構が主として担い、経済統合はNAFTA、メルコスールなどのサブリージョナルな枠組みで実施されるという、多元的な地域主義構造が発展してきた。またアジア太平洋では、脱植民地化後の政治不安を解決するための多国間主義的枠組み

としてまずＡＳＥＡＮが発足し、現在では経済統合をも含む多機能的地域機構へと発展している。またＡＳＥＡＮはＡＰＥＣ加盟国との多様なネットワークを構築することにより、アジア太平洋地域の秩序構築を模索してきたと言えよう。

【注】

1) 既存の地域経済統合から不利益を被り、それに対抗するために新たな地域統合は発足するという考え方を重視している論文としては、Walter Mattli, *The Logic of Regional Integration: Europe and Beyond*（Cambridge U. Press, 1999）, Ch.3.
2) リヒャルトの母光子は日本人であり、リヒャルトは日本でも公演を行っている。
3) チャーチルとルーズベルトによる「大西洋憲章」は第２次世界大戦後の民族自決と脱植民地化の動きの発端となったと考えられるが、当初チャーチルは欧州諸国を念頭に「民族自決」を主張していた。その後、発展途上諸国をも含めた意味で発展的に解釈されるようになった。
4) ＯＡＳの加盟国すべてがリオ条約に調印していたわけではなく、安全保障上の協力への参加は、加盟各国の決定に任されていた。
5) 英連邦カリブ諸国が国連に加盟した後、1984年に国連ラテンアメリカ・カリブ経済委員会（ＥＣＬＡＣ）となった。
6) 正式には、「行政ユニット（unit）」という用語が使われていた。
7) 英連邦内の独立国は自治領と呼ばれ、1931年のウェストミンスター憲章により、内政自治に加えて外交権をも自治領は獲得することになった。当初自治領の国家元首は英国王（英国女王）とするという規定があったが、現在では大統領制をとる国々も英連邦に加盟している。
8) 脱植民地化については、木畑洋一『イギリス帝国と帝国主義―比較と関係の視座―』（有志舎、2008年）、212―217頁。
9) 何故重層的な統合機構が形成されたのかについては、詳しくは松本八重子『地域経済統合と重層的ガバナンス』第Ⅴ章参照。
10) 1994年にマイアミ・サミット、1998年にサンチャゴ・サミット、2001年にケベック・サミット、2005年にマール・デル・プラタ・サミット、2009年にポート・オブ・スペイン・サミットが開かれたが、経済統合問題で順調な展開が見られたのは、第1、第2回サミットであった。
11) 例えば、Dominguez, Jorge I., "The Transformation of Mexico's Electoral and Party Systems," in J. I. Dominguez and A. Poire, eds., *Toward Mexico's Democratization*（Routledge, 1999）を参照。

12) Frederick W. Mayer, *Interpreting NAFTA: the Science and Art of Political Analysis* (Columbia U. Press, 1998), p.115.
13) マキラドーラはＮＡＦＴＡ発効後に拡大し、1994年から2000年までの間に就労者は2倍以上となり、130万人に達した（細野昭雄「米州とリージョナリズム――ＮＡＦＴＡとメルコスル」『国際問題』第494号（2001年5月）、64頁。
14) http://www.jetro.go.jp/biz/world/cs_america/mx/qa_03/04J-010504?print=1 (04/08/2008).
15) 詳しくは、Heraldo Muñoz, ed., *Environment and Diplomacy in the Americas* (Lynne Rienner Publishers, 1992).
16) Kevin P. Gallagher, *Free Trade and the Environment: Mexico, NAFTA, and Beyond* (Stanford U. Press, 2004), pp.34-48.
17) *Ibid.*, pp.12-24.
18) *Ibid.*, pp.49-61.
19) Germanwatch, *The Climate Change Performance Index: A Comparison of Emissions Trends and Climate Protection Policies of the Top 56 CO_2 Emitting Nations* (*Climate Change Performance Index 2008*), 2007.
20) *Ibid.*, p.13.
21) 例えば、山影進「国民統合のための地域統合――東南アジア島嶼部国際関係の変容と政治統合問題」『国際政治』第84号、1987年を参照のこと。

第Ⅱ章
統合機関と意思決定システムの比較

意思決定システムの多様性

　地域統合を発足するためには、いつまでにどれだけ関税を譲許するか、あるいは域外共通関税をどの程度の高さに設定するか等、様々な取り決めを行う必要があり、そのための意思決定のあり方はまさに多様である。その方法は地域統合によっても異なるし、一つの地域統合においても、その時期やイシューにより、制度あるいはレジーム[1]としての変容をしばしば遂げている。しかしながら、それぞれの意思決定の構造的特徴を捕え、比較することにより理解を深めることは可能である。また、このような思考のトレーニングが、使い勝手がよく、時間や費用面でも効率的な制度を設計するためには必要なのではないか、と思われる。もちろん、現実の意思決定の場においては、人間のひらめきとか、あるいは偶然の出来事が決定的な作用を果たすことも時としてあり、制度自体が決定に果たす役割はあくまでも限られたものであると言えよう。

　本章においては、まず地域統合の雛形とされている欧州統合の意思決定システムの構造と変容について論じる。フランス、ドイツ、あるいは英国という主要アクターによる国際政治的な側面と、欧州委員会などの超国家的機関の影響力が比較的強い側面、あるいは、多国間主義的意思決定が重視される側面がある。また、意思決定における民主主義的な要素と、権力抗争的な要素の双方を理解することが必要であり、さらに、欧州議会のような市民のＥＵ政治への参加の実質的な影響力はどの程度あるのか、についても考察する必要がある。次に、西半球の地域統合として、ＮＡＦＴＡ、メルコスール、カリブ共同体、中米統合機構、アンデス共同体の意思決定システムを概観し、それぞれのシステムの特徴を掴むようにしたい。最後に、アジア太平洋の事例としてＡＰＥＣとＡＳＥＡＮをとりあげ、アジア的なシステムとよく言われる特殊性がどのような所にあるのか、を考えていくことにしたい。

欧州統合の意思決定システム

　現在のリスボン条約が発効していない状況では、欧州連合は第1の柱とし

て欧州共同体、欧州原子力共同体（ＥＵＲＡＴＯＭ）、第2の柱として共通外交・安全保障政策（ＣＦＳＰ）、第3の柱として、警察および刑事事項における司法内務協力（ＰＪＣＣ）、という三つの活動分野を有している。もともとＥＣは、1951年に条約を調印した欧州石炭鉄鋼共同体（ＥＣＳＣ）、1957年に調印されたＥＥＣ、およびＥＵＲＡＴＯＭという三つの組織を統合して1967年に発足したものであり、2002年にはＥＣＳＣは50年の期限が満期となり失効し、その役目はＥＣが引き継いでいる。

　ＥＵの組織はＥＣ組織を発展させたものであると言える。ＥＣの主たる意思決定機関は、ＥＣ委員会、ＥＣ閣僚理事会、欧州議会（ＥＰ）、および欧州司法裁判所であり、ＥＵへの再組織後には、ＥＣ委員会は欧州委員会に、閣僚理事会はＥＵ理事会にそれぞれ名称を改めた。ＥＣ委員会（欧州委員会）の役割は、国家であれば政府の役割に近いが、加盟国の利害を擁護する立場からではなく、共同体全体を代表する立場から政策立案および施行を実施する機能を担っている。同じく行政府に相当する機能を果たしているのはＥＣ閣僚理事会（ＥＵ理事会）であるが、こちらは各国の閣僚が文字どおり参画する多国間主義的機関である。ＥＣ委員会（欧州委員会）と閣僚理事会（ＥＵ理事会）は、「両頭型」の政治システムを形成しているとされ[2]、ＥＣ委員会（欧州委員会）は主に政策提案を行い、閣僚理事会（ＥＵ理事会）が審議・決定するという役割分担を果たしてきた。さらに、ＥＣ委員会（欧州委員会）は政策案件を閣僚理事会（ＥＵ理事会）に提起したり、あるいは政策遂行の段階において、各加盟国を代表する専門家集団と事前に審議・修正作業を実施し、案件が専門的にも妥当で、かつ加盟国の利益バランスを配慮したものとなるようにしている。このような委員会と国家官僚とのネットワークを通じて形成されているガバナンスの形態は、コミトロジー（comitology）と呼ばれている[3]。欧州委員会は各加盟国1名ずつ任命され、計27名で活動を行っており、予算の歳出を管理するという使命も担っている。ＥＵ理事会は法的には各国の閣僚により構成される一つの機関であるが、実際には議題により、それぞれの加盟国の関連分野担当閣僚が出席することになっている。なかでも、外相により構成される一般事項理事会（General Affairs Council, GAC）は特に重要であり、国内的にも調整役を果たしている[4]。リスボン条約では委員会の委員数を削減すると規定されていたが、2008年末の欧州理事会において、各加盟国1名の委員を任命するとの方針に修正するよう調整

することが決定された。

　EU（EC）理事会における議決方式は、単純多数決、特定多数決、全会一致方式に分かれるが、初期の活動では実質的には全会一致方式が重要案件では採用されていた。何故制度と現実との間にこのようなギャップが発生したかというと、1960年代に共通農業政策（CAP）と関税同盟に関する決議を特定多数決制度に委ねようとしたことに対し、フランスが拒否して閣僚を理事会から撤退させ全会一致方式を主張したためであり、「ルクセンブルクの危機と妥協」と呼ばれている[5]。この全会一致方式の採用は、意思決定におけるEC委員会の役割を弱める結果となり、また、フランス、ドイツ、英国という有力な加盟国が交渉力を発揮する場面が増加した。しかし、加盟国の数が多くなれば理論的にも全会一致の合意形成は困難であり、1986年の単一欧州議定書採択後は、徴税などの特定の議題を除いて特定多数決制が活用されることになり、地域統合の停滞を打破すべく意思決定のスピード・アップが図られた。さらに、アムステルダム条約、ニース条約を経て特定多数決制が定着していった。特定多数決制における総票数は執筆時点で321票[6]であるが、採択の際には232票、賛成国の人口がEU全人口の62％以上であることが必要条件となっている。また、欧州委員会とEU理事会の見解が異なっている場合には、採択には全会一致方式が採用されている。

　欧州議会はEC発足当初は諮問機関的な役割が強く、実質的には意思決定にはほとんど影響することはなく、あまり重視されていなかった。当初は各国の国会議員が議員を務めていたが、1979年以降は直接普通選挙により議員が選ばれている[7]。現在、ニース条約により規定されている加盟国の議員数は人口にある程度比例したものとなっている[8]。単一欧州議定書以降議会の立法権限は強化されてきており、現在国際協定の締結、新規加盟国の受け入れ、欧州市民の居住権などの問題をめぐっては、EU理事会は欧州議会の合意なしに決定できない仕組みとなっている。

　さらに、ECの司法機関として欧州司法裁判所（ECJ）と第一審裁判所が存在する。欧州司法裁判所はローマ条約に基づいて設立され、27人の判事と8名の法務官により構成され、任期は6年であり、裁判官としての独立性も保障されている。第一審裁判所は1989年に設立され、27名の判事が任命されている。欧州司法裁判所は、加盟国が条約を履行しているか否かを法的に認定することにより統合を促進し、あるいは、EU法の解釈や妥当性に

第Ⅱ章　統合機関と意思決定システムの比較

表1　欧州司法裁判所の新規訴訟数　1972 - 1997年

争点	訴訟数 ~1971	72~76	77~81	82~86	87~91	92	93	94	95	96	97
農業・漁業	99	36	61	83	81	198	210	65	70	60	66
交通	3	-	2	4	5	14	10	11	5	3	11
税	27	1	2	9	35	20	21	25	36	33	61
モノの自由移動と関税	53	3	25	56	45	33	58	86	79	50	61
競争と国家の補助金	38	6	10	42	34	54	35	20	35	28	45
サービスの設立・供給の自由	3	-	2	4	12	12	20	47	34	46	39
労働者の自由移動と社会政策	37	11	19	17	35	49	59	44	54	70	51
環境	-	-	-	-	-	15	11	11	42	59	47
その他	-	2	16	21	44	23	43	29	26	54	34
EU機関のスタッフ	268	23	25	85	77	9	10	5	15	13	14
その他（ECSC、EAEC、特権と免責）	-	-	-	25	27	11	9	4	13	4	15
全訴訟数	895	82	162	348	395	438	486	347	409	420	444

出所：Helen Wallace, "Institutional Setting," in Helen Wallace and William Wallace, eds., *Policy-Making in the European Union,* Fourth ed.（Oxford U. Press, 2000）, p.24.

ついて判決を下す、という米国の最高裁に近い機能も果たしている。また、両裁判所は訴訟も扱っており、個人や法人は第一審裁判所に訴訟を持ち込むことができる仕組みになっている。表1は、1972年から1997年にかけて欧州司法裁判所に持ち込まれた訴訟をイシューにより分類したものであるが、農業・漁業問題、モノ等の自由移動、競争と国家援助、労働者の自由移動などが近年比較的訴訟が多い問題領域であると言えよう。また、欧州第一審裁判所ではEU公務員の社会保障関連の訴訟が多く、こうした問題を扱うために第一審裁判所は設置された[9]。

　FTAなどの国際条約は、一般的には国家に対して強い拘束力を持たず、国内法と条約の優位性に関しても明確な原則が確立されていない場合が多い。しかし、EUの場合には、1964年のコスタ対エネル事件以後EC法が国内法よりも優位であるという原則が確立され、法的秩序が規定されてき

た[10]。もちろん、ＥＣの統合の歩み自体は条約の規定どおりに実施されてきたわけではなく、政治的話し合いにより統合プログラムも統合の実態に即したものに何度も軌道修正されてきている。しかしながら、建前としてのＥＣ条約の拘束力は、他の地域統合と比べて遥かに強いと言え、実質的にも欧州委員会が欧州司法裁判所に対して条約違反手続きと判決履行義務違反手続きを踏むことにより、ＥＵは条約違反を犯した加盟国を罰することができる仕組みが出来上がっている。

　さらにＥＵの重要な交渉、政治の場として忘れてはならないのが欧州理事会（The European Council）である。もともとはＥＣ制度の枠外でアドホックなサミットのような形でスタートし、1969年のハーグ会議、1972年のパリ会議の成功を経て、フランスのジスカールデスタン大統領の尽力により1974年に定期的に開催される会議として制度化された[11]。現在、年最低2回、通常4回開催されている。欧州理事会の扱ってきた議題は、①特定分野の閣僚の交渉のみでは解決できない、多分野にまたがる交渉、②欧州統合の方向付けを行う重要な決定（例えば、ＥＭＵ、東方への拡大、共通外交・安全保障政策等）、③ＥＵ条約の改正、が主たるものである。欧州理事会の決定は合意方式でなされ、宣言や決議という形で発表されるので、それ自体には法的拘束力はない。国内レベルにおいて政策として実施するためには、欧州委員会、欧州議会、ＥＵ理事会等を経て法制化する必要がある[12]。過去40年の統合の歴史において、統合の深化・拡大を実質的に決定してきたのはスピルオーバーではなく、首脳らによる多国間主義的交渉であったと言えよう。元首・首相に加え、欧州委員会議長もメンバーであり、ＥＵの最高政治機関として位置付けられている（図1参照）。また「欧州憲法」の規定では、手続き的問題や手続き的ルールの採択に関しては欧州サミットにおいても単純多数決が採用され、合意制がとられる議題でも棄権は採択を妨げることはできないとされていた（Ⅲ－第341条）。加盟国の増加による機能不全を回避するための方策であったと解釈できるが、その後「欧州憲法」はフランス、オランダによる批准拒否により批准プロセスは凍結されている。2007年12月に調印された「リスボン条約」においては、原則としてコンセンサス方式がとられると規定されている（第1条－16））。

　欧州統合は今後どの程度まで政治統合を目指すことになるのか、まだ不明な部分も多いが、米国のような連邦国家の実現の可能性はまだほど遠い状況

図1 EU機関の仕組み (Structure of EU Institutions)

最高政治的機関、EUを政治的に推進し政策の方向性を設定
Highest political organ to giving to the EU political impetus and defines general political directions

欧州理事会
(EU首脳会議)
加盟国首脳+欧州委員会委員長
European Council
(EU Summit)
Leaders of Member States + President of the European Commission

意思決定・立法
Decision-taking and law-making

EU理事会
議長国任期6ヶ月
加盟国閣僚+欧州委員会委員
EU Council
Term of Presidency: 6 months
Ministers from Member States + European Commissioner

共同の参加・協力その他の手続き
Participation in the co-decision, cooperation and other procedures

協議
Consultation

規制・指令等の決定
Enactment of regulations and directives

法案・予算案に関する
排他的発議権
政策提案
Exclusive right to initiate legislative, budget and policy proposals

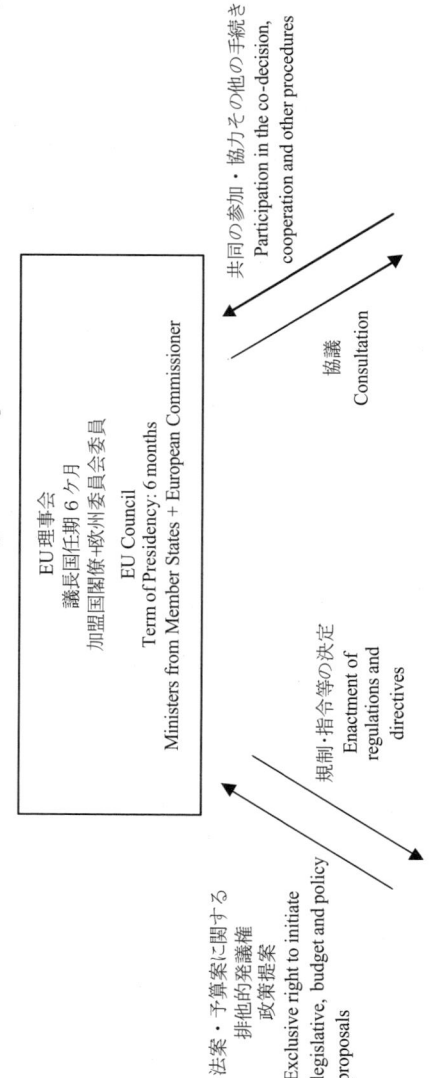

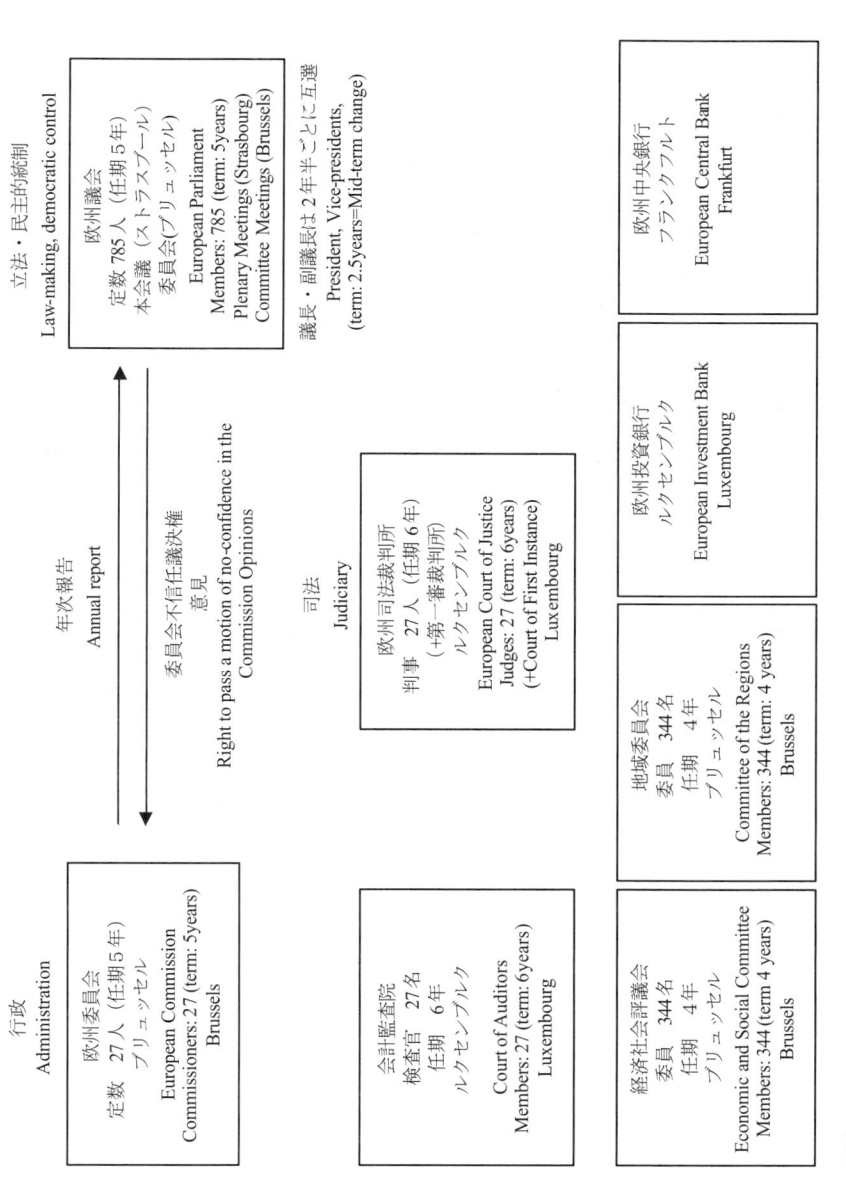

立法・民主的統制
Law-making, democratic control

欧州議会
定数 785人(任期 5年)
本会議(ストラスブール)
委員会(ブリュッセル)
European Parliament
Members: 785 (term: 5years)
Plenary Meetings (Strasbourg)
Committee Meetings (Brussels)

議長・副議長は2年半ごとに互選
President, Vice-presidents,
(term: 2.5years=Mid-term change)

年次報告
Annual report

委員会不信任議決権
意見
Right to pass a motion of no-confidence in the Commission Opinions

司法
Judiciary

欧州司法裁判所
判事 27人(任期 6年)
(+第一審裁判所)
ルクセンブルク
European Court of Justice
Judges: 27 (term: 6years)
(+Court of First Instance)
Luxembourg

行政
Administration

欧州委員会
定数 27人(任期 5年)
ブリュッセル
European Commission
Commissioners: 27 (term: 5years)
Brussels

会計監査院
検査官 27名
任期 6年
ルクセンブルク
Court of Auditors
Members: 27 (term: 6years)
Luxembourg

経済社会評議会
委員 344名
任期 4年
ブリュッセル
Economic and Social Committee
Members: 344 (term 4 years)
Brussels

地域委員会
委員 344名
任期 4年
ブリュッセル
Committee of the Regions
Members: 344 (term: 4 years)
Brussels

欧州投資銀行
ルクセンブルク
European Investment Bank
Luxembourg

欧州中央銀行
フランクフルト
European Central Bank
Frankfurt

出所:http://www.deljpn.ec.europa.eu/data/current/EUstructure.pdf (01/09/2009)

第Ⅱ章 統合機関と意思決定システムの比較

にある。しかし、現状においても、意思決定における超国家的要素、ＥＣ法規範の国内法に対する優位性など、ＥＵにおける加盟国の主権に対する制約の強さは他の地域統合には見られないものである。

英連邦カリブ地域の意思決定システム

　ＣＡＲＩＣＯＭの意思決定システムは地域レベルの議会は存在しないものの、制度化が進んでおり、欧州統合に近い体裁を整えていると評価できる。この地域は、政治、司法、法律面で英国の影響が強く、もともと脱植民地化過程において連邦を形成すべく政治・経済制度を統合しようとした時期があった。失敗に終わったとはいえ、地域統合を発足するために有利な制度上の準備はこの間整っていったといえよう。

　1968年にＣＡＲＩＦＴＡが発足した際には、主たる意思決定機関は理事会（the Council）であり、この時期より、各国平等に1票の投票権を持っていたが、実際には全会一致の原則が強く作用していた。1973年にはチャグアラマス条約が結ばれ、カリブ共同体・共同市場へと再組織されると、最高意思決定機関としてカリブ共同体首脳会議（the Conference of Heads of Government of the Caribbean Community）が規定され、最高意思決定のレベルが格上げされた。これは、従来の貿易自由化のみにおける統合から、外交・安全保障上の協力など国家主権とも密接な関連のある分野に統合分野が拡大されたためである。

　さらに、2002年にはチャグアラマス条約が改正され、「ＣＡＲＩＣＯＭ統一市場・経済を含むカリブ共同体設立条約（改定版）（"Revised Treaty of Chaguaramas Establishing the Caribbean Community Including the CARICOM Single Market and Economy"）」が調印された。同条約第10条では、共同体の主たる機関として、①最高意思決定機関としての首脳会議（the Conference of the Heads of Government）と、②第2の意思決定機関としての共同体閣僚理事会（the Community Council of Ministers）が規定され、また、これらを補佐する機関として、①財政・計画理事会（the Council for Finance and Planning）、②貿易・経済発展理事会（the Council for Trade and Economic Development）、③外交・共同体関係理事会（the Council for Foreign and Community Relations）、④人間・社会発展理事会（the Council for Human and

Social Development）が設定されている。首脳会議は、共同体の方向付けを決定し、共同体関連の条約を結ぶ際の権限を有し、財政問題についても最終的な権限があり、加盟国間の紛争を調停する機能をも付与されている（同第12条）。共同体閣僚理事会は、首脳会議で決定された方針に沿って経済統合、機能的協力、対外関係に関する共同体の計画策定に責任を持ち、共同体の決定を加盟国が実施するよう働きかけ、監視することである（同第13条）。これらの機関はEUにおける欧州理事会、EU理事会にそれぞれ該当すると言えようが、それぞれ決定の際に各加盟国が1票を有している。CARICOMの首脳会議では拘束力のある決定を行うことができ、その場合には全会一致が必要とされているのが特徴的である（同第28条）。また、共同体閣僚理事会では、拘束力のある決議を行うためには、全加盟国の4分の3の賛成が必要である（同第29条）。

　CARICOMの行政機関として、事務局がガイアナのジョージタウンに設置されている。事務局長は首脳会議により任命され、共同体を代表する役割を負っている。その主たる役目は、首脳会議や閣僚理事会で決定された事柄を実施に移すことであり、超国家的視点から統合を推進するような役割は求められていない。

　司法機関としては、2001年にカリブ裁判所を設立するための条約が結ばれ、CARICOM関連の法律の解釈、紛争の審議が行われることになった。また、CARICOMの機能的協力の一環として、法教育理事会が設定されており、植民地時代以来の法制度面における共通基盤が存続している[13]。

ＮＡＦＴＡとメルコスールの意思決定システム

　ＮＡＦＴＡは国家間レジームとしての性格が強く、地域全体を代表する超国家的機関は存在せず、対外的にもＮＡＦＴＡは国際的法人格を有していない[14]。中心的な機関としてはＮＡＦＴＡ自由貿易委員会（Free Trade Commission）があり、米国、カナダ、メキシコの貿易担当相の閣僚級官僚により定期的に会議が開かれるが、意思決定はコンセンサス方式による。委員会は条約が実施されている状況を調査し、紛争を解決し、イシューごとに設けられた委員会の仕事ぶりを調査することになっているが、恒久的な所在地もスタッフも存在しない。ＮＡＦＴＡには意思決定の場において加盟国間

のパワー格差を修正するような制度等はなく15)、組織としての制度化や民主主義的政治参加のレベルは低く、米国が交渉上非常に有利な立場に立てる仕組みとなっている。不法移民問題等のため、米国の方がメキシコよりも統合のレベル・アップ（例えばヒトの自由移動を含む共同市場の形成等）を望んでいないため、このような国家間レジームのレベルに留まっているとも言える。米国政府が北米3ヵ国の調和ある発展を考え、地域の政治・経済的安定を重視する立場からリーダーシップを発揮すれば、うまく機能するレジームであると考えられる。1990年代半ばのメキシコの通貨危機に際しては、このレジームの対処は適切であったと評価できよう。ＮＡＦＴＡ事務局は、各国ごとのセクションに分かれており、それぞれの加盟国が自国内に事務局セクションを設置し運営しているという、独特の方法がとられている。

　ＥＵやＣＡＲＩＣＯＭのように、ＮＡＦＴＡには裁判所などの司法機関は存在せず、紛争が発生した場合には、参加国は委員会に会議を開催するよう要請することができ、解決できない時にはパネルを設置し、強制力を有する決定を求めることができる。労働問題や環境問題については、参加国に共通の基準は設定せず、それぞれの国が各国の基準を遵守するよう協力することが条約で定められている。これは、各国の法規上のギャップが存在するためだけではなく、国によって、法的規制と現実社会における規範遵守のギャップ、あるいは違反に対する取り締まりの厳格さに差があるためである。これは、先進国と近年まで発展途上国であった国との相違として理解することができる。あるいは、アングロ・サクソン系の法治国家と、歴史的にスペイン法体系の影響を強く受けてきた国との相違である等、いろいろの解釈の仕方があろう。いずれにせよ、法文化的に異なる国々が経済統合を実施するためには、このような融通性のあるシステムを設定する方が、性急に法的規範の統一を急ぐより制度と現実との乖離を避けやすいであろう。また、ＮＡＦＴＡレベルでは協力委員会や環境協力委員会が設置され、これらの委員会に対して個人、企業、非政府組織は問題を持ち込むことができるようになっている。

　メルコスールの機構に関しては、1994年のオウロ・プレット議定書に定められている。メルコスールの最高意思決定機関は共同市場審議会（メルコスール理事会）であり、参加国の外相、財務相により構成される。審議会の議長は各国6ヵ月ごとの交代で、審議会も6ヵ月ごと、4ヵ国の議長を交えて

行われる。共同市場審議会の下の意思決定機関として、メルコスール・グループと貿易委員会がある。メルコスール・グループは参加国官僚により構成される行政機関であり、貿易委員会は貿易政策を調査し、苦情を処理する。貿易紛争を合意により処理できない場合には、当事者2ヵ国の裁判官と第三者的裁判官を含めて判決が下される。また、モンテビデオにはメルコスール事務局が設置されている。これらの意思決定機関すべてにおける決定は、全加盟国の参加のもとにコンセンサスが形成されることを条件としている（同議定書第37条）。また、メルコスールは国際法上の法人格を有している。

中米統合機構とアンデス共同体

1960年代に発足した中米機構（ODECA）・中米共同市場、アンデス共同市場は1990年代に設立条約を大幅に修正し、意思決定機関が増設され、意思決定制度も複雑化した。中米機構憲章（the Charter of the Organization of Central American States）は1991年のテグシガルパ議定書により改定され、中米統合システム（SICA）が発足することになった。SICAには共同市場構成国の他に、パナマ、ベリーズが正式加盟している。最高意思決定機関の大統領会談、閣僚理事会、行政委員会、事務局が設置され、大統領会談は半年おきに開催され、決定は合意方式により行われる。大統領会談で扱う議題には、地域統合の方針の決定、統合機関間の調整、決定・指令の認証や監視、加盟国の外交政策の調整、中米地域のアイデンティティーの強化、条約や議定書の義務遂行の確保、議定書の修正などが主たるものである（第15条）。閣僚理事会は半年ごとに開催され、大統領会談の決定が履行されているかの確認や大統領会談の議題の準備などを行い、外相理事会がその中心的機関として機能している（第16条）。決定方式は各加盟国が1票ずつ有しており、多数決による決定が原則であるが、重要議題については合意による決定を必要とする（第21条）。

行政委員会は政府間主義的性質が強く、各国代表は外相により決定され大統領により任命される。週1回会議が開かれ、大統領会談の決定が事務局によりうまく実施に移されているかをチェックし、外相理事会に対してセクター政策、予算、中米統合に必要な機関の設立問題などについて提言を行うよう規定されている（第24条）。事務局の事務局長は大統領会談において任命

図2　アンデス共同体の構造

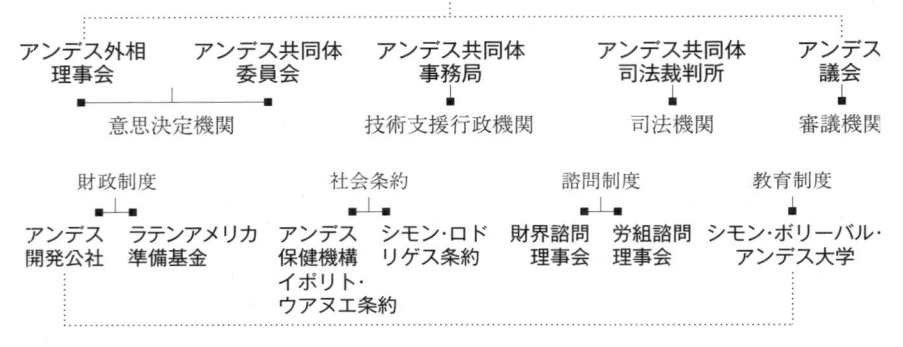

```
                       アンデス大統領理事会
                       ┌──────────────┐
                       │  最 高 機 関  │
                       └──────────────┘
   ┌─────────┬─────────────┼─────────────┬─────────┐
アンデス外相   アンデス共同体   アンデス共同体   アンデス共同体   アンデス
 理事会       委員会         事務局         司法裁判所     議会
   └────┬────┘                              
     意思決定機関        技術支援行政機関     司法機関      審議機関

   ┌─財政制度─┐    ┌─社会条約─┐    ┌─諮問制度─┐    ┌─教育制度─┐
アンデス  ラテンアメリカ  アンデス   シモン・ロド   財界諮問  労組諮問   シモン・ボリーバル・
開発公社  準備基金      保健機構   リゲス条約    理事会   理事会    アンデス大学
                     イポリト・
                     ウアヌエ条約
```

出所：http://www.comunidadandina.org/ingles/sai/que.html（04/16/2008）

され、事務局長もそのスタッフも国家から独立した立場から中米統合に係る行政的業務を遂行する。ただし、経済問題に関しては個別の常設事務局（the Permanent Secretariat of the General Treaty on Central American Integration, ＳＩＥＣＡ）があり、ＳＩＥＣＡはＳＩＣＡ事務局にその活動を報告する義務を負っている（第28条）。

中米議会は1980年代後半の「エスキブラス協定」により設立され、中米和平達成後の中米統合を促進し、民主主義を強化する機能を担うことになった。

アンデス共同市場は1997年のトルヒーヨ議定書により、アンデス共同体（ＣＡＮ）へと再組織化され、議会、裁判所が設立され、三権分立的な形式を持つ制度が発足した（**図2参照**）。最高意思決定機関はアンデス大統領理事会であり、年に1度開催され、加盟国が毎年交替で議長を務める。大統領理事会の主たる機能はアンデス共同体の活動全般にわたり方向づけを決定し、また統合諸機関が順調に統合を促進しているかを評価することであるが、意思決定方式については特に議定書では記述されていない。アンデス外相理事会は地域の利害と関係が深い問題について加盟国の外交政策を方向づけたり、アンデス地域統合の進展を評価したり、第三国との条約を締結したり、外相理事会や事務局の法規を承認、あるいは修正したりする機能が主た

るものである。アンデス外相理事会の宣言や決定は合意により採択され、決定はアンデス共同体法の一部となり（カルタヘナ条約第17条）、法的拘束力を有する。アンデス共同体委員会は、加盟国政府の全権代表により構成され、決定（Resolution）によりアンデス地域統合を実施に移すための法律・政策を策定し、加盟国の遵守状況を観察し、また自ら作成した法律の採択、修正することが主たる任務である。採択は、原則として絶対多数決により決まるが、規定された事項に関しては反対票がないことを条件としている（第26条）。

　アンデス共同体事務局はリマにあり、事務局長は外相理事会の合意により任命され、5年の任期が与えられ、1度に限り再選も可能である。事務局長は特定の政府や国際機構の指令を受けず、事務局の法律案をアンデス共同体委員会やアンデス外相理事会に提出することが主たる任務である。また事務局の人事権を有し、外相理事会に対して年次報告を行うことも任務となっている。アンデス議会は審議機関であり、アンデス共同体を代表する公選議員により構成されるのが筋であるとされてきたが、エクアドルとペルーを除き、加盟国議会の議員が代表を務めているのが現状である。中米司法裁判所、アンデス共同体司法裁判所については、第Ⅵ章で論じることにする。

ＡＰＥＣの意思決定システム

　ＡＰＥＣは多国間主義的なフォーラムであり、貿易・投資の自由化に関するＡＰＥＣの決定には法的な拘束力はないという、特殊な統合レジームである[16]。1989年にオーストラリアのキャンベラで第1回会合が開かれた時には、非公式な閣僚レベルの会談として12ヵ国[17]でスタートした。基本的には、全世界のＧＤＰの約6割を生産するこの地域の経済的相互依存に何らかの政策的方向づけを与えることにより、更なる成長を促し、また民間からの現場の意見を吸い上げ、官民協力を促進することにより、より魅力的なマーケットやインフラストラクチャーを創出することが共通の目的であったと言えよう。

　ちょうどこの時期は冷戦の終焉に当たり、米国が積極的に首脳会議を提唱したことにより、ＡＰＥＣの制度はより充実したものとなった。クリントン政権は、米州においても米州サミットをスタートさせ米州首脳間のコミュニ

ケーションを定例化したが、アジア太平洋でも非公式首脳会議を定着させた[18]。米州においてはすでに第2次世界大戦後に米州機構が発足しており、経済統合とは独立した形で政治・社会問題に関する話し合いの場や情報ネットワークが提供されていることもあり、サミットの開催は3、4年に1度である。アジアにはこのような地域機構は存在しないこともあり、ＡＰＥＣ首脳会議は1993年より毎年開催され、ＡＰＥＣの協力分野を超えたテロ対策などの広範な国際問題を話し合うための場を提供している。また、中国、台湾、香港が一堂に会するフォーラムとしても重要な意味を持っており、また、米国にとっても対アジア政策を調整する場として大切な役割を果たしている。この首脳会議で合意された宣言等が、ＡＰＥＣの活動指針を決定することになる。決定は基本的にはコンセンサス方式がとられている。

　首脳会議の下には、正式な意思決定機関として閣僚会議、分野別閣僚会議が存在する。閣僚会議は各国の外務、経済産業大臣から構成され、毎年首脳会議の直前に開催され、各年度の活動に関して首脳会議に提言する、という機能を果たしている。分野別担当大臣会合は、分野としては貿易、財務、観光、海洋、教育、運輸、環境、中小企業、人材養成、科学技術協力、女性問題、エネルギー、電気通信があり、この中から毎年いくつかの閣僚級会議が開催され、首脳会議に対して提言を行っている。また、ＡＰＥＣビジネス諮問委員会は、各国首脳が任命した、各国3名までの民間ビジネス関係者がメンバーとなり、年次報告を毎年作成し、首脳会議、閣僚会議に対して提言を行っている。

　2002年には非公式首脳会議において、「2国間ＦＴＡはＡＰＥＣやＷＴＯレベルでの自由化を促進するものであり、ＡＰＥＣで話し合うことを歓迎する」[19]という見解を表明しており、実際に2000年代に入ると、ＡＰＥＣ域内で結ばれているＦＴＡの数も急増している。ＡＰＥＣは多国間主義的フォーラムとして機能しているだけでなく、実際には開催期間に非常に効率的な2国間主義外交の場を提供している。

ＡＳＥＡＮの意思決定システムと重層的外交ネットワーク

　ＡＳＥＡＮの最高意思決定機関はＡＳＥＡＮ首脳会議（Meeting of the ASEAN Heads of State and Government）であり、毎年開催される。ＡＳＥＡ

Ｎ首脳会議は1976年に初めて開かれたが、当時はまだ制度化されておらず、「シンガポール宣言」後に公式な首脳会議として開催されることになり、1995年より毎年開催されることになった[20]。ＡＳＥＡＮ閣僚会議（ASEAN Ministerial Meeting）は首脳会議が最高意思決定機関となる前には最高意思決定機関として機能していたが、現在外相閣僚会議は毎年開催され、その他の閣僚会議も定期的に会合が持たれている[21]。ＡＳＥＡＮは国家間協力の性格が強く、内政不干渉、主権の相互尊重などの原則が「東南アジア友好協力条約」[22]にも規定されている。相互に主権の平等性を重視する合意形成スタイルは、域内関係ではリーダーシップを発揮しにくい要因となっているとも言えよう[23]。2005年には「ＡＳＥＡＮ憲章を制定するためのクアラルンプール宣言」[24]が出され、ＡＳＥＡＮの法的、制度的整備が目指されているが、同宣言の中でも「平等、互恵、合意に基づく意思決定」はＡＳＥＡＮの原則であるとしており、長年の伝統とされてきた。

　2007年1月のＡＳＥＡＮ首脳会議では、2015年に共同体を構築することが目標として据えられると同時に、賢人会議の報告書[25]に基づきＡＳＥＡＮ憲章の起草にあたり部分的に多数決制を導入する方針が提示され、変化の兆しを見せていた。多数決制の採用は経済分野に限られ、安全保障・外交面では全会一致方式を維持するとされており、単一市場の形成実現のため経済政策分野の協調の加速化を図ろうとしていた。また、ＡＳＥＡＮの拡大により、域内の均質性が崩れてきており、全会一致が難しくなってきているという事実も意思決定の変更の可能性を検討する背景にはあったと考えられる。

　2007年11月にＡＳＥＡＮ憲章は調印され、2008年12月に批准された。第Ⅶ章は意思決定に関する規定となっているが、協議とコンセンサスによる決定が原則として定められ、多数決制については言及されていない。合意が達成できない場合には、ＡＳＥＡＮサミットの決定に委ねるとされている。

　ＡＳＥＡＮの事務局には欧州委員会のように超国家的視点から政策を提案する機能はなく、欧州統合とは目指す統合分野や統合レベルも異なっている。ＡＳＥＡＮの事務局の役割は、ＡＳＥＡＮの活動が円滑に実施されるよう助言したり、調整したり、あるいは政策の実施に携わることである。ＡＳＥＡＮの事務局長は任期を5年とし、首脳会議の決定により任命される。事務局はジャカルタに所在している。

　ＡＳＥＡＮの地域統合としての組織化、制度化のレベルは発展途上地域の

統合としては進んでいるが、その中でも、経済、政治、安全保障問題について域外国と意見交換し、あるいは協力するための組織化、ネットワーク化が進行しているのが特徴である。そして、この外交・安全保障も扱えるフォーラムは、ASEANが主導していながら、アジアの主要国である中国、日本、あるいはアジアに属さない米国、ロシア、欧州が積極的に参加していると言えよう。このように小国の集団的リーダーシップが定着したのは、この地域の安全と経済的繁栄は域外大国の合意や支援がなければ実質的には成立しえないという事実を反映しており、また同時に、大国が主導権を握ると小国の懸念を掻き立てるという心理的な要因も絡んでいる。さらに、ASEANはこれまで着実に経済発展と域内の非核地帯化を進めており[26]、この実績が域外に対して影響力を高めていると言える。なお、日本の場合には軍事的イニシアティブをとることができぬ憲法上、国際関係上の立場にあり、安全保障面で積極的にリーダーシップを発揮するにはやはり限界がある。多国間主義的ネットワークにより信頼醸成、紛争予防に努めることが自国の安全保障にとり不可欠なことから、ASEANの提供するフォーラムを支持してきたと言えよう。

　このような域外諸国を巻き込む枠組みの中で、最初に成功したものがASEAN地域フォーラム（ARF）であったと言える。すでに1970年代よりASEAN諸国は域外国との多国間主義的、および2国間主義的協議のためのルートを、ASEAN拡大外相会議として定着させていたが、冷戦の終焉後、新たな国際情勢に対応するため、1994年に第1回ARF会合が開催された。ARFはアジア太平洋域内における信頼醸成、予防外交、紛争解決を目指しているが、加盟国に対する強制力はなく、実質的には名称どおりフォーラムの段階に留まっている。主たる協力イシューとしては、テロ対策、海賊の取り締まり、麻薬問題、不法移民、武器密輸問題、非核地帯化問題などであり、越境する犯罪にどう対処するかが課題となっている。加盟国は、ASEAN10ヵ国、米国、カナダ、EU、ロシア、オーストラリア、ニュージーランド、パプア・ニューギニア、日本、中国、韓国、北朝鮮、モンゴル、インド、パキスタン、バングラデシュ、東ティモールで、2006年11月現在で25ヵ国と1国際機構が加盟している。APECとは異なりラテンアメリカ諸国は加盟せず、核問題に関連している極東諸国、及び南アジア諸国が参加している[27]。また、北朝鮮が加盟している唯一の地域フォーラムでもある

が、2006年の北朝鮮の核問題ではＡＲＦは北朝鮮と関係諸国との調停機能を果たすことはなく、大国と当事者国による6ヵ国協議が交渉の枠組みとされてきた。

近年重要性を帯びているのが、ＡＳＥＡＮと日本、中国、韓国による「ＡＳＥＡＮ＋3」である。1997年に第1回会合が開かれ、アジア通貨危機に対処するのに実績を上げた。チェンマイ・イニシアティブ等により通貨・金融分野における協力を目指しており、将来東アジアにおいて経済統合が実施されるとしたら、その母胎となる枠組みであると考えられる。また、安全保障問題については、南シナ海紛争などについて当事者のみに近い形で対話を進めようとする姿勢が見られるが、領有権問題だけに早期解決は望めないであろう。

さらに、欧州諸国との対話の場として、1996年よりアジア欧州会議が首脳レベル、閣僚レベルで開催されており、また、1998年よりラテンアメリカ諸国とは東アジア―ラテンアメリカ協力フォーラム（Forum for East Asia-Latin America Cooperation, ＦＥＬＡＣ）が政治・経済協力の場として継続されている。

意思決定のレベルと統合の超国家性

地域主義、地域統合研究の分野において、地域統合を基本的には国家間関係・政府間関係として捉えるべきか、あるいは国家主権を制約する超国家性をある程度帯びていると考えるべきか、という問題は重要なテーマの一つである。本章では、ＥＵ、ＮＡＦＴＡ、メルコスール、カリブ共同体、アンデス共同体、中米統合機構、ＡＰＥＣ、ＡＳＥＡＮを中心にその意思決定制度を論じてきたが、ＮＡＦＴＡ、メルコスールを除き全て最高意思決定機関は首脳会議（サミット）であるとみなすことができる。ＥＥＣ、カリブ共同体、ＡＳＥＡＮ等では発足当初は閣僚理事会などを最高意思決定機関としていたが、統合の進展に応じて首脳会議を非公式レベルで発足し、後に地域統合の最高意思決定機関として制度化するという手続きを踏んでいる。首脳会議は、統合の方向性を国家間の合意により規定するという役割を担っており、新機能主義が提起したスピルオーバーではなく、国家間交渉が統合の将来を決定していると言えよう。意思決定のレベルが上がれば、加盟国代表者の職

務上の権限も強くなり、特定のイシュー領域のみにこだわらず、広い視野から交渉を展開し加盟国間の利害調整を図ることが可能となるからである。

　地域統合、あるいは国際統合とは、国家主権を超国家的制度に委譲するプロセスや状況を指す概念であるが、どこまで国家主権に対する制約を受け入れるのか、を決定するのは、実は首脳会議などの国家間関係であるということになる。すなわち、超国家的機関としての欧州委員会の活動が顕著であるEUにおいてさえ、その超国家性は首脳の合意の枠内で規定されているということになる。ただし、欧州理事会への欧州委員長の参加をどのように解釈すべきかは、国家間の決定か超国家的要素を含む決定かをめぐる議論の余地を残していると言えよう。

　それでは、何故地域統合の初期の段階では閣僚級会議等が最高意思決定機関とされることが多かったのであろうか。例えばNAFTAは基本的には経済統合のみを統合分野としており、また、その他の地域統合もASEANの場合を除き、初期段階においては経済統合のみを扱っていた。経済分野における地域統合やFTAはGATT第24条や授権条項において認められており、これまでに申請された約250の地域協定の多くが2国間的性格のものであり、これらの協定では通常定例化された首脳会議などは規定されていない。一方、地域統合過程で統合・協力分野が外交政策、安全保障政策の協調にまで拡大するようになると、国際条約の実務的な規定に国家主権を委ねられない問題も多くなり、意思決定を首脳のレベルにまで格上げする必要が出てくると考えられる。このような統合段階では、地域統合の制度化、組織化も進んでいるのが通常であり、首脳レベルで規定された限定的範囲において、超国家的な統合が推進されることになる。

　ただし、地域統合の意思決定における制度化・組織化のレベルと、域内の経済的相互依存が全貿易、FDIなどに占める比重の高さとは必ずしも関係がないと言えよう。何故なら、1999年の統計では、NAFTA諸国の全輸出額におけるNAFTA市場の占める比率は54.7％、全輸入額に占める比率は41.3％であり[28]、また、APECの全貿易に占める域内貿易は約6割に上っている。これらの数値は、組織化の進んでいるASEAN（約20％前後）、CARICOM（10％前後[29]）と比較してもかなり高いのである。

意思決定の構造と決定方式

　ところで、従来ＡＰＥＣやＡＳＥＡＮはよくアジア的地域主義であると言われてきたが、意思決定において「アジア的」要素がどのように作用しているのかを、次に考察していきたいと思う。この場合「アジア的」とは「平等、互恵、合意方式」を指すものと考えられるが、全会一致のコンセンサス方式は本当にアジア独自のものなのだろうか。確かに、1986年頃からＥＣ・ＥＵで頻繁に採用されるようになった特定多数決方式と比べて、加盟国間の意見を平等なものとして尊重しあい、全加盟国の合意が形成されるまで議論を尽くすというのは、全体の和を貴ぶアジア的、日本的な文化的要素を感じ取ることができる。しかしながら、このようなコンセンサス方式は初期のＥＣ統合でも採用されており、また、ＣＡＲＩＣＯＭでは1国1票の投票方式が規定されてはいたが、実質的には首脳レベルではコンセンサス方式がとられるという慣行があった。また、ＮＡＦＴＡ、メルコスールもコンセンサス方式であり、むしろＥＵの閣僚理事会における特定多数決方式の方が少数派である。このように考えると、どのような意思決定方式が採用されるかは、意思決定のレベルや加盟国数などに対応して変化していくものであり、必ずしも文化的要素では説明しきれないと考えた方が無難なようである。少なくとも現状においては、分析対象とした地域統合のすべての最高意思決定レベルにおいて、重要議題では実質的にコンセンサス方式がとられていた。

　たとえ同じコンセンサス方式であっても、意思決定の構造や加盟国のコミットメントの度合いなどにより、交渉の内容や合意形成の難易度は異なったものとなると想定できる。加盟国のパワー格差が大きい場合と、均質的な場合とをまず理論上比較してみることにする。格差が大きければ、大国がリーダーシップを発揮して小国を自国の意見に従わせやすいと考えられ、一方、対等である場合には、域内の共通利益が明確なイシューでは合意が形成しやすいが、利害が対立している状況ではリーダーシップを発揮しにくく、合意も形成されにくいと考えられる。コンセンサス方式では、あくまでも反対する加盟国が最終的に同意しなければ、提案は否決され、反対派の加盟国の主権は擁護されることになる。

　多数決方式がとられた場合にはどうであろうか。1国1票という投票制度

が採用されている場合、国力としてのパワー格差は効力を持たなくなり、加盟国間のパワーが均質的構造と類似した状況が出現することになる。一方EU議会のような国力を反映する投票制度では、大国の投票数が多く、小国の投票数は少なくなるので、加盟国間のパワー格差は温存される。しかし、国家ではなく個人に焦点を当てれば、個人の1票の重みは逆に平等になると言え、国内制度における投票に近い状況であると解釈できる。他方、加盟国間の投票権が平等な投票制度では、小国でも対等の立場から意思表示がしやすくなるが、逆に大国にとっては、その国力が反映されずに不利な方式であると言える。このような投票制度が生み出す擬似的な構造が均質的構造か、格差的構造となっているかにかかわらず、それぞれの投票制度における決の採り方にも全会一致から特定多数決、過半数まで幅がある。重要度の高いイシューほど、全会一致が求められる。いずれにせよ、多数決制では、多数派の意見が受け入れられ、少数派の国家は多数派に同調することを求められ、主権の制約が課せられることになる。

　それでは、本章で扱っている事例は上記の理論モデルではどのように位置づけることができるのかを、次に検討していきたい。域内のパワー構造と決定方式により、事例がどのように分類できるかを、**表2**としてまとめてみた。現在の制度では、カリブ共同体を除く地域統合の首脳会議は、すべてコンセンサス方式に分類できる。カリブ共同体首脳会議でも、拘束力のある決定をする場合には全会一致が必要とされている。NAFTA、メルコスール、

表2　意思決定方式とパワー構造による地域主義の分類

意思決定方式	パワー構造	
	均質的構造 （1国1票）	格差的構造 （人口等に応じた票数）
コンセンサス方式	EC（1960-70年代） ASEAN アンデス共同体（首脳及び閣僚） SICA（首脳） CARICOM（首脳）	EU（首脳会議） NAFTA メルコスール APEC
多数決方式	CARICOM（首脳、閣僚） アンデス共同体（委員会） SICA（閣僚）	EU（閣僚レベル、議会）

APECでは域内加盟国間の格差が大きく、コンセンサス方式を採用しているため投票数も定められておらず、格差的構造に属している。中米統合機構、アンデス共同体、ＣＡＲＩＣＯＭでは、閣僚、あるいは委員会のレベルで多数決制が導入されており、1国1票という均質的構造をとっている。

投票方式において全加盟国出席のもとで全会一致が求められる場合と、コンセンサス方式がとられる場合と、果たしてどのような違いがあるのだろうか。原則として、すべての加盟国が賛成しなければならないという意味では、どちらも同じである。しかしながら、コンセンサス方式がとられた場合には、合意に達するまで交渉が長引く可能性が強い。また、交渉期間を設定した場合には、投票方式では採否が判明するが、コンセンサス方式では決定に至らないということになろう。

制度化と意思決定

制度化、組織化という視点も交えて本章における事例を見た場合、ＡＰＥＣとＥＵは対照的なレジームであろう。ＡＰＥＣの意思決定上の組織化、制度化レベルは低く、域内格差が大きなレジームであり、コンセンサス方式を採用しており、決定の法的強制力もない。米国が加盟しているので強いリーダーシップを発揮しやすいようであるが、ＡＳＥＡＮ加盟国の数が多いため、小国のカウンター・ブロックにあうと合意形成が難しい仕組みとなっている。また、米国とは異なる立場にある大国、中国とロシアも加盟しており、大国内での合意形成も容易な構造ではない。一方、ＥＵは組織化・制度化レベルが一番進んでおり、加盟国に対する決定の法的強制力も強い。加盟国の数の多さはＡＰＥＣと同様であり、欧州理事会ではコンセンサス方式が採用されているが、閣僚レベルでは多数決方式により反対意見があっても統合の進化を促進できるシステムになっている。

制度化レベルがこれらの中間にある地域統合として、ＮＡＦＴＡ、メルコスール、ＣＡＲＩＣＯＭ、ＡＳＥＡＮ、アンデス共同体、中米統合機構がある。ＮＡＦＴＡは意思決定面に関する制度化、組織化レベルは低く、域内格差が大きなレジームであり、コンセンサスを形成するうえでは米国が強力なリーダーシップを発揮しうる。決定の法的強制力は強く、紛争解決の手続きも規定されており、その決定は強制力を伴う。メルコスールはブラジル主導

のレジームであり、ブラジルの最終的目標は南米全体を共同市場として統合することである。そのためのステップとして、アンデス共同体とFTAが結ばれている。

ASEANは、制度化、組織化のレベルは中間であるが、決定はコンセンサス方式により、かつ発足当初からの加盟国の均質性が強いために、強いリーダーシップを発揮しにくい状況が長らく続いてきた。決定も宣言として出されることが多く、強制力が弱かった。しかし、現在ASEAN共同体の形成に向けて制度改革を目指しており、ASEAN憲章も発効した。

CARICOMも制度化、組織化のレベルはASEANに近いが、域内格差があり、ベリーズ以外の小国は東カリブ共同市場・東カリブ諸国機構を形成しており、大国に対するカウンター・ブロックとして機能できるシステムとなっている。また、ジャマイカ、トリニダード・トバゴ、ガイアナがリーダーシップを発揮する場合も多い。決定方式は多数決制が条約上規定されているが、実際にはコンセンサス方式がとられる場合も多く、交渉により大国が域内諸国を説得して合意に至る場合も多い。

アンデス共同体、中米統合機構は伝統的に法規範や地域機構制度の整備が地域統合の現状を上回る傾向があり、紛争により統合が中断した経験もある。中米統合機構の加盟国の力関係は比較的均質であるが、アンデス共同体ではボリビア、エクアドルが域内小国として位置づけられている。その意思決定方式は、合意形式が基本であり、多数決制を採用している機関においても、重要事項に関しては加盟国の拒否権が保障された制度となっている。

意思決定と地域性

以上の考察より、APECや従来のASEANの意思決定の特徴とは何か、という問題を再考すると、「強いリーダーシップを発揮しにくい構造でコンセンサス方式による決定を行い、その決定の強制力も弱いものである」と結論できよう。このような「控えめ」とも言える決定システムは、必ずしもアジアの文化的な要因や発展途上国の統合の特性[30]としてのみ理解しうるものではないであろう。地域統合が国家の政策にとり重要度を増し、最高意思決定機関として首脳会議が採用されるようになると、首脳会議では多数決方式は統合の方向性を規定するような重要イシューでは採用されず、合意

方式が主流である。特に統合分野に安全保障や外交が組み込まれるようになると、国家主権を保障できる方法が選択されることになる。コンセンサス方式では加盟国のパワー構造は温存されるが、議題とそれぞれの支持国の組み合わせによっては、域内の力関係の分布は多様な展開を見せる可能性がある。他方、一般的に経済統合の深化や拡大に伴い、技術的な面で決定すべき課題が多くなれば、閣僚レベル以下の意思決定のスピードを上げるために多数決制に移行せざるを得ない面があることも指摘できよう。その際、投票数を加盟国間でいかに振り分けるかにより、決定の内容も異なってくると言えよう。このような複雑な現象を地域統合における政府間主義への傾斜とみるか、あるいは超国家性の進展と解釈するかは、非常に判断が困難な問題である。

　本章では意思決定制度という視点から地域主義の比較を行ったが、決定内容の表現方法にこそ、その地域独自の文化や法的伝統が滲みでているのではないだろうか。中南米の地域統合を専門分野としてきた筆者が常々感じてきたことは、次のようなことである。中南米の統合では比較的綿密な統合プログラムが設定され、その目標達成を目指した後に失敗した場合には、何度でも統合プログラムの修正を繰り返すという作業が実施されてきた。これとは対照的に、ＡＰＥＣやＡＳＥＡＮでは比較的緩い、あるいは曖昧な目標が設定される傾向がある。アジアでは、条約上の目標設定が加盟国の主権を制約したり、あるいは目標達成に失敗した場合、加盟国の威信に傷がつくことをできるだけ避けようとする傾向があるように思われる。このような「アジア的」スタイルは、グローバリゼーションの浸透とともに変容しつつあり、以前よりアジアと中南米の統合方式は近づきつつある。

　また、ＡＳＥＡＮの特徴として内政への不干渉主義もしばしば指摘されるが、米州においても19世紀のモンロー宣言以後、不干渉主義は西半球の外交理念を代表する概念であった。不干渉主義の重視は、アジアの特色としてより、新興独立国の外交姿勢を反映したものと解釈した方が妥当であろう。その不干渉主義の理念自体、時代とともに変容するものであり、近年では人権や民主主義を尊重する立場から、権威主義体制や人権侵害に対して外部から是正を要請する傾向がむしろ強まりつつある。特に、社会主義体制崩壊後の旧ユーゴにおいて民族対立が噴出しジェノサイドが展開されると、国際社会の意識が変化したと言えよう。地域秩序は国際秩序の価値規範からの制約

を受けており、国際社会の人権問題に関する関心の高まりが、徐々にではあるがアジア地域秩序をも変容させつつあると考えられる。

【注】
1) レジーム論については、Stephen D. Krasner, ed., *International Regimes* (Cornell U. Press, 1983). 山本吉宣『国際レジームとガバナンス』(有斐閣、2008年)。
2) 鴨武彦「EC政策決定システムと主要諸機関」細谷千博・南義清共編『欧州共同体（ＥＣ）の研究』(新有堂、1983年)、76頁。
3) Helen Wallace, "The Institutional Setting: Five Variations on a Theme," in Helen Wallace and William Wallace, eds., *Policy-Making in the European Union,* Fourth ed. (Oxford U. Press, 2000), p.15.
4) Helen Wallace, "The Institutional Setting," pp.16-17.
5) Stephen George, *Politics and Policy in the European Community,* Second ed. (Oxford U. Press, 1991), pp.11-12.
6) 各国の内訳はドイツ、フランス、イタリア、イギリス各29票、スペイン、ポーランド各27票、ルーマニア14票、オランダ13票、ベルギー、チェコ、ギリシャ、ハンガリー、ポルトガル各12票、オーストリア、スウェーデン、ブルガリア各10票、デンマーク、アイルランド、リトアニア、スロバキア、フィンランド各7票、キプロス、エストニア、ラトビア、ルクセンブルク、スロベニア各4票、マルタ3票となっている (http://jpn.cec.eu.int/union/showpage_jp_union.institutions04.php 6/23/2008)。
7) Helen Wallace, "The Institutional Setting," p.21.
8) ニース条約による欧州議会の議員定数は732名であり、ルーマニア、ブルガリアの加盟後は785名となっている。国別議員数はドイツ99、フランス、イタリア、イギリスが各78、スペイン、ポーランドが各54、ルーマニア35、オランダ27、ベルギー、チェコ、ギリシャ、ハンガリー、ポルトガルが各24、スウェーデン19、オーストリア、ブルガリアが各18、デンマーク、スロバキア、フィンランドが各14、アイルランド、リトアニアが各13、ラトビア9、スロベニア7、エストニア、キプロス、ルクセンブルクが各6、マルタが5となっている (http://jpn.cec.eu.int/../union/showpage_jp_union.institutions02/php 6/23/2006)。
9) Helen Wallace, "The Institutional Setting," p.25, Table1.6を参照。
10) 中西優美子「第3章　ＥＵの法制度」柏倉康夫・植田隆子・小川英治編『ＥＵ論』(日本放送出版協会、2006年)、41頁。
11) H. Wallace, "The Institutional Setting," pp.20-21.

12) http://europa.eu/european_council/index_en.htm.（01/09-2008）
13) 松本八重子「英連邦カリブ諸国の地域主義——ミニ・ステートの経済開発と安全保障」小池康弘編『現代中米・カリブを読む』（山川出版社、2008年）、180頁。
14) Frederick M. Abott, "The North American Integration Regime and its Implications for the World Trading System," in J.H.H. Weiler, ed., *The EU, The WTO and the NAFTA: Towards a Common Law of International Trade*（Oxford U. Press, 2000）, p.176.
15) *Ibid.*, p.171.
16) http://www.apec.org/content/apec/about_apec_operates.html 11/01/2006.
17) 発足時の加盟国はオーストラリア、ブルネイ、カナダ、インドネシア、日本、韓国、マレーシア、ニュージーランド、フィリピン、シンガポール、タイ、米国であった。その後、ベトナム、中国、台湾、香港、メキシコ、パプアニューギニア、ペルー、チリ、ロシアが加盟し、現在正式加盟国・地域は21ヵ国となっている。
18) 山影進『ＡＳＥＡＮパワー——アジア太平洋の中核へ』（東京大学出版会、1997年）、270－273頁。
19) "APEC Economic Leaders Declaration, Los Cabos, Mexico, 27 Oct. 2002."
20) 公式、非公式首脳会議については、山影進『ＡＳＥＡＮパワー』、209頁。
21) 閣僚会議が開かれるセクターは、農林業、経済（貿易）、エネルギー、環境、財政、保健、情報、投資、労働、法律、地方開発と貧困対策、科学技術、社会福祉、テレコミュニケーション、国際犯罪、交通、観光、青少年などである（http://www.aseansec.org, "Overview: Association of Southeast Asian Nations," 11/01/2006.）
22) 同条約に規定されている相互関係に関する基本原則は、①独立、主権、平等、領土保全、国家のアイデンティティーに対する相互の尊重、②海外からの介入や破壊、強制を排して各国が国家の存続を維持する権利、③国内問題に対する不干渉主義、④平和的な紛争解決、⑤軍事力の行使や威嚇の放棄、⑥相互的な友好協力、である。
23) ＡＳＥＡＮ域内のリーダーシップの欠如について、マトリは、価値の分配上の負担を担い、規範を中心となって構築していく加盟国がいないことを指摘している（Mattli, *op.cit.*, pp.169-170）。
24) "Kuala Lumpur Declaration on the Establishment of the ASEAN Charter, Kuala Lumpur, 12 December 2005."
25) "Report of the Eminent Persons on the ASEAN Charter."
26) 1995年には、「東南アジア非核地帯条約」を結んでいる。
27) すでに1967年に調印されたトラテロルコ条約によりラテンアメリカ諸国の非核地帯化は着手され、2002年までに全中南米諸国33ヵ国が批准した。
28) Robert A. Pastor, *Toward A North American Community: Lessons from the Old World*

for the New（Institute for International Economics, 2001）, p.7, Table1.1.

29) Robert Devlin, Antoni Estevadeordal, and Luis Jorge Garay, "Some Economic and Strategic Issues in the Face of the Emerging FTAA," in Jorge I. Domínguez, *The Future of Inter-American Relations*（Routledge, 2000）, pp.164-165; Table8.3.

30) 統合目標レベルは比較的低めに設定し、加盟国に対して拘束力を持たないという統合方法は、初期のラテンアメリカの地域統合には当てはまらない。1960年代から70年代にかけて、ＬＡＦＴＡではむしろ高めの目標が設定され、予定通りに目標達成が不可能になると決議や議定書等により統合目標を修正するという方法がとられていた（詳しくは、松本八重子『地域経済統合と重層的ガバナンス――ラテンアメリカ、カリブの事例を中心に――』（中央公論事業出版、2005年）、64－80頁）。

第III章
統合の利益と公正な価値の分配

地域統合が生み出す価値

　地域統合の機能、あるいは地域統合が齎(もたら)す利点にはどのようなものがあるのであろうか。それぞれの地域統合には加盟国間で決定した協力分野があり、その領域は経済統合の分野に留まらず、政治・安全保障の分野に及ぶものまであり、一概にどのような効用があるのかを規定することはできない。とはいえ、ＧＡＴＴ第24条で定められている地域経済統合として申請するためには、少なくとも最終的目標として自由貿易地域や関税同盟を形成することが条件となっている。とはいえ、ＥＵなどを除き地域統合の実態は自由貿易地域や関税同盟を形成する過程にあるものが多く、ＧＡＴＴ第24条に合致したものであるか否かの厳密な判定が下されることなく、多くの経済統合が実施に移されてきた。また、発展途上国の地域経済統合は、授権条項に基づき設定されたものも多く、本書で扱っているＣＡＮ、ＡＦＴＡ、メルコスール、ＡＬＡＤＩはこの種の地域経済統合に属している。

　本章ではまず、市場で地域統合が生み出す価値にはどのようなものがあるか、という問題を整理したうえで、その価値の分配をめぐり加盟国間でどのような交渉や評価が実施されているのかを論じていくことにしたい。あわせて、価値の分配上の問題や、加盟国の発展レベルの相違などから派生する問題点を、どのような方法でカバーしようとしてきたのかを考察することにしたい。

　地域経済統合の機能の基本的なものはやはり貿易自由化であるが、現在では投資・サービス分野における自由化にその統合分野が拡大する傾向がある。これはＧＡＴＴがＷＴＯへと再組織化され、国際経済秩序が1990年代に大きく変容したこととも関連している。ただし、ヒトの自由移動は実施されていない地域統合の方が一般的であり、ＷＴＯもこの領域には踏み込んではいない。現在ＥＵにおいてのみヒトの自由移動は実施されており、カリブ共同体では、学歴・職業などの条件付き自由移動が実施されている。貿易自由化により、域内での貿易は域外からの輸入に対して有利となるわけであるから、地元の資本としてはより多くの製品を販売することができると想定できる。ただし、投資の自由化により域内の外資が参入すれば、外資の競争力

が強い場合には地元資本を倒産に追い込む可能性もある。あるいは、外資が地域統合のメリットを利用して他の加盟国への輸出を拡大させる可能性もあるが、それらの利潤は域内の本社へと転送される場合もある。さらに、域外の外資が地域統合の利点を利用しようとして参入してくる場合もあり、実際には事態はもっと複雑である。このように、加盟国にとりどのような統合上の利益があるかを一概に言うことはできないが、しかし外資が参入すれば雇用が拡大し、その生産により国民総所得（GNI）も拡大していくというのがやはり基本的考え方であろう。特定の加盟国や特定のセクターに着目した場合には、地域統合がプラスとなるか、マイナスとなるかは一般的に判断するのは難しいが、地域レベルで考えれば、統合により域内の競争が激しくなると、消費者にとってはより良質な製品が廉価に入手できることにもなる。

　そもそも、地域市場が加盟国にとりどの程度重要であるか、域内加盟国により差があるだけではなく、実は地域によってもかなりの開きがある。APECやNAFTAのように地域市場が世界市場への輸出入の50％前後を占める統合もあれば、発展途上国間の統合では、10％から20％しか地域市場が占めていない場合が多いことはすでに述べた。APECやNAFTAはすでに統合を発足する前より、経済的相互依存が浸透していた地域であり、統合の目的は相互依存を促進すること自体よりむしろ、相互依存を共同で管理するための制度やネットワーク作りにあると言ってもいいであろう。発展途上地域の多くは、元宗主国や近隣経済大国との経済関係が密である場合が多い。特に1960年代の発展途上国の地域統合では、歴史的な中心――周辺経済関係のパターンを破り、輸入代替工業化政策（ISI）を実施することにより工業化を促進するという役割を地域統合が担っていた。ラテンアメリカでこの工業化戦略に効果があった[1]。しかし、このISI戦略は地域市場の規模が限界に達すれば効果はなくなり、単純な言い方をすれば現状維持が地域統合の最終的目標になってしまう。そのような時にこそ必要なのは、世界市場に参入することであり、そのための団体交渉力として地域統合の枠組みが機能する場合も多い。大国や国際機構との交渉において、あるいは域外主体とFTAを結ぶに際して、少しでも有利な条件を引き出すために国家数の力を利用しようという方法はしばしばとられている。このように、地域統合が生み出す価値は、単により広い市場の提供に限られているわけではなく、統合によっては経済統合プラス・アルファのアルファの部分が重要な場合も

ある。

分配上の「公正」とは何か

　ところで、地域経済統合の基本的機能とは域内市場の障壁を取り払い、域内市場を拡大し、競争条件を均質化することであり、価値の分配に関する評価や再分配機能を必ずしも担っているわけではない。しかしながら、域内のすべての生産要素の自由移動が実現しない限り、理論的には域内の双極現象や格差拡大はある程度は免れない。そのため、地域経済統合から生み出される価値がどのように分配されるかをめぐり、加盟国は統合条件を交渉し、相互利益を許容可能な配分で得られると納得した場合に、自由化政策が実施されることになる。さらに統合過程において価値の分配が不当であると認識した場合には、統合の目標や競争ルールを修正するための異議申し立てがなされることになる。また、地域主義が深化した場合は、経済統合とは異なる方法で域内の比較的開発の遅れた地域に対して経済援助や経済協力が実施されることも多い。このような偏った価値の分配を是正する機能は、何故必要なのか。例えば、一部の加盟国が不満を持ち自由化交渉に応じなければ、経済統合が進展しないから、あるいは、経済発展が停滞している加盟国の成長が促進されれば、共同市場全体の福祉も高まるから、といった合理的理由が提起できる。あるいは、域内の共同体意識が定着すると、経済的に不利を被っている加盟国を放っておけなくなり、そのための財政支出に対しても国民の同意が得られるようになるとする説明方法も可能であろう。本章では、欧州、米州、アジア太平洋で価値の分配を公正化するための機能がどのように規定され、経済統合とどのように関連付けられているのか、を論じていくことにしたい。

　価値の分配を評価する時、公正であるか否か、が一つの重要な基準となるが、「公正」とは何か、という問題は実は明言するのが非常に難しい問題である。何故なら、個々の経済活動が条約違反かどうかを審議する状況と比べ、国家間の統合の価値の分配の問題は、国際的規範によりシロ、クロを付けられない問題が多い。「公正」と評価できるか否かは評価する主体の置かれた立場や利害関係により異なっており、また、「公正さ」の論証も異なった視点からなされるからである。例えば、南北関係では北側の国々が経済効

率性から北側の優位性を擁護する場合が多く、他方、南側の国々は南の低開発問題は歴史的搾取が尾を引いている結果である、という受け止め方をしてきた[2]。現在の貿易・投資関係も、このような歴史的視点から評価することも一つの方法である。あるいは、イデオロギー的視点から判断するという方法もある。冷戦時代には共産主義圏では建前として、どのような質やタイプの労働も同様に尊いという倫理観から結果の平等が重視された。このような視点に立てば、貿易や投資から得られる価値も加盟国間で平等に分配されねばならないことになろう。現実には、中国でさえWTOに加盟し資本主義的高度経済成長を享受しており、社会主義国にもすべての面においてではないが資本主義が浸透している。しかし、同時に、新経済自由主義に対する批判も根強く存在するというのが、矛盾した国際社会の実体である。公共の利益とは何か、あるいは弱者に対する社会的対応はどうあるべきか、という観点から新経済自由主義の欠点を補足していく必要があるわけである。そのためには、必ずしも市場のルールを修正する必要があるわけではなく、国家の社会保障制度や「人間の安全保障」的な国際人道援助により、社会問題を解決していくことは可能である。経済統合の場合においても、統合目標、統合方法の変更だけではなく、地域開発銀行の投資配分などにより、不公正をある程度是正することが可能である。

　いずれにせよ、全ての関係主体が公正であると認識できるように価値を分配することは至難の業である。まして、地域統合市場の経済活動が国家間に平等な統合の価値の分配を保証することは可能かという問題は、理念としては求められても、実際に実現しているかどうかを判断することは不可能に近い。一つの可能性としては、加盟諸国が全て経済成長を達成している時、満足感を共有できるはずである。その満足感の共有をもって、公正であるとする見方ができる。あるいは、地域統合がない状況と比べれば、経済状況は良くなっている、と各主体が絶対的評価を重んじることである。しかしながら、現実には統合の成果を相対的視点抜きで評価することは難しい。公正が達成されているか否かは確認することは困難であるものの、不満を有する加盟国の異議申し立てに対応する形で、統合の成果や負担の分配の偏りを是正する形で制度改革や優遇措置を実施していくのが、通常の統合プロセスであると言えよう。

相互主義と発展途上国のための特恵制度

「公正な」経済ルールとは何か、という問題は、地域により多様であるが、一般的に経済統合における「公正さ」は主として、①競争条件の平等性と、②市場を開放する際の相互主義、という視点から論じられる場合が多い。ＧＡＴＴ・ＷＴＯ体制はグローバルなレベルで経済統合を促進する機関として位置づけられるが、ＧＡＴＴ発足以来、自由・無差別・多角主義が基本的原則とされてきた。「公正な」競争とは無差別主義の概念に相当し、一般的に国家間の関税・非関税障壁の除去、あるいは公的補助金の禁止、あるいはカルテル、ダンピングの取り締まりなどにより達成されるものとされる。しかしながら、経済格差が甚だしい国々の間で統合が実施されれば、理論的にも弱肉強食の結果となり、格差の拡大、逆流効果や双極化が引き起こされると経済統合研究の分野で指摘されている[3]。「相互主義」とは、関税その他の交渉において、加盟国が相互に関税を譲許し、利益を供与しあうことを意味するが、1960年代以降発展途上国が次々と独立するにつれ、現実に加盟国間の譲許のバランスを維持することは不可能であることが明らかとなった。1964年には発展途上国に対しては相互主義を求めないことになり、1947年のＧＡＴＴ第36条第8項に基づき「先進締約国は、貿易交渉において行った関税その他低開発締約国の貿易に対する障害の軽減または廃止に関する約束について相互主義を期待しない」ことになった[4]。

1964年には南北問題としての視点から国際経済問題を議論するため国連貿易開発会議（ＵＮＣＴＡＤ）が発足し、1968年にはＵＮＣＴＡＤⅡにおいて一般特恵制度（ＧＳＰ）を採択した。ＵＮＣＴＡＤの初代事務局長のラウル・プレビッシュ（Raul Prebisch）がＧＳＰの生みの親となった。新興独立諸国の貿易を拡大するためには先進国が特恵を供与する必要があるとの認識が広まり、ＧＡＴＴレベルにおいても1979年に「授権条項（enabling clause）」と呼ばれる、「開発途上国の区別され、かつ、一層有利な待遇、相互主義、および一層完全な参加」に関する規定が採択された。この授権条項により、1971年より実施されていたＧＳＰは正式に承認されるところとなった。具体的な特別待遇として、①開発途上国を原産地とする産品に与える特恵関税待遇（ＧＳＰ）、②非関税措置に関する特恵待遇、③開発途上国間

の地域的または世界的な取り決め、④開発途上国内の最貧国に対する特別待遇、が授権条項には規定されていた[5]。発展途上地域間の経済統合が授権条項に基づき設立されれば、域内の特恵待遇は是認されているわけであり、GATT・WTOからもほぼクレームがつくことはない。NAFTAやCAFTA－DRなどのような発展途上国と先進国との間の経済統合の場合には、授権条項の対象とはならず、先進国の一方的な関税譲許ではなく、双方向的自由化が求められる傾向にある。

　一方、ロメ協定の後に締結されたコトヌー協定ではWTOの原則に則った貿易・投資レジーム作りを目指しており、「ACPとEUの相互利益やACP諸国の発展レベルを考慮したうえで、特別待遇や差異化された待遇（special and differential treatment）を含めて」ACPとEUの経済貿易協定を推進するというアプローチをとっている（コトヌー協定第34条4）。特に、最貧国の貧困対策や内陸国の問題を重視し（同第35条3）、国連のミレニアム宣言に即したアプローチともなっている。しかしながら、比較的発展の進んだACP諸国にとっては、すでにACP諸国はEUに対して関税の大部分を譲許し、2008年から2013年までのACP向けの欧州開発基金からの拠出金は7億ユーロ削減されることが決定されており、ACP側には不満がある[6]。またACP諸国とEUとの経済連携協定（EPA）が現在交渉中であるが、EU側はACP諸国との相互に支援しあう協力関係を求めるようになってきている。また、ACP諸国間の経済統合・経済協力を促進することにより、国際経済にACP諸国を組み込んでいくという方法も模索されている（コトヌー条約第28－30条）。東方拡大によりEUは新規加盟国の経済発展を支援し政治的安定を確保する必要があり、脱植民地化プロセスの一端として進展してきたEU－ACP関係は、EUの対発展途上国支援政策の中で優先順位が下がる傾向にあることは否定できない。

　ところで、国連ミレニアム宣言等により最貧国に対する重点的援助や、「人間の安全保障」という新たなコンセプトに基づく援助活動も開始されている。発展途上国に対しFTAにおけるような相互主義的な関税譲許を求めることは、国際支援に反するように認識されがちであるが、必ずしも政府開発援助が発展途上国内の格差是正とは結びついてこなかったことを考慮すると、貿易上の優遇措置も国内格差是正や貧困対策とは直接関連性がないと考えた方が妥当であろう。政府や地方自治体がどのような税制改革や福祉政策

を実施するかが問題解決上は重要であり、そのために必要な背景的条件として経済成長や輸出の拡大があり、政府開発援助は使途に関する細かい制約を課さない限り、この背景的条件を後押しするにすぎないと言えよう。また、経済成長は自由競争を導入することにより促進される場合も多く、国際的優遇措置が発展途上国を本当に有利に導くか否かは一概には論じられない。WTO発足以後は、発展途上国もFTAにより自由化を積極的に推進し、かつ貧困問題、自然災害などに対しては国際社会が直接即座に効果を発揮できる方法で援助を実施する、という二重の発想のもとに国際協力は展開される傾向にある。

　GATT・WTO加盟国が先進国か、あるいは発展途上国に属するか否かは、意外なことに自己申告による。国際的な目安としては、OECDに属しているか否かが重要であるとされているが、GATT・WTOの条文において開発途上国を定義した条文はない。現在GSPを供与しているのは、オーストラリア、ベラルーシ、ブルガリア、カナダ、エストニア、EU、日本、ニュージーランド、ノルウェー、ロシア、スイス、トルコ、米国の13主体である[7]。

　地域経済統合の多くが、GATT・WTOと同様に域内途上国に対して非相互主義や特恵待遇を認めている。地域統合においては交渉による関税引き下げ方式ではなく、関税引き下げのための一括プログラムを設定している場合も多いので、その場合はもちろんラウンドにおける相互主義概念は当てはまらない。優遇措置の一般的なものとしては、自由化において関税レベルを高めに設定することを認め、あるいは、自由化の期日を延長するというものである。地域統合ではより具体的に域内途上国が規定されている場合が多く、その基準の設け方は個々の統合において異なっているので、ケース・スタディで論じていくことにしたい。

ECの構造政策とCAP

　初期の欧州統合においては、前述したような域内途上国の優遇措置は規定されていなかった。共同市場の形成は、ベネルクス3ヵ国[8]を含めて基本的には同一の基準のもとに実施され、またラウンド方式による関税譲許という方法をとらなかったので、自由化における相互主義を規定する必要もなかっ

たと言える。EEC設立条約の前文において、「これらの諸国の経済の一体性を強化し、且つ地域間の差及び一層不利な条件にある地域のおくれを縮小することにより調和した発展を確保することを念願し」という文があるが、これは国家間の格差を是正するという発想とは異なり、統合市場内部の低開発地域を直接支援するという考えに基づいている。この低開発地域を開発するという名目で、1975年には地域開発基金（Regional Development Fund）が設立され地域政策（regional policy）が実施されたが、第Ⅴ章でも触れるように、もともとは英国の加入問題が設立の切っ掛けとなったとされている。

　構造基金と呼ばれる域内格差を是正するための主たる基金には、前述の欧州地域開発基金（ERDF）をはじめとして、欧州社会基金（ESF）、欧州農業指導保証基金（EAGGF）、及び漁業指導基金（Financial Instrument for Fisheries Guidance）がある。ERDFは競争政策とも関連しており、域内の発展レベルや競争力が等しくなるよう地域間格差を是正する役割を担っており、具体的目的としては、後進地域の開発と構造調整、構造的困難に直面する地域の経済的・社会的転換、教育・訓練及び雇用の改善・近代化、が掲げられている。ESFは雇用面における格差を是正するという機能を有する。またEAGGFは共通農業政策（CAP）と連動しながら農業従事者の所得の保障と地方の開発に関わってきた。これらの基金は、共同市場の地域間の格差を是正するという名目でありながら、国家間の価値の分配としての側面を有しており、分配をめぐる決定も超国家的要素と国家間的要素との両方の影響を受けている[9]。

　構造基金に並ぶ重要な基金として、1993年にマーストリヒト条約により設立された結束基金（Cohesion Fund）があるが、構造基金とは異なり直接加盟国の中央政府に供与され、国家間の価値の再分配としての性格が強い。構造基金はEU財政の約3分の1を占めるが、結束基金は構造基金の約10％ほどの資金が振り分けられている[10]。結束基金は拡大に伴う新規加盟国との格差を是正するという働きを主として果たし、1人当たりGDPが共同体平均の90％以下の地域に対して資金が配分されることになった。スペイン、ポルトガル、アイルランド、ギリシャが基金の対象となった。結束基金の対象国、スペイン、ポルトガル、アイルランド、ギリシャの1人当たりGDPは、1986年にはEC平均の65％であったが99年には78％まで上昇し、欧州委員会も結束基金の効果を認めている[11]。1989年から2006年にかけての、新規

表3　構造基金と結束基金の分配　1989－2006年

グループ及び国名	基金総額（年平均） （100万エキュ）		基金の対GDP比 （％）
構造基金グループ			
スペイン	111,564.0	（6,198.5）	1.1
ポルトガル	46,283.4	（2,571.3）	2.5
アイルランド	16,000.8	（895.1）	1.6
ギリシャ	50,922.0	（2,829.3）	3.1
その他のEU加盟国			
オーストリア	3,096.0	（258.1）	0.11
ベルギー	4,753.8	（264.1）	0.10
デンマーク	1,818.0	（101.0）	0.06
フィンランド	3,459.6	（288.3）	0.26
フランス	36,275.0	（2,015.3）	0.13
ドイツ	58,181.0	（3,232.3）	0.14
イタリア	61,905.6	（3,439.2）	0.30
ルクセンブルク	255.0	（14.2）	0.08
オランダ	6,035.4	（335.3）	0.09
スウェーデン	3,153.6	（262.8）	0.12
英国	33,827.4	（1,879.3）	0.16

注：エキュ（Ecu）＝欧州通貨単位（1999年よりユーロとして流通）
　　GDPは1996年の数値
出所：Robert A. Pastor, *Toward A North American Community*（Washington, D.C.;
　　Institute for International Economics, 2001), p.47.

加盟国を除く構造基金、結束基金の配分は**表3**のようになっていた。

　統合上の特恵待遇が必要になったのは、EUの第3次拡大以降のことであり、スペイン、ギリシャ、ポルトガルの加入により統合条件の個別化が定着していったと言えよう。また、北欧への拡大は先進地域の加入であり、構造的格差が拡大する懸念はなかったが、中・東欧諸国が加入するに際しては、域内加盟国間の格差は拡大する結果となった。「アジェンダ2000」や「ベルリン協定（1999年の欧州理事会における合意）」により構造基金を拡大、分配することにより、将来的には域内市場を均質化し、結束を強化することを目指している[12]。欧州のようにヒトの自由移動を含めた統合では、どこに居住しても平等に税を納め、あるいは福祉政策を享受できる一つの社会の形成を理想としている。しかし、まだ現状では、社会保障は国家の領域であり、共通社会政策、共通福祉政策を実施するには至ってはいない。また、労

働力の自由移動が法規範上達成されたが、実際には自国の言語・文化のもとに生きる人々が大部分である。

共通農業政策は、農業従事者の所得を保障するという目的を持っており、各国の国内政治とも強く結びついていた。また、補助金や価格保障というそ

表4　欧州における農業部門の対GDP比及び全人口に占める比率の歴史的変化

	全人口に占める農業就労者人口比（%）		農業部門の対GDP比（%）	
	1950	2000	1950	2000
オランダ	17.7	3.4	12.9	2.2
ベルギー	11.9	1.8	8.8	1.1
ルクセンブルク	24.7	2.3	9.5	0.6
フランス	30.9	3.4	15.0	2.2
ドイツ	23.0	2.5	12.3	0.9
イタリア	44.4	5.3	29.5	2.4
デンマーク	25.7	3.8	20.4	2.3
アイルランド	40.2	10.2	31.3	2.5
英国	5.5	1.8	6.0	0.6
ポルトガル	53.1	14.3	26.8	2.4
スペイン	51.5	7.3	35.0	3.6
ギリシャ	48.9	13.4	33.5	6.7
スウェーデン	22.8	3.5	7.0	0.6
フィンランド	36.9	5.9	..	0.9
オーストリア	34.2	5.1	16.4	1.3
エストニア	..	11.3	..	1.7
ラトビア	..	11.9	..	3.0
リトアニア	..	14.8	..	3.1
ポーランド	53.6	19.0	..	3.1
チェコ	39.0[1]	8.2	..	1.7
スロバキア	39.0[1]	9.0	..	1.9
ハンガリー	55.1	12.5	..	3.8
スロベニア	..	4.1	..	2.0
ブルガリア	74.2	9.7	..	16.0
ルーマニア	70.0	21.8	..	11.4
トルコ	72.0	30.8	49.0	13.6
米国	13.0	2.2	6.1	1.4

注1：チェコスロバキアの統計
出所：Helen Wallace, William Wallace, and Mark A. Pollack, eds., *Policy-Making in the European Union*, Fifth ed.（Oxford U. Press, 2005）, p.163.

の保護主義的政策のために、GATT・WTOではしばしば農業部門の自由化を求める米国との軋轢を招いてきたとも言える。しかしながら、欧州統合の長い歴史において、欧州経済の産業構造が変化した結果、農業部門における就労人口、生産額の国家経済全体に占める比率は大幅に縮小していった（**表4**）。その結果、ＣＡＰの役割も小さくなる傾向があったが、東欧諸国の加盟により、再び農業部門がＥＵにおいて重要性を増してきたと言えよう。

共通農業政策は超国家的視点より域内政策の統一が進められてきた分野であると同時に、福祉や価値の再分配機能を有しており、価値の分配をめぐり国家間の対立が生じやすい分野でもある。ＥＵの第５次拡大以前から、**図3**の示すように欧州農業指導保証基金（ＥＡＧＧＦ）からの１人当たりの支出や企業への直接支払いの面で加盟国間の差にはかなりの開きがあった。しかし、これらの数字は各国の農業部門の規模が考慮されておらず、実際の各国が受け取る補助金全体の総額は、農業大国フランス、スペインに有利になっ

図3 農業部門の被雇用者１人当たりの欧州農業指導保証基金（ＥＡＧＧＦ）支出と生産者への直接支出（2001年、ユーロ）

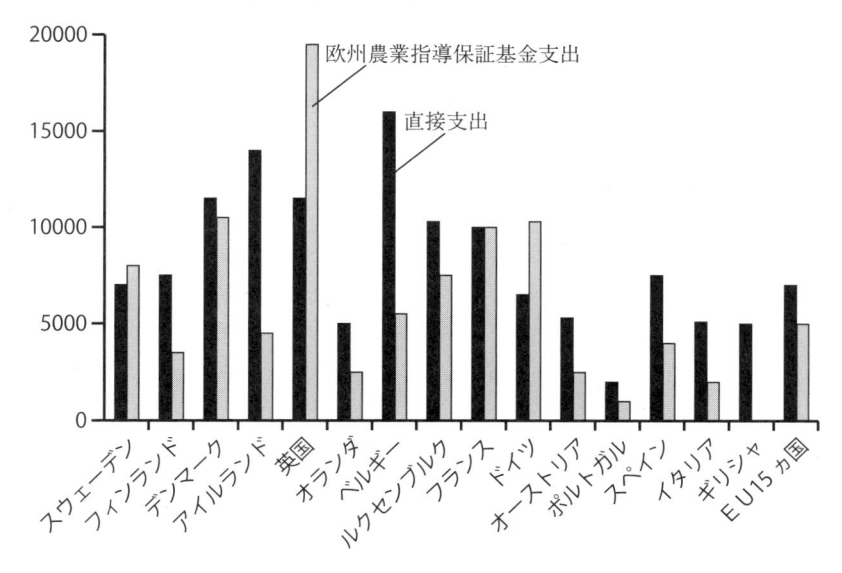

出所：Elmar Rieger, "Agricultural Policy: Constrained Reforms," in Helen Wallace, William Wallace, and Mark A. Pollack, eds., *Policy-Making in the European Union,* Fifth ed. (Oxford U. Press, 2005), p.173.

ている。また、第5次拡大によりポーランドをはじめとする東欧の農業大国が加盟したが、当初10年間は正式な形でCAPの補助金全額を受け取ることができないことになっており、新規加盟国には不満が残った。また、CAPは近年の改革では補助金を生産量と切り離す傾向があり、環境、食品の安全性や動物の福祉に対する配慮を強めている。

米州における多国間開発援助

　欧州の場合とは異なり、米州には地域機構として米州機構（Organization of States, OAS）が存在するが、OASとは独立した条約や組織として、LAFTA、ANCOM、NAFTAなどの地域統合が発足した。また、地域開発銀行として、1959年に米州開発銀行（Inter-American Development Bank, IDBまたはIADB）が設立されたが、米州機構、地域統合とは独立した機構となっている[13]。IDBは加盟国に対して経済社会開発・技術援助を供与してきたが、地域統合プログラムに対しても資金を供与する機能を果たしてきた。さらに地域統合と関連した金融組織として、カリブ開発銀行（Caribbean Development Bank, CDB）、アンデス開発公社（CAF）、中米経済統合銀行（Central American Bank for Economic Integration, CABEI）があり、通常の開発援助のほかにカリブ共同体、アンデス共同体、中米共同市場の地域統合を促進するための支援を行っている。IDBはこれらの地域統合開発援助機関や、IMF、世銀などと協力して米州地域の金融支援を実施している。

　IDBの資金援助を受けるための融資条件は融資対象国の経済状況により異なっており、経済的に不利な状況にある加盟国は有利な条件で融資を受けることができる制度となっている。融資対象となる加盟国は1997年の1人当たりGNPに基づいてグループⅠ、Ⅱに分類され、グループⅠにはアルゼンチン、バハマ、バルバドス、ブラジル、チリ、メキシコ、トリニダード・トバゴ、ウルグアイ、ベネズエラが属している。グループⅡにはベリーズ、ボリビア、コロンビア、コスタリカ、ドミニカ共和国、エクアドル、エルサルバドル、グアテマラ、ガイアナ、ハイチ、ホンジュラス、ジャマイカ、ニカラグア、パナマ、パラグアイ、ペルー、スリナムが属している。融資総額のうち、約65％がグループⅠの国々に対して、約35％がグループⅡの国々に

融資されている。加盟国の拠出金と投票数とはほぼ一致しており、融資対象加盟国の投票数の約78％をグループⅠが占めていることからも（**表5**参照）、グループⅡに有利な配分となっていることが分かる。また、融資は通常資本（Ordinary Capital）と特別業務基金（Fund for Special Operations）とに分かれており、特別業務基金の融資条件の方が金利面などで有利であるが、グループⅠは通常資本の約66％、特別業務基金の約17％を占めていることから、グループⅡの方が融資条件面で優遇されていると言えよう。1961年から2007年までのプロジェクト総額における国別順位は、ブラジル、メキシコ、アルゼンチン、コロンビア、ペルーの順となっている（**表6**参照）。また特別業務基金からの融資は、ボリビア、ホンジュラス、ニカラグアの順となっている。また、ＩＤＢではその業務の50％以上、財源の40％以上を社会的公正や貧困削減を促進するための社会プログラムに振り分けている[14]。

　カリブ開発銀行（ＣＤＢ）は1970年にバルバドスに設立され、その目的は「カリブの加盟諸国の調和ある経済成長と発展に寄与し、かつ、域内途上国の必要に対して特別の、迅速な配慮を払いつつ参加諸国間の経済協力と統合を促進することにある」とされている（カリブ開発銀行設立条約第1条）。さらに、近年では社会経済発展をとおして貧困の削減を目指すことが、ＣＤＢの使命とされ[15]、2007年にはハイチも加盟した。カリブ開発銀行においても融資条件の差別化が実施されており、加盟国の融資条件は4段階に分けられ、さらに加盟国はＭＤＣとＬＤＣとに分類されている。通常資本資産（Ordinary Capital Resources, ＯＣＲ）とグラントの要素が強い特別開発基金（Special Development Fund, ＳＤＦ）が主たる資金源であり、これらの融資条件はグループごとに利息、返済期間などが規定されている（後者については**表7**参照）。この外、ベネズエラ信用基金、ＩＤＢ、国際開発協会（ＩＤＡ）、一般開発基金などの基金が設けられている。1970年から2007年の期間において、グラントの要素が強い特別開発基金の68％がＬＤＣに振り分けられている（**表8**参照）。

　アンデス開発公社（ＣＡＦ）はアンデス共同市場が発足する契機となったボゴタ会談において提案され、1970年に発足した。発足当初の目的は、「域内の合理的な特化と投資の公平な分配を目指しつつ、かつ比較的低開発国の利益を十分に考慮した上で経済統合を促進すること」とされていた。その後、

表5　IDBにおける資本金と投票数　　　　　　　　　（2005年3月16日現在）

	割当額	投票数	投票数の比率
借入メンバー			
アルゼンチン	900,154	900,289	10.752
バハマ	17,398	17,533	0.209
バルバドス	10,767	10,902	0.130
ベリーズ	9,178	9,313	0.111
ボリビア	72,258	72,393	0.865
ブラジル	900,154	900,289	10.752
チリ	247,163	247,298	2.953
コロンビア	247,163	247,298	2.953
コスタリカ	36,121	36,256	0.433
ドミニカ共和国	48,220	48,355	0.577
エクアドル	48,220	48,355	0.577
エルサルバドル	36,121	36,256	0.433
グアテマラ	48,220	48,355	0.577
ガイアナ	13,393	13,528	0.162
ハイチ	36,121	36,256	0.433
ホンジュラス	36,121	36,256	0.433
ジャマイカ	48,220	48,355	0.577
メキシコ	578,632	578,767	6.912
ニカラグア	36,121	36,256	0.433
パマナ	36,121	36,256	0.433
パラグアイ	36,121	36,256	0.433
ペルー	120,445	120,580	1.440
スリナム	7,342	7,477	0.089
トリニダード・トバゴ	36,121	36,256	0.433
ウルグアイ	96,507	96,642	1.154
ベネズエラ	482,267	482,402	5.761
借入メンバー小計	**4,184,669**	**4,188,179**	**50.016**
地域・非借入メンバー			
カナダ	334,887	335,022	4.001
米国	2,512,529	2,512,664	30.007
地域・非借入メンバー小計	**2,847,416**	**2,847,686**	**34.008**
非地域・非借入メンバー			
オーストリア	13,312	13,447	0.161
ベルギー	27,438	27,573	0.329
クロアティア	4,018	4,153	0.050
デンマーク	14,157	14,292	0.171
フィンランド	13,312	13,447	0.161
フランス	158,638	158,773	1.896
ドイツ	158,638	158,773	1.896
イスラエル	13,126	13,261	0.158
イタリア	158,638	158,773	1.896

↗

↗日本	418,642	418,777	5.001
韓国	184	319	0.004
オランダ	28,207	28,342	0.338
ノルウェー	14,157	14,292	0.171
ポルトガル	4,474	4,609	0.055
スロベニア	2,434	2,569	0.031
スペイン	158,638	158,773	1.896
スウェーデン	27,268	27,403	0.327
スイス	39,347	39,482	0.472
英国	80,551	80,686	0.964
非地域・非借入メンバー小計	1,335,179	1,337,744	15.976
総計	8,367,264	8,373,609	100.000

注:端数処理により、小計が若干合わなくなっている。
出所:http://www.iadb.org/aboutus/IV/go_voting.cfm?language=English&print=true (06/02/2008)

　業務は経済統合・経済成長以外の分野へと拡大し、1990年にはアンデス共同体加盟国以外の国も加盟国となり、シェアを獲得することができるようになった。現在の加盟国は、アンデス共同体加盟国の他に、アルゼンチン、ブラジル、チリ、コスタリカ、ドミニカ共和国、ジャマイカ、メキシコ、パナマ、パラグアイ、スペイン、トリニダード・トバゴ、ウルグアイと民間銀行15行となっており、非国家主体も融資対象に含まれている。**表9**の示すように、融資はアンデス共同体加盟国中心に実施されている。

　中米経済統合銀行(ＣＡＢＥＩ)は1960年に設立され、長らくグアテマラ、エルサルバドル、ホンジュラス、ニカラグア、コスタリカの中米共同市場5ヵ国により運営されていたが、1989年の条約修正により域外国も加盟できることになった。現在、メキシコ、中国、アルゼンチン、コロンビア、スペイン、パナマ、ドミニカ共和国が非地域メンバーとなっており、2006年にはベリーズが連合協定を結び、受益国となった。ＣＡＢＥＩの目的は中米の経済統合と経済発展を促進することであり、2004年には、①貧困の削減、②加盟国の国際経済参入のための競争力強化、③地域統合、を戦略的方針として業務を行うことを決定している。2006年における中米に対する多国間融資では、ＣＡＢＥＩが60.4％、ＩＤＢが23.6％、世銀が15.9％となっている。ＣＡＦとＣＡＢＥＩでは、地域加盟国に対して集中的に融資が行われているが、地域加盟国間の格差是正のために融資条件を差別化するようなことは特に実施してはいない。

第Ⅲ章　統合の利益と公正な価値の分配

表6　ＩＤＢの2007年度及び1961-2007年度累積融資情報　　　　　　（100万米ドル）

国　名	プロジェクト総額 総額 2007	プロジェクト総額 総額 1961-2007	認可された貸し出しと保証 総額 2007	認可された貸し出しと保証 総額 1961-2007	通常資本 1961-2007	特別業務基金 1961-2007
アルゼンチン	3,058.8	50,301.2	2,484.3	25,447.8	24,753.7	644.9
バハマ	-	597.4	-	386.2	384.2	-
バルバドス	6.8	777.6	5.0	397.8	337.3	41.5
ベリーズ	-	170.2	-	112.3	112.3	-
ボリビア	86.9	6,275.7	84.3	3,832.2	1,319.1	2,439.4
ブラジル	5,184.8	91,272.2	1,663.5	30,858.3	29,166.7	1,556.3
チリ	236.6	13,365.5	118.7	5,709.0	5,458.8	205.0
コロンビア	1,246.0	26,169.5	771.0	13,826.0	12,989.2	769.9
コスタリカ	777.7	4,760.7	535.0	3,050.8	2,545.4	366.9
ドミニカ共和国	126.3	4,211.0	80.5	3,109.7	2,264.8	755.8
エクアドル	607.2	9,466.7	488.4	5,160.8	4,080.8	984.0
エルサルバドル	2.3	4,536.6	2.0	3,122.8	2,176.1	795.8
グアテマラ	240.4	4,690.9	215.0	3,163.7	2,411.5	681.9
ガイアナ	33.9	1,306.2	32.9	1,107.0	137.1	963.0
ハイチ	-	1,774.4	-	1,306.9	-	1,300.6
ホンジュラス	140.6	4,742.9	97.1	2,969.1	653.1	2,250.3
ジャマイカ	-	2,380.3	-	1,814.5	1,441.8	173.8
メキシコ	750.0	51,983.1	650.0	20,553.5	19,934.2	559.0
ニカラグア	114.9	3,872.3	90.2	2,604.0	341.0	2,196.3
パナマ	270.2	5,604.5	188.1	2,662.2	2,322.7	296.6
パラグアイ	70.5	3,123.2	64.3	2,277.4	1,632.8	631.5
ペルー	4,597.2	18,969.1	941.2	8,773.2	8,114.9	437.1
スリナム	35.5	161.6	7.0	112.3	110.3	2.0
トリニダード・トバゴ	-	1,676.7	-	1,091.9	1,036.4	30.6
ウルグアイ	115.2	5,658.8	101.9	4,329.4	4,183.0	104.6
ベネズエラ	211.0	16,351.2	150.0	4,973.2	4,798.9	101.4
地域	400.0	19,019.3	200.0	3,225.4	2,974.1	237.2
総計	18,312.6	353,218.9	8,970.4	155,977.4	135,680.1	18,525.4

出所：IDB, *IDB Annual Report 2007*, p.38.

　ＩＤＢとＣＤＢでは加盟国の拠出金が融資に影響するため、借入メンバー（Borrowing members）の投票権が地域・非借入メンバーと非地域・非借入メンバーの投票権の総数を上回らないようになっている。ＩＤＢでは借入メンバーの比率が50.016％（2005年）、ＣＤＢでは54.76％（2006年）である。ＩＤＢの場合には、出資分担額と投票数がほぼ比例しており、2005年の数値

	支出				
政府基金 1961-2007	総額 2007	総額 1961-2007	通常資本 1961-2007	特別業務基金 1961-2007	政府基金 1961-2007
49.2	1,482.7	20,695.1	20,001.0	644.9	49.2
2.0	9.5	325.4	323.4	-	2.0
19.0	2.8	336.5	276.0	41.5	19.0
-	20.3	108.0	108.0	-	-
73.7	46.0	3,353.7	1,259.1	2,020.9	73.7
135.3	1,625.9	27,946.7	26,257.3	1,554.1	135.3
45.2	41.2	5,185.1	4,934.9	205.0	45.2
66.9	767.8	12,911.8	12,075.0	769.9	66.9
138.5	17.0	2,245.2	1,743.2	366.9	135.1
89.1	109.5	2,577.0	1,732.1	755.8	89.1
96.0	200.4	4,394.2	3,320.1	982.1	92.0
150.9	97.2	2,904.5	1,968.8	795.8	139.9
70.3	238.7	2,655.1	1,924.0	669.7	61.4
6.9	48.8	864.5	120.6	737.0	6.9
6.3	101.9	919.0	-	912.7	6.3
65.7	66.4	2,472.2	563.4	1,856.5	52.3
198.9	34.3	1,718.0	1,345.3	173.8	198.9
60.3	1,080.9	18,918.1	18,298.8	559.0	60.3
66.5	113.7	2,209.6	283.1	1,873.4	53.1
42.9	75.7	2,047.5	1,716.1	296.6	34.8
13.1	74.0	1,831.6	1,199.3	619.2	13.1
221.2	490.1	7,507.2	6,848.9	437.1	221.2
-	16.8	87.2	85.2	2.0	-
25.2	47.2	947.9	892.0	30.6	25.3
41.8	112.9	3,737.1	3,590.7	104.6	41.8
72.9	167.2	4,056.7	3,882.4	101.4	72.9
14.1	35.4	2,638.3	2,395.2	229.0	14.1
1,771.9	7,124.3	135,593.2	117.143.9	16,739.5	1,709.8

では最大出資国の米国が約30％の投票権を持ち、日本は域外メンバーとして最大の出資国で約5％の投票権を持っている。カリブ開発銀行では出資分担額と投票数は比例しておらず、2002年における英連邦カリブ諸国からの拠出金は16％に過ぎなかった。どちらの地域開発銀行においても域内小国に対して優遇的な基準を設定しているものの、IDBでは融資額は大国中心

第Ⅲ章 統合の利益と公正な価値の分配

表7 カリブ開発銀行の特別開発基金(SDF)等の融資条件

グループ	最長支払期間 (支払猶予期間も含む) (年)	最長支払 猶予期間 (年)	年間利息 (%)	借入上限 (%)
1	10	5	5	80
2	25	5	4	80
3	30	10	2.5	90
4	30	10	2	90
地域	25	7	2.5	未定

グループ1:バハマ、バルバドス、英領ヴァージン諸島、ケイマン諸島、トリニダード・トバゴ
グループ2:アンギラ、アンティグア・バーブーダ、タークス・アンド・ケイコス諸島
グループ3:ベリーズ、ドミニカ、グレナダ、ジャマイカ、モントセラト、セント・キッツ・ネービス、セント・ルシア、セント・ビンセント及びグレナディーンズ諸島
グループ4:ガイアナ

出所:Caribbean Development Bank, *Basic Information* (April 2007), pp.17-20.

表9 アンデス開発公社の加盟国への融資額　　　　　　　　　　　(100米ドル)

国名	2002	2003	2004	2005	2006	累計
ボリビア	503	619	499	523	397	2,541
コロンビア	750	617	922	1,237	1,001	4,526
エクアドル	407	438	338	815	1,024	3,023
ペルー	498	633	604	417	941	3,092
ベネズエラ	762	535	821	627	842	3,587
アルゼンチン	-	175	60	257	580	1,073
ブラジル	260	245	170	695	579	1,949
コスタリカ	-	30	63	2	25	119
メキシコ	2	2	2	5	10	20
パナマ	-	-	1	80	53	134
パラグアイ	-	-	11	11	3	25
ウルグアイ	100	-	-	70	20	190
その他	9	9	13	7	46	85
総額	3,920	3,303	3,503	4,746	5,521	20,363

出所:http://www.caf.com/view/index.asp?ms=17&pageMs=41363 (06/02/2008)

表8 カリブ開発銀行における国別、基金別認可融資額の配分 1970-2007年

(1000米ドル)

国名	通常資本資産	ベネズエラ信用基金	特別開発基金	IDB	IDA	一般開発基金	他の特別基金	総計	対総計比
アンギラ	21,387	-	10,707	-	-	-	500	32,594	1.2
アンティグア・バーブーダ	41,338	-	15,057	-	558	5,779	3,009	65,741	2.5
バハマ	47,520	3,240	2,376	-	-	-	-	53,136	2.0
バルバドス	236,841	3,646	6,909	388	-	8,199	17,546	273,529	10.3
ベリーズ	129,278	740	87,414	373	-	5,171	4,981	227,957	8.6
英領ヴァージン諸島	43,870	-	14,791	-	-	300	1,594	60,555	2.3
ケイマン諸島	40,009	-	4,994	2,132	-	313	868	48,316	1.8
ドミニカ	30,456	-	82,822	9,043	5,347	12,368	8,179	148,215	5.6
グレナダ	52,223	-	92,181	20,961	5,628	369	3,729	175,091	6.6
ガイアナ	55,788	1,579	120,794	-	-	-	20,585	198,746	7.5
ジャマイカ	372,173	5,665	103,088	-	-	-	39,166	520,092	19.7
モントセラト	485	-	8,678	-	-	79	1,293	10,535	0.4
セント・キッツ・ネービス	86,460	260	68,612	2,360	5,181	26	1,198	164,097	6.2
セント・ルシア	136,804	676	77,738	17,940	5,625	3,358	6,120	248,261	9.4
セント・ビンセント及びグレナディーン諸島	77,652	1,606	58,370	6,302	4,497	2,105	7,521	158,053	6.0
トリニダード・トバゴ	179,914	-	5,018	-	-	-	2,566	187,498	7.1
タークス・アンド・カイコス諸島	13,141	-	12,436	-	-	-	-	25,577	1.0
地域									
LDC	10,000	-	5,232	-	-	-	2,626	17,858	0.7
MDC	7,266	-	5,544	-	-	-	2,174	14,984	0.6
MDC／LDC	14,912	-	742	-	-	-	-	15,654	0.6
総計	1,597,517	17,412	783,503	59,499	26,836	38,067	123,655	2,646,489	100.0
対総計比	60.4	0.7	29.6	2.2	1.0	1.4	4.7		
LDC	673,103	3,282	533,800	59,111	26,836	29,868	38,992	1,364,992	51.6
MDC	892,236	14,130	238,185	388	-	8,199	79,863	1,233,001	46.6
地域	32,178	-	11,518	-	-	-	4,800	48,496	1.8

出所：Caribbean Development Bank, *CDB Annual Report 2007*, p.149

に配分される傾向があり、投票権も拠出金の実績に基づき分配されている。他方、CDBではIDBに加盟していない小国や非独立地域をメンバーに迎え、IDBでは資金供与されないような小口融資を展開することにより、地域統合の活性化を図っていると言えよう。IDBを含めこれらの金融機関は域外からの拠出に依存しているため、域外先進国からの間接的援助としての性格も有する。

米州における域内途上国のための優遇措置

　米州における地域統合は、加盟国のGDP規模や1人当たりGDPの格差が欧州と比べて遥かに大きいため、1960年代の半ばより加盟国の発展レベルに応じた統合基準が設けられてきた。但し、発足当初からこのような発想が浸透していたわけではなく、LAFTAにおける経験が、優遇措置を生み出したと言えよう[16]。1960年のモンテビデオ条約第8章では、経済的比較的低開発国に対して優遇措置を設定することが規定されており、エクアドル、パラグアイを対象としていた。しかしながら貿易自由化が進行するにつれ、統合の利益は域内大国のアルゼンチン、ブラジル、メキシコに集中する傾向があり、同じ競争条件にあった中規模経済国のチリ、コロンビア、ペルー、ベネズエラは制度改革を推進し、LAFTAにおいて市場狭小国という中規模国用の枠を設定することに成功した。同時に、1966年にはチリ、コロンビアが中心となってサブリージョナルな経済統合としてアンデス共同市場を発足し、ボリビア、エクアドルに対する特恵待遇も設定された。LAFTA中規模経済国への助言者としてラウル・プレビッシュが制度改革に関わる提言をしており、この時の経験が前述したGSP発足に影響を与えたと考えられる。

　LAFTAの改革において、優遇措置を設けることが正当であるか否かを規定するうえで重要な概念として、「相互主義」の解釈が問題となった。同じ競争条件のもとで経済活動を実施することが公正な競争であると考えるべきなのかなど、公正な価値の分配とは何か、という問題を加盟国間で話し合う必要があったわけである。そして1964年には、「LAFTAの活動により促進される国家の発展の度合いが等しいこと」を「相互主義」の解釈とするということで合意が成立している。この解釈自体曖昧といえば曖昧であり、

実際の価値の分配を保証するものでもなかったが、全ての加盟国が価値の分配を享受できるよう配慮すべきであるという基本的合意が成立したことに意義があったと言えよう。

英連邦カリブの地域主義の場合、1973年のカリブ共同体設立条約（チャグアラマス条約）において加盟国を域内先進国（more developed countries）と域内途上国（less developed countries）とに区分することが明記されており、域外共通関税や域内関税率もこの加盟国の分類方法をベースにして設定されてきた。1973年の同条約第4条は公平な価値の分配を保証することを統合の目的の一つに掲げていたが、2002年の新チャグアラマス条約では、このような価値の分配を目標には掲げてはいない。また、新条約の第5条は、加盟国の合意が成立すればLDC、MDCの分類を変更できることが規定されている。過去30年にわたる統合を経て、1人当たりGDPではMDCとLDCとの差は錯綜したものとなってきており、国家経済の規模と生活水準とは必ずしも関連がないものとなってきている。また、ベリーズを除くLDC諸国は東カリブ諸国機構を形成しており、東カリブ諸国内部においても域内格差も存在するが、GDP自体はすべての加盟国が10億ドル以下（2004年）である。しかし、特に途上国の優遇措置は設定されていない。

1990年代に発足したNAFTA、メルコスールとも、それぞれメキシコ、あるいはパラグアイという域内途上国が参加しており、域内の均質性は低い。例えば1997年のEUの1人当たりGDPで最も高かった国デンマークの数値は、最も低かったポルトガルの3.31倍であったが、NAFTAの場合、同年の米国の数値はメキシコの数値の8.2倍であった。NAFTAは組織化、制度化のレベルが低い段階に留まっており、構造政策や域内格差の是正に関して極めて消極的である。北米開発銀行（North American Development Bank, NAD Bank）の融資も、国境付近の環境プロジェクトに集中しがちである。メキシコからの不法移民や国境付近の環境悪化をどのように防ぐかが米国の目標であり、またメキシコから米国への合法的な移民も、NAFTA発足後も減る兆しは見せていない。メルコスールの場合、アンデス共同体との統合も進行しており、2005年の第28・29回メルコスール両会議において、構造的格差是正基金の設立について合意、承認された。構造収斂プログラム、競争力促進プログラム、社会的結束プログラムなどが実施される予定である[17]。

アジアと域内格差問題

　ＡＳＥＡＮの場合には、発足後30年間ほどは域内の格差を是正するという方法はとられず、まずＮＩＥＳの一員としてシンガポールだけが突出した経済力を身につけていった。冷戦時代においては、国内の政治的安定が優先事項とされ、加盟国は相互の経済状況については干渉しあわないという方針がとられていたと言えよう。しかしながら、冷戦の終焉後にベトナム、カンボジア、ミャンマー等が加盟した結果、域内の格差がさらに拡大し、ＡＦＴＡを推進していく上で問題化してきたと言える。同時に、冷戦後の国際秩序の変容過程において、民主主義・自由主義経済イデオロギーを世界中に波及させていきたいとする米国の考え方がグローバルな規範となる傾向があり、研究者の間ではアメリカ「帝国主義論」が活発となった[18]。このような米国中心的な価値観のグローバルな波及は、ＡＳＥＡＮにおいてももちろん浸透していった。経済発展がある程度成功し、教育を受けた中間層が拡大するにつれ[19]、民主主義・資本主義的生活様式は定着していくことになるが、その若い民主主義を安定させるためには経済成長が必要であることをＡＳＥＡＮ諸国も実感することになったと言えよう。それは自国にのみ当てはまるものではなく、非民主的な同胞諸国をも安定化させるためにも、貧困地域をなくす必要があるとの見解に行き着くことになる。このように不安定地域を域内に抱え込むことにより地域ぐるみで安定化を目指そうとする姿勢は、欧州の東欧への拡大、カリブ共同体へのハイチ加入にも見られるが、欧州は発展途上国と比べ非常に厳しい政治的基準を設定している。この点については、後述したい。また政治的安定を長年維持してきたタイにおいてさえ、2006年には軍部の政治関与を許しており、ＡＳＥＡＮの発足時からの加盟国の民主主義自体が、開発軍政時代へと逆戻りしかねない危うさを内包していることを世界の人々に再認識させた。

　但し、アジアの場合には社会主義体制でも安定して有効に機能している場合には受け入れるべきであるとの考え方が強く、社会主義体制との共生を実践してきた。それは大国中国にのみ当てはまるわけではなく、ＡＳＥＡＮではベトナムに対しても同様の、社会主義体制を受け入れる姿勢がとられており、むしろアジアの一員としてのベトナムに対する同胞意識の方が強いと言

えるかもしれない。しかしながら、西半球の場合にはその様相は異なり、その背景では米国の外交姿勢が影響していると考えられる。キューバは、CBI、FTAAなどの米国主導の特恵レジーム・経済統合構想や、米州機構の主要な活動から常に排除されてきた。一方、中南米の近隣諸国はキューバに理解を示し、カリブ諸国連合やイベロ・アメリカ首脳会議などにより、キューバの孤立を防ぐ方策をとってきたのである。

　米国は中国の社会主義体制については、ニクソン・ショック（ニクソンの訪中）以来理解ある態度を維持してきた。米国には一貫した対社会主義政策が存在していると考えるよりはむしろ、その外交相手国が米国にとりどのような重要性、戦略的価値を有するかにより、ケース・バイ・ケースの対応を展開してきたと解釈する方が妥当であろう。大国中国は、米国の戦略上特別な存在であり、かつてのライバル、ソ連とは異なり、経済・技術的には米国が充分余裕を持って対応できる相手であると言えよう。中国は開放政策により巨大な将来性のある市場を米国に提供しており、しかも中国農村部には貧困地域を抱えたままの現状において、現体制の政治経済発展を支援することが米国にとっても利益であると言える。また、アジアの歴史上の覇権国である中国の方も、あくまでも第三世界のリーダーとして振る舞うというスタンスを、対欧米政策では崩さないできた。

　現在10ヵ国となったASEANにとり、いかに「ASEANディバイド」[20]を狭めることができるかは重要な問題であり、目下具体的政策としてはメコン河流域開発や「東西回廊」の開発が地域開発協力の主たる目標とされてきた。メコン河の開発はすでに1992年よりアジア開発銀行（ADB）とメコン地域首脳会議（GMS）との協力により実施されており、ラオス、カンボジアの加盟により南南協力的性質が一層強まったと言える[21]。しかしながら、かつてのLAFTAやCARICOMが目指した統合上の「公正な価値の分配」を目指すものではなく、むしろ「ラプラタ川流域開発」[22]のような多国間主義的インフラ開発プロジェクトとしての性格が強い。あるいは、EUのように特定の基準に達しない域内低開発地域に対して、共通財源から直接資金を供与するというものでもなく、やはり国家間協力プロジェクトとして位置づけるべきであろう。これはASEAN内部に充分な超国家的財源がないということとも無関係ではなく、日本もASEANの域内格差是正と開発協力の重要性をある程度意識した援助政策を実施してきた[23]。このよ

第Ⅲ章　統合の利益と公正な価値の分配

うに、ＡＳＥＡＮの格差是正問題は、先進国をも含めたＡＰＥＣ、ＡＳＥＡＮ＋３といった枠組み、あるいは、アジア開発銀行などが関与しなくては改善できない問題であると言えよう。ＡＳＥＡＮ憲章に関する賢人会議のレポートでは、加盟国のＡＳＥＡＮ支出に対する寄与や加盟国の処遇は平等であるべきとした上で、加盟国の格差を埋めるための特別基金を設置することが提言されたが[24]、「ＡＳＥＡＮ憲章」には盛り込まれていない。

　ＡＰＥＣレベルにおいては、1994年に「ボゴール宣言」が発表され、域内先進国は2010年までに、域内途上国は2020年までに貿易・投資の自由化を実施するという目標が設定されており、明確に先進国と途上国の統合の条件が区別されている。ＡＰＥＣではＷＴＯとの整合性が重視され、加盟国が自ら積極的に自由化を実施し、その関税レベルをＡＰＥＣ加盟、非加盟にかかわらず全ての国々に多角的に供与することを求めている。加盟国が自ら設定する目標に対して強制力はなく、相互主義の原則が求められることもない。貿易・投資の自由化問題に関する限り、ＡＰＥＣは地域主義というより、ＷＴＯを補足するものとして理解すべきだろう。ＡＰＥＣは自由化における域内途上国の負担が少なく、そのため統合の利益が不均衡であっても、不満が出にくい仕組みとなっている。また、官民の情報交換を促進し、技術協力を積極的に実施しており、これらの活動から途上国が得られるメリットも多い。ＡＳＥＡＮが政府間主義により特徴づけられるとすれば、ＡＰＥＣは市場中心主義であり、充分な独自の海外情報収集ネットワークはないが積極的にビジネス・チャンスを狙う企業にとっては、有効な情報源である。

　アジア開発銀行は1966年に発足し、アジア太平洋地域の経済成長と発展途上国の開発を促進することを主たる目的としており、必ずしも経済統合を促進するための機関として設立されたわけではなかった。しかし近年では、経済統合を支援することも業務内容に組み込まれている。1999年には持続的経済成長、社会開発、グッド・ガバナンスを柱とする貧困撲滅が活動の主要目標とされた。2008年に発表された「戦略2020」[25]でも貧困問題を最大の課題としており、全ての人にチャンスが開かれた包括的な経済成長、環境の面からも持続可能な成長、地域統合による調和ある経済成長の促進、を中心的なビジョンとして掲げている。こうした目標設定は、国連のミレニアム開発目標に沿ったものでもある。アジア開発銀行には現在67ヵ国が加盟しており、投票権の約65％を地域メンバーが、35％を非地域メンバーが占め

ており、日本は米国と並び最大の12.8％の投票権を割り当てられている。また、44ヵ国・地域が発展途上加盟国・地域として登録されているが、中国、インド、香港、韓国、シンガポール、台湾もその中に含まれており、発展途上加盟国・地域の実情にはかなりの開きが存在する。2007年度の融資額が多かったのは、パキスタンの20億7,200万ドル、ベトナムの15億2,600万ドル、インドの13億9,700万ドル、中国の13億2,700万ドル、インドネシアの10億5,100万ドルの順であった[26]。優遇措置的な機能を担う制度としては、1973年にアジア開発銀行の出資国によりアジア開発基金（Asian Development Fund, ＡＤＦ）が設立され、アジア開発銀行の最貧国メンバーに対して低金利の融資やグラントを供与してきた。

自助努力か優遇措置か

　ＷＴＯレベルにおいても、地域統合のレベルにおいても、経済統合の利益は大国に集中しがちであり、価値の分配に対する不満はつきまとうが、どちらのレベルにおいても発展レベルに格差が存在する場合には、途上国に対してルール上の優遇措置が歴史的に講じられてきた。それでも結果が芳しくない場合にはどうするのか、という問題が残るが、近年の米国や欧州の対発展途上諸国政策は、援助や優遇措置よりむしろ自助努力を重視する傾向があり、この点については第Ⅶ章において論じることにしたい。その変化の要因として、冷戦が終焉したことを指摘できよう。イデオロギー上の競争や、米ソ両陣営の軍拡競争がなくなり、もはや超大国が競って自己の陣営を強化するために発展途上国に対して援助競争を展開する必要がなくなったという事情を指摘できる。また、ＮＩＥＳ、ＢＲＩＣｓの成功により、ＧＡＴＴ・ＷＴＯの優遇措置を利用しながら、自助努力により経済発展を達成することは可能であることが実証され、国際経済秩序を形成してきた先進国は自らの方法が間違いではなかったという確信を得た面もある。政府に手厚く開発援助を供与するよりむしろ企業の自主的経済活動に発展を委ね、ミレニアム目標や「人間の安全保障」など、より的を絞った援助目標を設定することにより、発展途上国の問題解決を目指すという方法が主流となっていると言えよう。さらに、サブプライム・ローン問題などにより、先進国経済が低成長を余儀なくされていることも、自助努力重視の傾向を助長するであろう。

第Ⅲ章　統合の利益と公正な価値の分配

他方、アジアや南米などの地域システムのレベルでは、むしろ逆の方向に向かって政策が形成される傾向がある。ＡＳＥＡＮは新規加盟国との格差を埋め、政治的な安定を達成する必要がある。南米では近年次々と左派系政権が誕生し、地域統合にも格差是正の動きが出てきている。これは、累積債務問題とインフレ抑制のため、過去に徹底した新経済自由主義的政策がとられ、人民主義的政策が切り捨てられたことに対する反動として解釈することもできる。これらの地域では国内所得格差が大きく、社会政策により貧困層を縮小し中間層を拡大することは市場の形成にとっても有利に働くが、政治的安定を維持するためにはやはり持続的経済成長が不可欠な条件である。パイが拡大しない状況において高所得者層を切り崩す政策を続ければ、再び権威主義体制へと後退する可能性もある。さらに、伝統的な輸出部門が圧迫されれば経済的停滞をも招くことになりかねない。また、アジアでは社会主義との共存を維持する必要があり、早急な新経済自由主義化を抑制するための一つの要素とはなろうが、社会主義国内部においても、すでに新経済自由主義が格差問題を齎していることも否定できない。また、東南アジアの民主主義国にも、権威主義体制へと逆行する可能性は否定できず、アジアの政治的安定を維持するためには経済成長を保障するための危機回避メカニズムも必要である。

途上国の経済成長を促進するためには自助努力を重視すべきか、あるいは優遇措置を重視すべきかは、一概にどちらが良いかを定められる問題ではない。国際経済がヒトの自由移動を実施していない以上、自由な市場経済が経済格差を齎してしまうことは事実であり、それを政策的に修正していく必要がある。すでに、制度としては国際経済のレベルにおいても、地域統合のレベルにおいても、貿易・投資面での優遇措置はある程度整備されている状況にある。特にＥＵの場合には、超国家的視点からの構造政策が実績をあげてきたと言えよう。

【注】
1) 松本八重子『地域経済統合と重層的ガバナンス』、66－70頁。
2) 新経済自由主義は競争原理に基づく効率的生産に価値を置いており、低開発問題は政府の政策の不備や市場の閉鎖性などが原因であるとしている。現実においても、世銀やＩＭＦは累積債務問題に対しても、新経済自由主義の立場から対応

した。新自由主義制度論もこのような自由競争志向の国家観に基づいたものである。他方、従属論、構造学派は中心国と発展途上国の経済的相互作用の歴史過程に、低開発の原因を求めようとした。たとえば、A. G. フランク、西川潤訳『世界資本主義とラテンアメリカ』(岩波書店、1978年)、恒川恵市『従属の政治経済学メキシコ』(東京大学出版会、1988年)。

3) Peter Robson, *The Economics of International Integration,* Third ed. (Unwin Hyman, 1987), pp.169-170.
4) O. ロング著、落合淳隆・清水章雄訳『ガットと経済摩擦』(敬文堂、1989年)、14頁。
5) 同、109 − 111頁。
6) David Allen and Michael Smith, "Relations with the Rest of the World," in Ulrich Sedelmeier & Alasdair R. Young, eds., *The JCMS Annual Review of the European Union in 2006* (Blackwell Publishing, 2007), pp.168-169. またコトヌー協定第36条3は、第4次ロメ協定で規定された非相互主義的な貿易特恵は、準備期間中のみ維持されると規定している。
7) http://www.unctad.org/Templates/Page.asp?intItemID=2309&lang=1　11/15/2006
8) ＥＣ条約第306条は、ＥＣ統合がベネルクス3ヵ国間の統合を妨げるものではないことを規定している。
9) David Allen, "Cohesion and the Structural Fund," in H. Wallace, W. Wallace and Mark A. Pollack, *Policy-Making in the European Union,* Fifth ed. (Oxford U. Press, 2005), pp.218-219.
10) Robert A. Pastor, *Toward A North American Community: Lessons from the Old World for the New* (Institute for International Economics, 2001), p.45.
11) *Ibid.*, p.51.
12) Allen, "Cohesion and the Structural Funds," pp.222-224.
13) 当初ＩＤＢをＯＡＳの枠内の機関とする構想もあったが変更された (G. Pope Atkins, *Encyclopedia of the Inter-American System* (Greenwood Press, 1997), p.248)。
14) http://www.iadb.org/aboutus/ Ⅳ /borrowing.cfm?language=English&print=true 06/02/2008.
15) Caribbean Development Fund, *Basic Information* (April 2007), p.4.
16) 詳しくは、松本『地域経済統合と重層的ガバナンス』、第Ⅲ章。
17) "reglamento del fond para la convergencia structural del MERCOSUR," Articlo 30.
18) 藤原帰一『デモクラシーの帝国——アメリカ・戦争・現代世界——』(岩波書店、2002年)、山本吉宣『「帝国」の国際政治学——冷戦後の国際システムとアメリカ』(東信堂、2006年)。

19）東南アジアにおける中産階級の形成については、白石隆「東アジア地域形成と「共通文化圏」」添谷芳秀・田所昌幸編『日本の東アジア構想』（慶応義塾大学出版会、2004年）。
20）ＡＳＥＡＮディバイドについては、山影進「日本・ＡＳＥＡＮ関係の深化と変容」山影進編『東アジア地域主義と日本外交』（日本国際問題研究所、2003年）、30－31頁。
21）メコン河開発については、山影進「メコン河開発の紆余曲折――水系・流域・地域をめぐる国際関係」『国際問題』第521号、2003年8月。
22）松本『地域経済統合と重層的ガバナンス』、109－111頁。
23）山影「日本・ＡＳＥＡＮ関係の深化と変容」、31－33頁。
24）"Report of the Eminent Persons on the ASEAN Charter," Articles33-34.
25）ADB, "Strategy 2020: The Long-Term Strategic Framework of the Asian Development Bank 2008-2020," April 2008.
26）http://www.adb.org/About/glance.asp 06/14/2008.

第Ⅳ章
民主主義と地域統合の関連性

民主主義は地域統合を促進する要因か

　民主主義は地域統合を促進する要因か、あるいは必要条件か、という問題に関して、あまりに問題が大きすぎて、これまで正面切った議論はなされてこなかったと言えるのではないだろうか。かつて新機能主義学派の理論研究が盛んであった頃、被説明変数である超国家的統合の形成が民主主義体制を前提としている以上、民主主義が統合に不可欠な条件と考えられたのも当然であった。新機能主義学派の議論は、欧州統合の実態から生まれたものであり、また、欧州統合を説明するための議論でもあったため、近代的・多元主義的な工業先進国、民主主義国家を統合の主体として想定していた[1]。一方、カール・ドイッチュの「安全保障共同体」の議論では、ある種の共通政府の存在を前提とした「融合的安全保障共同体」と複数の独立した政府からなる「多元主義的安全保障共同体」モデルが提起された。共通の問題を平和的方法で解決できる安全保障共同体形成の条件の一つとして、「主たる価値観に矛盾がないこと」が指摘されており[2]、この条件自体は地域統合域内の政治・経済イデオロギーや価値規範が均質であれば、共同体の形成は可能であることを示唆していた。すなわち、民主主義体制以外の地域、例えば歴史上の封建的地域に当てはめて考察することも可能であると考えていた。

　実際に民主主義が地域統合にとり重要な役割を果たしたかどうか、と問えば、答えはイエスの面もあればノーの面もあると言わざるをえないであろう。冷戦時代には、地域統合は同じ体制内の国々の間で発足しており、それぞれの陣営内ではドイッチュの「多元主義的安全保障共同体」のモデルにおける、主たる価値に矛盾がないという共同体の条件が満たされていた。すなわち、資本主義国と社会主義国との経済統合上の棲み分けが明確に実践されており、資本主義圏では民主主義が揺るがぬ価値であり、また社会主義圏では欧米型の民主主義とは異なった、社会主義という政治理念が正統なものとして作用していたと言える。旧ソビエト・ブロックにおいては、コメコンという社会主義経済体制間の分業・交易体制が整っており、経済統合は必ずしも民主主義・資本主義体制内のものではないことは、学術上も認められていた[3]。ただし、ソビエト・ブロック時代に「ハンガリー動乱」や「プラハの春」と

いう惨事が発生したことを想起すれば、ソビエト・ブロックは多元主義的安全保障共同体ではなかったのではないだろうか。

　もちろん、コメコン体制においては資本主義市場のような価格競争は存在せず、ソ連は廉価なエネルギーをワルシャワ条約機構同盟国に分け与えることにより、政治的インセンティブとして利用していた。このような政治経済的駆け引きは、資本主義社会より旧ソ連圏でより強く作用していたと言えよう。何故なら、自由市場において個々の消費者は供給者を自由意思で選択できることが前提となっているが、社会主義的計画経済では、政策決定者の手に消費者の運命は委ねられる。それだけ貿易関連の外交交渉が国内市場に与える影響は大きくなるのである。また、発展途上地域においても、1960年代に様々な地域経済統合が発足したが、加盟国には権威主義体制をとる国も含まれることもあったが、あまり問題視されなかった[4]。当時の冷戦構造においては、非共産主義国であれば民主主義圏の一員として迎えられる風潮が強かったからである。

　しかしながら、冷戦終焉後には二極構造の国際体系が崩れ、地域統合も異なる政治・経済体制国間で実施されるようになってきており、地域によって民主主義が地域統合に果たす役割も異なってきていると言えよう。また、イデオロギーのレベルでは、民主主義・資本主義が絶対的勝利を収めたかのように表面的には見える状況が続いているが、近年ではテロリズムや民族対立等も顕在化してきている。欧州では、東西対立を緩和するための信頼醸成装置としてまず欧州安全保障協力会議（ＣＳＣＥ）が起動し、さらにソ連崩壊後には東欧諸国の体制移行が実現した。そして、ＥＵへの加盟条件として、どの程度民主化が実現しているか、が重要な鍵となったことは周知のとおりである。ちょうど時期を同じくして、中南米における軍事政権も終焉を迎え、権威主義時代に対する反動として、民主主義的価値が絶対視されるようになっていった。こうした変化は地域統合にも影響を与えるようになり、民主主義体制の維持を支持する方針が、ＥＵばかりでなく、メルコスールなどでもとられるようになった。と同時に、アジア太平洋地域では資本主義国と社会主義国との間で地域統合が進行しており、イデオロギーの力が衰え、グローバリゼーションの影響のもとに市場も新たな段階に入ったと言えよう。他方、発展途上国内部の貧困地域は近代化の波から取り残されたままであることが、深刻な問題となっている。以下本章では、欧州、米州、アジア太平

洋のそれぞれの地域統合において、民主主義がどのように捉えられてきたのか、を考察していくことにしたい。

欧州統合と民主主義イデオロギー

　1957年に署名されたローマ条約には民主主義に関する言及はなく、また、加盟条件として、「欧州の全ての国は、共同体の構成国となることを申請することができる。」と定められているにすぎない。そもそもEECが発足した当時、EECは西欧を必ずしも代表していたわけではなかった。何故なら英国はまだECに加盟しておらず、西欧諸国はEECとEFTAに分かれて経済統合を発足したからである。EECは第2次世界大戦中のナチズムやファシズムの形跡を消滅させ、民主主義と平和共同体を定着させるという政治的目的を担っていたと言えよう。その後、英国、デンマーク、アイルランドが1973年に加盟することにより、ECが西欧民主主義陣営の中心的機関となり、EFTAは北欧、中欧の中立国を中心とする組織となった。またヤウンデ協定や1975年のロメ協定の締結などにより、植民地時代のブロック経済の遺産に終止符が打たれ、新たな経済協力関係へと生まれ変わったと言えよう。もちろん冷戦構造において、ECはNATOとともに西側諸国の中心的存在であり続けたが、当時の民主主義イデオロギーは現在の認識と比べれば大雑把なものであったとも言え、対外政策においては非共産主義という意味合いを担うことが現実には多かったのである。

　ECが自らの内部の問題として本格的に民主化の問題と取り組むことになったのは、やはり南欧諸国の加盟申請以降のことであろう。ギリシャ、スペイン、ポルトガルの加盟問題は、権威主義体制から民主主義へ移行した国々の民主化を定着させるという意識がEC加盟国側にも強かったことは確かである。英国では議会制民主主義を共同体加盟の条件とするためローマ条約を修正すべきという声も1977年頃にはあったが、すでにイベリア2国でも民政移管が実現しており、実際には条約修正までには至らなかった[5]。このような東西対立の思惑とは別に、ギリシャの加盟問題はキプロスとギリシャ間の民族的対立が絡んでおり、NATO、EC内でも微妙な亀裂を生じさせていた。しかも、NATOとその中心的存在である米国は反共政策のためならトルコの軍事政権とも協力するという方針をとっており、イデオロギー問

第Ⅳ章　民主主義と地域統合の関連性

題も複雑であった。1974年には、ギリシャ軍の工作によりキプロスでクーデターが起きると、トルコ軍がキプロスに侵攻するという事件が起きた。この数ヵ月後にはギリシャはEC加盟申請を行ったわけであり、ドイツ、英国はトルコ関係を重視し、フランスがギリシャ加盟を支持するという立場をとった。一方、トルコは1983年にはトルコ系の北キプロス共和国を成立させ、EECは国連とともにこれを認めず、あくまで2つの民族の共生（bi-communal, bi-zonal）による解決を図る立場をとった。そのため、分裂問題が解決するまでは、キプロスの加入もないという見通しが強く、結局キプロスはマルタとともに1990年まで加盟申請しなかった。一方、1987年にはトルコは加盟申請したものの、1999年まで加盟候補国とされなかった。

　経済的には、南欧3ヵ国は1970年代にはNIESとして10％以上の高度経済成長を遂げており、ECに入るべき条件は整っていたと言えよう。南欧3ヵ国は農業輸出国であり、CAPや欧州地域開発基金から多くの支援を得ることが予想されており、南欧加盟は欧州における南北問題解消への筋道をつけるものと期待されていた。ワイン、柑橘類を輸出品とするフランス、イタリアにとり競争が激しくなることが予想されたが、スペインはアイルランドと並びEC加盟により安定した経済成長と福祉政策を実現した。

　1995年のEU第4次拡大の場合、中欧、北欧諸国は欧州でも民主主義と福祉政策が最も安定した地域であり、これらの国々の加盟交渉過程では、民主主義が問題となることはなかった。あくまで外交上の中立政策が、これらの国々がそれ以前に加盟しなかった主たる要因であり、結局第4次拡大においてもノルウェー、スイスでは国民投票によりEU、EEAへの加盟が、それぞれ拒否され、EU加盟は実現しなかった。他方、第4次拡大とほぼ同時期に生じた東欧（ポーランド、ハンガリー、チェコ、スロバキア、ラトビア、エストニア、リトアニア）の加盟問題では、民主主義が重要な加盟条件として課せられることになる。1993年にはコペンハーゲン基準が設定され、政治的基準として、民主主義、法の支配、人権、少数民族の権利が保障されていることが求められたわけである。これら加盟申請国10ヵ国の加盟条約は2002年4月に調印され、2005年5月に加盟が実現した。各国の加盟批准を決定する国民投票がキプロスを除き決定されたが、**表10**のような支持率であり、実際にはリトアニア、スロベニアを除き有権者の50％以下しか支持を表明しなかったと言える。

表10　EU加盟候補国の加盟国民投票　　　　　　　　(%)

国　名	賛成	反対	投票率
ハンガリー	83.76	16.24	45.62
ポーランド	77.45	22.55	58.85
チェコ	77.33	22.67	55.21
スロバキア	92.46	6.20	52.15
エストニア	66.92	33.08	64.00
ラトビア	67.00	32.3	72.53
リトアニア	91.04	8.96	63.3
スロベニア	89.61	10.39	60.29
マルタ	53.65	46.35	91.00
キプロス	国民投票を実施せず		

出所：Helen Wallace, William Wallace, and Mark A. Pollack, eds., *Policy-Making in the European Union,* Fifth ed.（Oxford U. Press, 2005）, p.424.

　この間、旧東欧諸国においては社会主義体制から民主主義への体制変換が図られ、大統領制の採用、複数政党政治と選挙の実施が実現した。東欧諸国は第2次世界大戦以前には民主主義を経験しており、社会主義体制時代にもハンガリー動乱やプラハの春という民主化運動を経験していた。権威主義体制に対する不満は募っていたものの、従来の政治・経済制度を転換し、資本主義や民主主義的政治制度を再導入することは決して容易なことではなかったと言えよう。1974年の欧州安全保障協力会議発足以降、東西ブロック間の信頼醸成が積み上げられ、さらにソ連における1985年のゴルバチョフ政権の成立は、このような変化を巻き起こす伏線であったことは間違いない。さらに、EUの設定した加盟条件が東欧諸国の急激な変容を促し、かつ経済援助や選挙監視団の派遣などの民主化支援策により、それを支えたと言えよう。このような変化は、崩壊した権威主義体制の質は異なっていたとはいえ、ラテンアメリカの民政移管と共通したものがある。不当な逮捕がなくなり、言論の自由を人々は取り戻すとともに、激しい経済競争も開始され、社会主義政策は放棄されることになったわけである。新体制にうまく適応できた人々は政治・経済的自由を享受できたが、取り残された人々には社会主義に代わる新たな福祉政策が必要となった。そして、権威主義体制期に失われた命は二度と戻ってこないのである。

第Ⅳ章　民主主義と地域統合の関連性

マルタとキプロスの加盟は、EUの地中海政策とも関連しており、両国の中東諸国との文化的繋がりをEUの安全保障政策にも生かしたいとの意図がEU側にあった。マルタは1964年に独立する以前に、150年以上に及ぶ英国の統治を受けており、民主主義自体は加盟の障害とはならなかった。しかし、2大政党の一つ、労働党は長年EC加盟に反対しており、労働党政権期には加盟手続きは進まなかった[6]。キプロスの加盟はトルコの加盟問題とも関連しており、1997年のルクセンブルク・サミットではキプロスの加盟交渉を開始し、トルコの加盟は見合わせることが決定された。さらに「アジェンダ2000」では従来のキプロス問題が解決するまで加盟もないとする方針が放棄され、加盟はキプロス共和国政府の決定に任されるべきであるという考えが示された。キプロスをEUに組み込むことは、安全保障を強化するという効果が期待されていた。キプロスにおける民主主義や人権擁護を促進する上でも、EU加盟はプラスに影響すると考えられたのである[7]。さらに、ルーマニア、ブルガリアも2007年1月に加盟を果たし、旧社会主義諸国は現在10ヵ国となっている。また、トルコ、クロアチア、マケドニアとも加盟交渉を継続中である。

　以上のように、欧州統合の拡大において常に民主主義体制が加盟のための暗黙の条件とされてはいたが、第5次拡大交渉以降の加盟交渉において、必要とされる具体的な民主化レベルの基準が明示されるようになった。このような変化は、冷戦の終焉により社会主義イデオロギーを封じ込めることが第一義的安全保障上の目標ではなくなり、独裁、人権侵害、テロなどの非民主的暴力に対抗することがより求められるようになったためだと解釈できよう。また、EC・EU関連条約においても、加盟国に「民主主義」を求める条文が明示されるようになった。マーストリヒト条約第6条1項では、「連合は加盟国の共通の原則である自由、民主主義、人権及び基本的人権の尊重ならびに法の支配に基づいて設立される」としており、単に「欧州に位置している国」としていたローマ条約より具体的な表現となった。1997年のアムステルダム条約ではさらに制裁規定が盛り込まれ、自由、民主主義、人権などの諸原則に違反した加盟国に対して、EUは諸権利を停止することができることになった。さらに、ニース条約においては、違反を判定するための具体的手続きが示され、最終的に理事会の5分の4が賛同した場合には加盟国に人権侵害などに関する勧告をすることができるようになっている。

さらに、欧州憲法条文では、自由、民主主義、平等、法の支配が人類の普遍的価値としており、その源となった文化的・宗教的・人道的な共通の遺産が欧州にはあるとしていた。また、ＥＵの統治面をより市民に開かれた、民主的なものへ発展させようとしており、民主主義的な価値の共有とその実践をＥＵ統治において目指していたと言えよう。ただし、加盟国には国民としてのアイデンティティーや自国の歴史に誇りを持つことが国家にとり重要であることを前文は併記しており、政治統合や連邦形成を目指すものではなかった。欧州憲法は凍結され、議定書である「リスボン条約」がその後を引き継ぐことになったが、リスボン条約は、第Ⅱ編を「民主主義原則に関する規定」として割いている。リスボン条約第9条においても、各加盟国の国民はＥＵ市民であり、ＥＵ市民権とは加盟国の市民権にさらに付加されるものであるという考えが明記されている。2007年には「ＥＵ基本権憲章（Charter of Fundamental Rights of the European Union）」が公布されているが、リスボン条約が発効した時点でその役目を終えることになっている。

欧州議会と国民投票

　欧州統合のガバナンスにおいて、民主主義はどのように作用してきたのか、について次に検討していく。当初の欧州の意思決定は加盟国政府代表およびＥＣ委員会のスタッフに限られ、市民の直接的な参加はなかった。欧州議会はもともとＥＣＳＣの総会（Common Assembly）が起源であり、1958年には3共同体共通の機関、ヨーロッパ議会総会（European Parliamentary Assembly, ＥＰＡ）に引き継がれ、1962年より欧州議会（European Parliament, ＥＰ）と呼ばれることが決定した。当初議会は加盟国の国会議員の中から互選された議員により構成されたが、1979年以後は直接普通選挙により選出されるようになった。欧州議会と改名される以前より、議員は共同体加盟諸国民の代表とされ、国家の代表として行動してはならないと規定されていた。しかしながら、議会の議席数は2008年現在785名で、加盟国の人口に比例して振り分けられ、小国に若干有利な配分となっている。これは、共同体市民の1票の重さが等しくなるよう意図されていると同時に、現実には加盟国の力関係が議会に反映される仕組みとなっていると解釈できる。ただし、議員は国ごとにグループを形成しているわけではなく、欧州人

民党、社会主義グループ、保守グループ、緑の党グループなどのトランスナショナルな党派に分かれている。

現在議会がEUの意思決定に果たす役割は、立法権限、予算権限、欧州委員会の監督権限で、共同決定手続きにより重要な領域については理事会と対等の立場から立法制定に関わるようになってきている。しかしながら、通常は理事会に対しては諮問機関的役割を果たしており、通常各国の議会が果たす民主的コントロールのレベルには至っていないと言えよう。また、統合が進み欧州レベルにおけるガバナンスが浸透するにつれ、EU市民の要望に対してEUがどのように応えることができるかも、民主主義的な統治にとり重要な要素となっている。欧州議会では、市民のEU行政に対する苦情を処理するためのオンブズマンを任命するという権限も与えられている。

欧州議会とともに、市民が意思決定に関与できる制度として、国民投票がある。国民投票は、国家を枠組みとした直接的民主主義制度であり、EU市民のEU政治参加のための超国家的制度ではない。国民投票の対象となるイシューは、EU条約等の締結・改正、及びEU加盟問題等である。国民投票が決定に果たす役割は、最終的決定となる場合から、単なる政府の参考資料として扱われるまで、多様である。国民投票は他の地域統合では採用されておらず、EU独自の民主主義的制度である。

米州における地域統合と民主主義

民主主義の発展段階が多様な国々より成る米州では、地域統合は国内政治問題に対してどのような対応をしてきたのであろうか。第2次世界大戦後、米州機構が発足し集団安全保障機能がリオ条約により開始されたが、冷戦時代には、グアテマラのアルベンス政権などの社会主義政権に対して軍事介入が実施された。1960年代には中南米地域ではLAFTA、CACMなどの経済統合が発足したが、ブラジルなどこの時期に軍事政権へと移行する国々もあり、60年代末には民主主義体制が経済統合の加盟条件となるには至らなかった[8]。中南米諸国のOAS改革を要望する声が高まり、1967年にはOAS憲章は改定され、米州機構はより社会・経済分野の協力に重点をおいた機構へと転換された。80年代までラテンアメリカにおける権威主義体制は維持されたが、その間、米州機構では民主主義と人権を擁護する活動が続け

られた。冷戦終焉後には、1992年にワシントン議定書が出され、民主主義が不法に中断された加盟国のメンバーシップを停止することが可能となり、同議定書は1997年に発効した。

　1994年より、米州サミットが定期的に開催されるようになり、民主化、貧困対策、開発と地域統合、テロ対策、教育の普及問題などが主たる地域的イシューとして取り上げられてきた。2001年には「米州民主主義憲章（Inter-American Democratic Charter）」が出され、非合憲的な政権交代が発生した場合には、常任理事会は民主主義への復帰を促すために外交上のイニシアティブをとること、あるいは臨時総会において3分の2の賛成により当該国のOASにおける活動資格を停止することができるとした（同憲章第20、21条）。この憲章の前文においては、「……議会制民主主義は地域の安定、平和、発展にとり不可欠であるとOAS憲章は規定しており、OASの目的の一つは不干渉主義原則を充分尊重しつつ、議会制民主主義を促進し強化することであると総会は認識し、……以下の決定を行った。」という表現がある。この条文より、米州民主主義憲章が冷戦時代の反共政策のような内政干渉とは距離を置きつつ、非民主主義的政権に対して歯止めをかけようとしたものであることが分かる。また、OASでは議会制民主主義と民主主義とがほぼ同義的なものとして扱われており、国連における民主主義的価値や人権を尊重する立場とは若干異なっていると考えられる。

　マイアミにおいて第1回米州サミットが開催されて以来、FTAA構想は主たる交渉イシューとなったが、ここでも民主主義国であることが公然と加盟条件として提示されてきた。しかしながら、この構想に対して、米国の覇権主義が色濃く、また米国の経済力に中南米経済が飲み込まれることになるのではないか、とする懸念を多くの中南米諸国は共有している。ブラジルはメルコスールを中心に南米共同市場を形成し、米国に対する交渉力を高め、ラテンアメリカ側に少しでも有利な統合条件を引き出せるまでは交渉を締結しないという態度をとってきたため、現在交渉は中断状態にある。この間、南米諸国では政権交代により左派系の政権が次々と誕生したため、米国の新経済自由主義的視点のもとに統合案をまとめることは困難になってきている。また、2008年12月にベネズエラで実施された国民投票では、従来の大統領任期を連続2期までとする憲法上の制限が廃止されることになった。反米的であったチャベス政権が長期政権となる可能性もある。

ＦＴＡＡ構想が着手されたのとほぼ同時期にＮＡＦＴＡ交渉も開始され、米国大統領選の争点ともなったが、実際の交渉においては民主主義の問題は主たる争点とはならず、ＮＡＦＴＡ条約においても民主主義条項に類するものは存在しない。すでに1986年にメキシコはＧＡＴＴに加盟し輸入代替工業化政策を放棄しており、サリーナス政権は新経済自由主義のもとに経済発展を促進するための政策の一環として、ＮＡＦＴＡ加盟のイニシアティブをとった。さらに、サリーナス政権は国内政治において野党からの民主化要請に対応するため、一連の憲法改正や選挙関係諸法の改革を実施した結果[9]、最終的には2000年の大統領選挙において約70年に及ぶメキシコ立憲革命党（ＰＲＩ）長期政権の終焉が実現した。1991年6月から翌92年8月までのＮＡＦＴＡの交渉期間も、連邦選挙機関が発足され、また選挙資金の上限設定など選挙法の改正も実施された。メキシコの大統領制では大統領の権限が比較的強く、しかもまだ議会においてＰＲＩが多数派を制していたため、サリーナス大統領は自らの改革を強力に推進することができた。

　一方、米国の1992年の大統領選では、ブッシュ（父）、クリントン、ロス・ペロー3候補により選挙戦が展開され、その中でＮＡＦＴＡ問題が争点の一つとなり、市民の関心を引き付けた。民主化問題に関しては、ＦＴＡによりメキシコのＰＲＩ体制に内蔵する問題点が悪化するという意見と、経済改革は政治改革を促進する要因となるとする意見に二分された[10]。当選したクリントン大統領は、メキシコの民主主義には問題が存在することを認めながらも、ＮＡＦＴＡにより経済発展が進めば民主化も促進されるという立場に立ち、ペローらのＮＡＦＴＡ反対議員に反論した[11]。また、クリントン大統領は1994年のマイアミにおける米州サミットにおいて、ラテンアメリカ諸国の民主化問題、経済統合、経済発展の問題を検討すべきイシューとしており、他方ＮＡＦＴＡ条約は経済統合イシューに絞り込み、労働、環境問題に関する補足協定を結ぶことにより、議会の通過を図った。

　ＮＡＦＴＡとは対照的に民主化条項が盛り込まれることになったのが、メルコスールである。もともとの設立条約には民主主義の問題は言及されていなかったが、1996年にパラグアイで軍事クーデターが未然に回避された際、メルコスールに民主主義条項が加えられた。パラグアイでは1989年の民政移管後もオビエド将軍の権力が温存されており、1996年にはワスモシ大統領はオビエド将軍を解任しようとしたため、軍部のクーデターが勃発す

る危険が高まった。しかし、ブラジルのカルドーゾ大統領、アルゼンチンのメネム大統領らが軍部に対してパラグアイの加盟資格を剥奪すると警鐘を鳴らし、軍部のクーデターには至らなかった[12]。さらに、1998年にはクバス大統領はオビエド元将軍を釈放したが、アルガーニャ副大統領はこれに反対し1999年に暗殺されるという事件に至った。軍部の介入が懸念されたが、ブラジルはクバス大統領を、アルゼンチンはオビエド元将軍をそれぞれ亡命者として受け入れ、ウルグアイを含めたメルコスール3ヵ国で事態の収拾のために協力した。欧州統合における民主化加盟基準が共産党一党支配体制からの決別を目指したものであったのとは異なり、メルコスールの民主化条項は、民政移管後も力を温存している軍部の政治への復帰を未然に防ごうとするものであった。軍部の政治介入はラテンアメリカの伝統であり、たとえ民主主義政権であっても国家の秩序を維持できない場合には、軍部の介入がしばしば繰り返されてきたため、このような条項が生み出されたとも言えよう。ラテンアメリカ諸国の軍部は国家の秩序維持には努めるが、特定のイデオロギーや政党には束縛されない伝統がある。

　アンデス共同体では、1998年に「アンデス共同体の民主主義に対するコミットメント」という議定書が採択された。民主主義秩序が破られた加盟国に対して、アンデス統合機関や国際協力プロジェクトへの参加を停止したり、財政的制度の利用を差し止めるなどの措置をとることが認められている。

CARICOMの民主主義、イデオロギーに関する立場

　CARICOMの場合、英連邦に属し独立以前より英国型の議院内閣制を導入し、比較的英国に似た政治イデオロギーに対する政治感覚が育まれてきたと言えよう[13]。エリック・ウィリアムズやフォーブズ・バーナムのようなカリスマ的なリーダーの出現、あるいは政治腐敗問題など発展途上地域でしばしば見られる政治現象は英連邦カリブでもある程度共通であるとされてはいるが、民衆が選挙により政権を選出するというルール遵守が浸透している[14]。1962年にジャマイカ、トリニダード・トバゴが独立して以来、1979年にグレナダでクーデターによりニュー・ジュエル・ムーブメント（NJM）政権が樹立された例を除き、選挙による政権交代が維持され今日に至ってい

る。しかも、近隣には社会主義国キューバが存在し、キューバと適度な距離を置きながら友好関係を維持してきたという、非常にバランス感覚の優れた外交政策を維持してきた。第2次世界大戦以前より英国労働党の政治的影響を受け、冷戦期においては米国のイデオロギー上の立場に距離を置きつつ、英連邦カリブ諸国は多元主義的な政治感覚を育んできたのではないかと思われる。

　そのため、ＣＡＲＩＣＯＭへの加盟条件としてはカリブ海域に属していることが規定されているのみであり、政治体制、イデオロギー上の立場に関する加盟規定は現在まで設けられていない。1992年の「カリブ共同体のための市民社会憲章（Charter of Civil Society for the Caribbean Community）」では、人権と自由の問題について多角的に規定しており、その第Ⅵ条では政党政治と代議制民主主義を前提とした政治的権利について触れられている。メルコスールのような積極的な民主主義条項を規定していない理由として、英連邦カリブ諸国の多くに軍隊がなく軍部の政治介入の可能性が低いこと、隣国キューバに対する配慮などを挙げることができるが、グレナダ介入の経験も安全保障上の協力に関して慎重な態度を促す要因となっていると考えられる。

　冷戦期、1983年にグレナダへの軍事介入が実施された際には、カリブ共同体レベルでは介入に関する合意は成立せず、小国により構成されるＯＥＣＳの集団安全保障に関する規定が、介入を合法化する法的根拠として利用された[15]。しかしながら、セント・キッツとグレナダは介入支持に投票しておらず、全会一致を集団安全保障決議の条件としているＯＥＣＳでは、介入に関する決定は実際には採択されなかったことになる[16]。また、ＯＥＣＳの集団安全保障機能は国連憲章第51条、及びＯＡＳの集団安全保障規定の枠内で実施されることが規定されている。国連において介入に関する合意が何ら形成されなかったので、グレナダ介入は国連の安全保障機能の視点からも合法的であったとは言えない。また、ＯＥＣＳ加盟国の他にもバルバドス、ジャマイカも米国とともに派兵しており、実際に機能した組織はＲＳＳであったとされている[17]。まだこの時期は冷戦期に属しており、国連を中心とした民主化支援政策も現在のように活発には行われておらず、当時はこの事件は大国米国の小国への介入として解釈され、人道的介入という視点から考察されることはなかった。

　そもそも、グレナダのビショップ政権は無血クーデターにより登場した政

権であり、ビショップ政権を支持すること自体には、民主化支援の意味合いを付加することは不可能であった。しかし、ビショップ政権が成立した際には、選挙の早期実施を公約したため、独裁的なゲイリー前政権よりも好意的に受け止めるCARICOM加盟国も多かった。その後、キューバはグレナダの空港建設を援助したため米国のグレナダに対する懸念は高まり、ジャマイカとバルバドスは非民主主義国を排除するようチャグアラマス条約の修正を希望した[18]。しかし、1982年にCARICOMは「オチョ・リオス宣言（The Ocho Rios Declaration）」を発表し、社会、政治、経済発展の道を自ら選択する権利を含めた意味での、民族自決権を再確認した。しかしながら、1983年にNJM政権内で権力闘争が発生し、ビショップが暗殺されるという流血事件が発生すると、ジャマイカやバルバドス、東カリブ諸国は米国とともに介入に協力したのだった。グレナダ介入が正当なものであったか否かは別の問題として、この軍事介入によりNJM内の粛清事件は解決し、その後の民政への復帰も速やかに行われたことを考慮すれば、この介入は民主化を促進するという目的を達成するのには成功したと言えよう。

ハイチの民主化支援とカリブ共同体

　その後、米州の多くの国々で民政移管が実現し、民主化を促進することが米州の主要な課題となったことは既述したとおりである。1997年にハイチがCARICOM加盟を申請し、2002年には正式加盟することにより、ハイチの民主化問題がCARICOMにとり直接的関係を持つ問題となっていった。CARICOMは1992年にOASと協定を結び、同協定では、CARICOM加盟国はすべてOASの加盟国であり、CARICOMの活動はOASプロジェクトやプログラムと調和するよう実施され、二つの機構はOAS憲章とCARICOM設立条約の枠組み内の共通目標を達成するために努力を調整しあうべきとされている[19]。また、2001年には「米州民主主義憲章」が採択されており、米州機構がハイチの民主化支援に積極的に協力してきたことなどから、CARICOMもOASとともにハイチ問題に取り組むべき規範的環境が整っていったと言えよう。

　ハイチは米州において2番目に独立を果たした国家であるが、ナポレオン戦争期における西欧の政情不安に乗じて初の黒人共和国として独立したとい

う経緯があり、その後も民主主義が根付かず、第2次世界大戦後にはデュバリエの独裁政権が長期にわたり続いていた。しかし、貧困と腐敗政治に業を煮やした民衆が暴動を起こし、1986年にデュバリエ一族の30年に及ぶ独裁体制は幕を閉じた。米州における民政復活の流れの中でハイチにおいても1990年に大統領選挙が実施され、貧困層の支持を集めた聖職者アリステッドが大統領に選出された。しかし、アリステッドは議会や軍部、経済エリートの支持を得られず、1991年には一旦亡命し、国際的な支援を受け1994年に政権に復帰を果たした。

　1994年以降、国連は国連ハイチ派遣団（UNMIH、1993年から1996年まで）、国連ハイチ支援派遣団（UNSMIH、1996年から1997年まで）、国連過渡期ハイチ派遣団といった平和維持活動を展開し、OASも積極的に協力してきた。ハイチのプレバル（René Préval）大統領の要請を受け、1997年より国連ハイチ文民警察部隊（MIPONUH）が投入された。2000年の大統領選でアリステッド大統領が再び当選したが、アリステッドと対立する主要政党は上院選挙での不正を理由に大統領選挙をボイコットした。アリステッド支持派のファンミ・ラバラス（Fanmi Lavalas）と反対派の政党や市民団体との対立が激化し、2004年2月にはアリステッド大統領は再び亡命し、治安秩序維持が困難な状況になっていった。ついに2004年には国連安保理決議1542号により、国連ハイチ安定化派遣団（UN Stabilization Mission in Haiti, MINUSTAH）が投入されることに決定した。この間問題となっていたのは、警察力の立て直し、公正な司法制度の機能、人権擁護、政府の統治力アップ、公正な選挙を実施するうえでの技術的支援や安全確保、武装集団の武装解除といった問題であり、単なる政治闘争の枠を超えて、非合法的な暴力の行使が日常化したことである。一般市民が誘拐され、あるいは麻薬密売組織の活動が活発になり、ドミニカ共和国に逃げ込もうとする人々をいかにハイチに留めるかも視野に入れねばならない状況にあった。MINUSTAHの任期は延長され、武装集団の掃討作戦も実施されている。

　CARICOMも選挙監視団の派遣などの文民分野で、国連、OASの活動を積極的に支援してきた。また、ハイチは国連ミレニアム宣言の貧困撲滅対象国となっており、世銀、IMF、IDBなどとの交渉においても、CARICOMはハイチへの援助獲得のために積極的に発言してきた。2004年1月末にはCARICOMは調停案を提起し、バハマ（CARICOMの代表

として)、カナダ、EU、フランス、OAS、米国の6者により実施計画も作成された。CARICOM調停案ではアリステッド大統領が政権を継続することになっており、アリステッド大統領側は二つの計画に賛同したが、反対派の同意を得ることはできず[20]、国連決議1542号が採択されたことは既述したとおりである。大統領亡命後、CARICOMはハイチの会員資格を停止したが、2006年2月に大統領選挙が実施され、無事プレバル大統領が選出されると、CARICOMへの復帰が認められた[21]。2007年秋にはハイチは新チャグアラマス条約を批准し、地域統合への本格的参加が期待されている。しかし、2008年4月には穀物物価の高騰により暴動が発生しており、経済の立て直しはいまだ厳しい状況にある。

グレナダ、ハイチの事例より、CARICOMの民主化問題に対する対応の特色として、①軍事的コミットメントはCARICOMレベルでは避ける、②望ましい民主化のレベルに達していない国でも、正式加盟国として受け入れる、という2点を指摘することができる[22]。第2点については、イデオロギー上の潔癖性より、地域の安定のためには懐柔策の方が時には有効であるという考えが作用していると思われる。このような柔軟な外交が展開されてきたのは、発展途上地域において民主主義が定着するためには時間と試行錯誤が必要であることを英連邦カリブ諸国が経験として理解しているためと言えよう。このようなイデオロギー上の多元主義を重視する外交姿勢は、対キューバ政策にも伝統的に反映されている[23]。

アジア太平洋と民主主義

アジア太平洋地域には社会主義国中国があり、米州よりもイデオロギー上の多元主義が既成事実として広く市民権を得ている地域である。APECは経済統合に特化した緩やかな地域統合を目指し、米国と中国が加盟しており、政治イデオロギー上の立場の調整は現実的な妥協を必要としている。冷戦の終焉後、米国のブッシュ(父)政権は民主主義と人権、新経済自由主義を中核とした国際的規範の構築を目指し、アジア太平洋地域にもその価値規範を定着させようとした。クリントン政権の「新太平洋共同体」構想もこのような米国の政策の延長線上にあったと言え、冷戦時代の秩序構造で従来ソ連の影響力が浸透していた部分を、米国的な価値観で埋めようとした構想で

あったと言えよう。

　アジアの国際政治においては、中国の動向が重要な決定要因となるが、中国の場合、資本主義、新経済自由主義イデオロギーを受容し、冷戦の終焉後急速な経済成長を達成した。WTOに加盟し、2007年には財産の私的所有を正式に認めることにより、経済的には資本主義社会の一員であることを明確化したのである。しかしながら、民主化については天安門事件（1989年）以来明確な方向付けを国外に示すことなく、経済発展が中国社会に与える影響を政治指導部が注視しているように見える。特に、経済発展と都市化が齎す国内格差の拡大が今後どのような展開を見せるかは、①中国が今後どの程度、高度経済成長を遂げることができるか、②中国政府がどの程度、価値の再分配や福祉政策を実施できるか、に大きく依存している。米国もこのような中国を将来の超大国（ライバル）として意識し、かつ、米国にとって魅力ある市場としての成長を望んでいる。また、中国の経済自体、いまや国際経済と密接に連動しており、今後どこまで成長を遂げるかを的確に予測しがたいのが実情である。

　APECは基本的には経済統合・経済協力を骨子とした組織であるが、APECに米国が参加している以上、民主化問題を組織から100％消去することはできないであろう。2004年のチリ、サンチャゴにおいてAPECの腐敗対策専門家会議が開かれ、米国大使が開会の辞において政治腐敗を正し透明性を高める必要性を主張する演説を行った。経済統合の共同ガバナンスのためには、経済活動に関わる人々の間で腐敗が発生するのを防ぎ、透明性を維持することが必要であり、共通の価値基盤として民主主義的価値への理解が必要であることを示唆する内容であった[24]。これは一つの例であるが、米国が主要加盟国である以上、このような民主化を推進しようとする議論はAPECの様々なレベルにおける協議の場で展開されている。しかし、このような米国のリーダーシップは中国にとり面白いものではなく、米国の力を牽制する意味からも中国は東アジア共同体構想に関心を寄せてきたと考えられる。しかしながら、日本や韓国にとり、米国抜きで共同体を形成することによりどのような実質的効果を望めるのかは懸念も多く、また、北朝鮮問題などの解決のためには米国の力が必要なことも明らかである。当面APECは経済分野の組織であり続け、加盟国の内政に関して実質的な拘束力を有する制度や条約は志向しないであろう。また、中国は民主化や人権問題に関し

て全般的に反対しているわけではないことは、中国の国連における様々な活動から明らかでもある。ただし、中国は自国の内政問題に関しては、あくまでも自国の決定や方法により変革を推し進めるべきだと考えており、高度経済成長が継続すればそれができる立場に近づくはずである。

　ＡＰＥＣ内で民主主義が長期にわたり安定している国々は、米国、カナダ、オーストラリア、ニュージーランド、日本などであり、これらの国々では西側的価値観が浸透している。ロシアは1998年に加盟し、計画経済から資本主義経済への移行の足場をＡＰＥＣに求めることになった。ロシアは1993年にＷＴＯ加盟を申請したが未だに交渉継続中であり、ＡＰＥＣの投資・貿易自由化機能はロシアにとり重要な意味を持っている。また、ロシア、ベトナムのＡＰＥＣ加盟は、アジア太平洋地域における冷戦の終焉を象徴する出来事でもあった。チリ、ペルーのラテンアメリカ加盟国、韓国、台湾、香港などの東アジア加盟国・地域、及びＡＳＥＡＮ諸国は、非民主的体制を第2次世界大戦後にも経験している国々である。ラテンアメリカの国々は第2次世界大戦以前より、選挙権は限定的ではあったものの、民主主義体制を経験していたが、チリ、ペルーは1960年代から80年代にかけて長期軍政を経験した。メキシコはＰＲＩによる長期一党支配的な体制がようやく2000年に終焉し、名実ともに競争的な複数政党政治が実現した。韓国、台湾では開発独裁の経験があり、香港は中国返還後、1国2制度という複雑な政治経済状況に置かれている。また、ＡＳＥＡＮ諸国は今や新規加盟国と従来からの加盟国で民主化レベルにかなりの開きができている。新規ＡＳＥＡＮ加盟国の中で唯一ＡＰＥＣ加盟を果たしたベトナムは、経済的には良好な状況にあるが、社会主義体制を維持している。民主主義の優等生であったタイは、2006年9月にはクーデターにより民政が中断されるという思いがけない事態に至っている。ＡＰＥＣでは議会制民主主義が強固な共通の価値ではないことは発足時より加盟国の共通認識であり、それ故民主化問題を協力分野に持ち込まないことが前提となっている。

ＡＳＥＡＮと民主主義

　ＡＳＥＡＮの場合、ＡＳＥＡＮ共同体作りが現在模索されており、ＡＳＥＡＮ憲章が起草されている。この共同体構想は、1976年の「バリ宣言」に

おいて既に言及されており、1997年の「ＡＳＥＡＮビジョン2020」において、2020年までにＡＳＥＡＮ共同体を形成することが目指された。さらに、2003年の「第2バリ宣言」において、安全保障共同体、経済共同体、社会文化共同体から構成されるＡＳＥＡＮ共同体の創設が宣言された。これらの宣言においては、民主主義については一言も触れられていないが、2005年末に発表された「ＡＳＥＡＮ憲章起草に関するクアラルンプール宣言」においては、ＡＳＥＡＮ共同体の目的の一つとして、「民主主義、人権、透明性、よき統治を促進し、民主主義的制度を強化すること」を掲げており、民主化への強い意欲が窺える。同時に、ＡＳＥＡＮでは恒例となっている「内政不干渉」「主権の相互尊重」も発足以来重要な原則とされており、2005年のクアラルンプール宣言においても民主化強化の項目と並列して達成すべき目的として扱われている。この民主主義の強化と内政不干渉の原則が、時として矛盾する難しい側面を含んでいるのは、米州における場合と同様である。

　ＡＳＥＡＮ発足以来、相互に主権平等、内政不干渉の原則を厳守しあい、国内政治を安定させるために国家間で外交政策を調整しあうというスタイルが、ＡＳＥＡＮ地域協力の中心的機能であった。発足当初の目的は、ベトナム戦争と東西冷戦という厳しい環境において、独立したばかりの東南アジア諸国がその国内統合を強固なものとし、イデオロギー的には西側のスタンスを維持しつつ、地域に有利な第三世界外交を展開することであったと言えよう。そのためには地域紛争を回避しながら国内政治を安定させ、対外的コストを低く抑え、経済協力・統合を促進することにより経済発展を図ることが合理的な発展策であったのである。時には開発独裁的な政権とも、相互に承認しあうことが国家の発展にとっては必要であった。また、冷戦期には社会主義体制でなければ甘んじて受け入れるという姿勢が、米国をはじめとする西側諸国にも強かったのである。

　さらに冷戦が終焉すると、ＡＳＥＡＮは西欧型民主主義とは異なった政治体制にある国々、ミャンマー、ベトナム、ラオスを次々と正式加盟国として受け入れることになった。これら3ヵ国の加盟により、ＡＳＥＡＮ内部の民主化レベルに温度差が生じていることは確かである。例えばエマーソンによれば、「第2バリ宣言」において民主主義に関する項目を押し込むか否かをめぐり、カンボジア、インドネシア、フィリピン、タイは賛成し、ブルネイ、ラオス、ミャンマー、ベトナムは反対に回った。結局、「加盟国相互関係に

おいても、世界との関係においても、公正で民主主義的で、調和ある環境のもとに平和を維持する」という表現が民主主義に関しては用いられたにすぎなかった[25]。さらに、2005年末のクアラルンプール宣言ではより積極的に民主化支援を表明するようになったが、タイのクーデターの勃発により、民主化問題は予測が難しいイシューになってきている。

　ＡＳＥＡＮの民主主義との関係について考察するうえで、何故望ましい民主主義レベルに達していない国々を加盟させる決定が下されたのか、という問題を議論する必要があろう。ＡＳＥＡＮの拡大は、既述したＣＡＲＩＣＯＭがハイチを加入させた事例とも類似している[26]。ＣＡＲＩＣＯＭの場合には、すでに英国型民主主義を中核とする共同体が形成されており、ハイチを共同体に組み込むことにより、ハイチを政治的に安定させ、できれば同化していくことを目指しているものと考えられる。カリブ共同体の加盟条件はカリブ海域に属することのみであるので、ハイチが共同体への加盟申請を行えば、ＣＡＲＩＣＯＭは遅かれ早かれ受け入れる運命にあったと考えられる。ＣＡＲＩＣＯＭ、ＯＥＣＳではハイチに対して軍事支援は行わないことにより、将来安全保障共同体を形成していくうえでの心理的障害を残さないようにという配慮も窺える。これは、1983年のグレナダ介入から英連邦カリブ諸国が学んだ事柄でもある。ＡＳＥＡＮの場合、ベトナム、ラオス、ミャンマーの政治体制の変化は当面起こらないであろう。ミャンマーの場合には、深刻な人権問題を抱えているが、それでも加盟が認められたのは、やはりＡＳＥＡＮは政治・安全保障面における政策決定者間の安全保障共同体の形成を第一義的に目指しているからであろう。また、たとえ西欧型議会制民主主義という体制をとらなくとも、人権や民主主義的価値を擁護するために地域協力を実施することはある程度可能だからである。

　このように、政治体制の問題に強く踏み込まぬ形で、人権や民主主義的価値を追求するという方法は国連でも従来とられてきた手法でもある。ＣＡＲＩＣＯＭもＡＳＥＡＮも「国連憲章」の理念と調和した機構として形成されていることは、それぞれの設立条約に明記されている。そもそも「国連憲章」において、欧米型民主主義体制を採用していることが加盟条件とはされていない。第2次世界大戦後に国連が発足した当時、政治的課題としては、①全体主義から西欧民主主義を解放し、民族自決権を回復すること、②脱植民地化を促進することにより、第三世界の諸民族が独立を達成すること、が重要

であった。民族自決とは必ずしも欧米型民主主義に限定されず、民族が自らの政体を選択する自由を認められることを意味しており、それ故、冷戦時代には米ソ超大国がそれぞれのイデオロギーの優位性を求めて勢力圏の拡大競争を展開したのである。しかしながら、冷戦の終焉後、米国的価値観がグローバルな価値として受け入れられる傾向が強まり、国連の平和維持活動は民主化支援策と深く連動して展開することになる。旧ユーゴにおいては、社会主義政治体制が破綻し人権侵害やジェノサイドが急増し、その解決策として社会主義に代わる民主主義の定着が求められた。また、人道的介入という概念が国際社会に浸透し、著しい人権侵害が発生した場合には、内政不干渉の原則より人権重視の軍事的介入策をとるべきであるとの考えが正当なものとして受け入れられるようになっていった。このような国際社会の意識の変化に対応して、人権や民主主義の問題にＡＳＥＡＮは背を向けたままではいられなくなってきていると言えよう。その結果が、2005年の「クアラルンプール宣言」に表現された、民主化志向であったのである。2008年に発効した「ＡＳＥＡＮ憲章」では、人権機構の設立が規定され（第14条）、人権問題に対するＡＳＥＡＮの取り組みが前進するよう期待されている。

安全保障共同体と民主主義

　ＡＳＥＡＮ憲章やＡＳＥＡＮ共同体化構想の浮上により、近年のＡＳＥＡＮ研究には、ＡＳＥＡＮをかつてカール・ドイッチュが定義した「安全保障共同体」と対比しながら理解しようとする研究も出てきている[27]。山影進は、「ＡＳＥＡＮ安全保障共同体（ＡＳＣ）は、カール・ドイッチュが定義した『安全保障共同体』のような関係国市民の間に相互の紛争解決に武力的手段を用いることを想定していないという認識が幅広く共有され、それが関係国の民主主義的政治を通じて国際関係の安定的平和状態に繋がるという概念とは異なっている。」とし、「主権尊重・内政不干渉など伝統的な国際関係規範と両立しうる国際的共同体をＡＳＥＡＮ諸国は目指している。したがって、民主主義の確立を加盟条件とするヨーロッパ統合枠組みとは理念上大きくことなっている。」と論じる[28]。確かに、政策決定者レベルの平和的話し合いにより域内の問題を解決できる国家間レジームが維持されているという意味において、ＡＳＥＡＮは共同体と呼ぶに相応しいであろう。これは、

CARICOMにもある程度当てはまると言えようが、カリブ共同体には1983年のグレナダ介入が苦い経験として残っている。多元主義的安全保障共同体の形成に不可欠な要素として、ドイッチュは、①政治的意思決定に関する主たる価値観が両立可能であること、②加盟国政府が暴力を行使せずに相互に要求や意思を伝え合い、行動する能力があること、③相互の行動に関する予測可能性、の3点を指摘している[29]。これらの要素は、EUのように同じ民主主義的価値観を共有している場合にはより強いと考えられるが、現在のASEANが確実に満たしていると思われるのは②である。

とはいえ、ASEANの40年の歴史において政策決定者は「ASEAN方式（ASEAN　way）」[30]を意思決定方式として確立し、相互に学習しあうことにより、コミュニケーション能力やお互いの行動の予測可能性を以前よりは高めてきたことは確かである。さらに、すべての加盟国にとり実現可能とは言えない民主主義体制を第一義的な原則、価値として据えず、むしろ人権や生活レベルの向上、経済的自由や福祉の拡大という具体的共通目標を設定することにより、すべての加盟国が関与できる理念的基盤を整えてきた。このようなスタイルをASEANがとることになった理由として、1国のみで対外的にもかなりの問題解決能力がある域内大国が存在せず、主権の平等性が重視されてきたことを指摘できるであろう。また、域外大国もASEANの現実を受け入れ、民政移管を強要せず、政治・経済的安定を重視する政策をとってきたことが、ASEAN独自のスタイルが定着するのを助けてきたとも言える。

以上本章では、欧州、米州、アジア太平洋の地域統合において、民主主義がどのように関わってきたかを論じた。欧州では南欧への拡大以降、民主主義体制が実質的な加盟条件となっており、一方、アジア太平洋では社会主義大国中国との共存が地域主義の前提条件となっている。その中間にあるのが米州であり、歴史的に権威主義体制に覆い尽くされた時期もあったが、民政移管後は民主主義的制度を前提として統合が推進されてきた。異なる政治体制の国々においても経済統合は可能であるが、国内社会問題にまで踏み込んだ領域における統合を目指すならば、やはり政治経済体制も均質であることが前提となると考えられる。

【注】

1) Ernst B. Haas, "The Study of Regional Integration: Reflections on the Joy and Anguish of Pretheorizing," in Leon N. Lindberg and Stuart A. Scheingold, eds., *Regional Integration: Theory and Research*（Harvard U. Press, 1971）, p.24.
2) Karl W. Deutsch, et al., *Political Community and the North Atlantic Area: International Organization in the Light of Historical Experience*（Greenwood Press,1969）, pp.123-129.
3) リンドバーグとシャインゴールドが編集した著書においても、コメコン体制に関して1章が割かれている（Andrej Korbonski, "Theory and Practice of Regional Integration: The Case of Comecon," in Lindberg and Scheingold, eds., *Regional Integration: Theory and Research*）。
4) 例えば、アンデス共同市場の場合、民主主義的価値を重視する中小国によりサブリージョナルな統合構想が練られていたが、実際に1969年にアンデス共同市場が発足した時点での、ペルーの政権は軍事政権であった。
5) Loukas Tsoukalis, *The European Community and its Mediterranean Enlargement*（George Allen & Unwin, 1981）, p.153.
6) Stephen Calleya, "Malta's Post-Cold War Foreign Policy Agenda," in Andrea K. Riemer and Yannis A. Stivachtis, eds., *Understanding EU's Mediterranean Enlargement*（Peter Lang, 2002）, p.117.
7) Yannis A. Stivachtis, "Cyprus' Entry Into the European Union," in Andrea K. Riemer and Yannis A. Stivachtis, eds., *Understanding EU's Mediterranean Enlargement*, pp.151-152.
8) 松本八重子『地域経済統合と重層的ガバナンス』、113－114頁。
9) Jorge I. Domínguez and James A. AcCann, *Democratizing Mexico: Public Opinion and Electoral Choices*（The Johns Hopkins U. Press, 1996）, pp.178-179.
10) Frederick W. Mayer, *Interpreting NAFTA: the Science and Art of Political Analysis*（Columbia U. Press, 1998）, p.223.
11) Denise Dresser, "Trading Lightly and without a Stick: International Actors and the Promotion of Democracy in Mexico," in Tom Farer（ed.）, *Beyond Sovereignty: Collectively Defending Democracy in the Americas*（The Johns Hopkins University Press, 1996）, p.321.
12) 澤田眞治「南米南部における信頼醸成と地域統合——変容する地域秩序の5つの次元——」二村久則・山田敬信・浅香幸枝編『地球時代の南北アメリカと日本』（ミネルヴァ書房、2006年）、63－64頁。
13) 旧英領以外の加盟国として、1995年にスリナムが、2002年にはハイチが正式加盟した。スリナムは1975年の独立後、軍事政権を経験したが、民政移管後に

加盟を果たした。ハイチについては次項で論じる。
14) 1980年の憲法改正により、ガイアナでは行政府の長を大統領が務め、他の英連邦カリブ諸国とは異なり米国型の大統領制をとっている。バーナム長期政権の末期には独裁的傾向が強まったが、大統領就任後、任期途中で他界した。
15) Gordon K. Lewis, *Grenada: The Jewel Despoiled* (The Johns Hopkins U. Press, 1987), pp.90-99.
16) *Ibid*, pp.107-108.
17) ＲＳＳについては、Humberto Garcia Muniz, *Boots, Boots, Boots: Intervention, Regional Security and Militarization in the Caribbean 1979-1986* (Rio Piedras, Puerto Rico: Caribbean Project for Justice and Peace, 1986).
18) Jacqueline Anne Braveboy-Wagner, *The Caribbean in World Affairs: The Foreign Policies of the English-Speaking States* (The Westview Press, 1989), p.148.
19) "Agreement Between the General Secretariat of the Organisation of American States and the Caribbean Community, 1992."
20) http://www.un.org/Depts/dpko/missions/minustah/background.html (02/13/2007).
21) http://www.caricom.org/jsp/pressreleases/pres104_06jsp?null&prnf=1 (02/10/2007).
22) 以上本項は、松本八重子「英連邦カリブ諸国の地域主義」小池康弘編『現代中米・カリブを読む』(山川出版社、2008年)、188－191頁に加筆したものである。
23) 松本八重子「カリブ海における地域主義――拡大カリブの統合に向けて」『海外事情』1997年2月、25－26頁。
24) 2004/SOMIII/ACE/004, Agenda Item: 1; "Opening Remarks？ US Ambassador," APEC Meeting of Anti-Corruption Experts, Santiago, Chile, 25-26 September 2004.
25) Donald K. Emmerson, "Will the Real ASEAN Please Stand Up? Security, Community, and Democracy in Southeast Asia," p.13. (http://iis-db.stanford.edu/events/4130/Emmerson_04_05_2005. 03/04/2007).
26) ＥＵの場合には一般的に加盟に際して厳しい民主化条件が課せられるが、キプロス加盟に際しては、政治的に不安定な国をあえて統合に組み込むという決定を下している。
27) 山影進「ＡＳＥＡＮの変容とアジアにおける地域共同体の構築」『海外事情』2007年10月号、黒柳米司「「ＡＳＥＡＮ共同体」論議の陥穽」『海外事情』2007年10月号。
28) 山影「ＡＳＥＡＮの変容とアジアにおける地域共同体の構築」、11頁。
29) Karl W. Deusch, et al., *Political Community and the North Atlantic Area*, pp.65-69.
30) 「ＡＳＥＡＮ ＷＡＹ」に関する議論については、武田康裕「ＡＳＥＡＮ本質論の再考」『国際政治』第138号、2004年、158－162頁。

第Ⅴ章
統合の拡大と重層化

拡大の論理、重層化の論理

　地域統合の多くが、発足後加盟国を増やす傾向があり、また、複数の地域統合に加盟している国々も多い。ＮＡＦＴＡはもともと米加間のＦＴＡであったが、メキシコが加盟し、ＥＵもＥＥＣ発足時は6ヵ国でスタートし、今日では27ヵ国により構成される統合へと拡大した。ＡＳＥＡＮも当初の5ヵ国より10ヵ国へと拡大している。また、ＡＰＥＣとＡＳＥＡＮ、ＡＲＦは重層的にその機能を補完しあっており、このような重層的地域統合の特徴は、米州におけるＣＡＲＩＣＯＭとＯＥＣＳ、ＡＬＡＤＩ（ＬＡＦＴＡ）とＡＮＣＯＭ、メルコスールとの関係にも見ることができる。他方、欧州の統合スタイルは重層的に複数の統合機構を形成せず、あくまでＥＵを中心に統合を図るという様式がとられている。しかしながら、加盟国の数が多くなると、全ての加盟国が同じ条件のもとに、全ての統合・地域協力に参加することは困難であるので、個別的に統合への不参加を認めるオプト・アウトを規定し、あるいは優遇措置など域内の統合基準を複数設定することにより、加盟国の統合活動への参加条件を調整している。また、このようなオプト・アウトや統合条件の複数化という方法は、実は重層的地域統合でもとられており、このような方法をとることにより加盟国は参加する統合分野や参加条件を選択する自由がある程度与えられている。

　それでは、どのような場合に統合は重層的に複数設定され、あるいは、どのような時に統合の拡大のみが起こるのであろうか。本章では、その理論的説明モデルを提起した上で、各地域の拡大、重層化のダイナミックスを論じていくことにしたい。拡大、重層化と対立する概念として縮小、分裂があり、1976年のチリのＡＮＣＯＭからの脱退、西インド諸島連邦の崩壊などの事例がある[1]。本章では、拡大、重層化に焦点を当てて論じていくことにしたい。

唯一の地域統合か、複数の地域統合か

　地域統合への参加のあり方を、大きく二つに分けることができる。まず第1に、加盟国が自由に複数の地域統合への参加を認めるという方法であり、

統合Aの加盟国は統合Bにも参加することができる（表11の図を参照）。複数の統合に参加することにより、加盟国はより多くの、経済統合や機能的協力から得られる利益を享受することができる。さらに、統合Aと統合Bとの関係を、二つのタイプに分けることができる。一つ目のタイプとして、地域統合Aが地域統合Bのサブリージョンとなっている場合であり、地域統合Aと地域統合Bの規範体系が矛盾しないように規定されている。地域統合には、①統合の理念や目的、②具体的な統合分野と統合目標、統合方法（統合プログラム）、③意思決定制度や事務局などの組織が必要である。もし統合AとBとが①、②に関して共通であれば、当然一つの統合へ収斂され、③も一致する。すなわち地域統合Bのみが存在することになる。しかし、②に関してBの加盟国間で意見が分かれた場合には、どのような現象が起こるのであろうか。地域統合Bにおいて合意が形成され、地域統合Bが修正され地域統合B'となるのが、地域統合の変化の一般的パターンである。しかし、一部の国は統合Aをも支持し、一部の国は統合Bのみで充分であると考えた場合には、統合市場をAとBに分裂させるより、Aを支持するグループがA、B両方の統合に参加する方が、全体にとっても利益を損なわない方法であると言えよう。この方法によって、統合Aを支持する加盟国は統合Aを推進する自由を得られることになる。しかし、Aに参加しない国々が統合Aにより差別的扱いをされ、不利益を被る可能性もあり、統合Aと統合Bとが円滑なコミュニケーション・ルートを制度化しておく必要がある。特に、経済統合をどちらの統合も統合分野に組み込んでいる場合には、このような政策・制度上の整合性は一層必要である。統合Aは統合Bの規範と矛盾をきたさぬ範囲で活動する必要があり、このような状況を「重層的地域経済統合機構」と呼ぶことにしたい。

「重層的地域経済統合機構」における二つの機構の力関係は多様である。Aが共同体としての機能を果たすタイプの例としては、従来のAPEC－ASEANの関係を挙げることができる。また、Bが共同体としての役割を果たすタイプとしては、CARICOM－OECSがある。OECSは理念上政治統合を目指しているが、実質的な問題処理能力に秀でているのはCARICOMであり、CARICOMが地域共同体としての役割を果たしている。APECとASEANでは、政策統合・政策協調としての地域統合レベルも、共同体としてのレベルも、少なくとも拡大以前の段階においてはAS

ＥＡＮの方が高いレベルに到達していた。また、外交上の協力においても、ＡＳＥＡＮがＡＲＦを牽引してきたと言えよう。ただし、具体的な経済問題処理能力や市場の大きさでは、実は大国の米国、中国、ロシア、日本、オーストラリア等が加盟しているＡＰＥＣやＡＳＥＡＮ＋３の方が実質的効力は高い。また、外交・安全保障問題を処理する場合にも、ＡＳＥＡＮは団体交渉力として重要ではあるが、ＡＲＦ等における大国との協調関係は不可欠である。いずれにせよ、重層的地域経済統合機構では二つの機構がトップ・ダウンではなく、相互作用を起こしているというのが特徴である。

　また、重層的に地域統合が形成されても、「重層的地域経済統合機構」ではないタイプもある。例えば、地域統合Ａのみ、地域統合Ｂのみ、および両方に加盟しているグループに分かれる状況を想定した場合、地域全体のための共通利益や共通目標は存在しない。あるいは、Ａ、Ｂ両方に参加するグループ独自の統合プログラムも存在せず、地域主義として弱いものと言えよう。あるいは、システム全体の透明性は保障されておらず、全ての関係国が参加できる意思決定の制度もなく、信頼醸成にも不向きである。安全保障のための制度としても不備が多いが、このような非整合的で不透明性の残るシステムの方が現実の危機回避に際して敏感に機能する場合もあろう。拡大後のＡＳＥＡＮとＡＰＥＣの関係は、厳密にはミャンマー、カンボジア、ラオスがＡＰＥＣに加盟していないので現在このタイプに属している。1998年にペルー、ロシア、ベトナムが加盟を決定した際に、ＡＰＥＣは10年間新規加盟国を受け入れないと決定しており、ミャンマー等が将来ＡＰＥＣにおいてどのような立場を得ることになるのかについては、今後の展開を見守る必要があろう[2]。あるいは、メキシコはＮＡＦＴＡとＡＬＡＤＩ等に加盟しており、あるいはベリーズはカリブ共同体とＳＩＣＡに加盟しているが、これらの場合も重層的地域経済統合機構の事例ではない。

　第２の方法として、一つの統合への参加しか認めない方法がある。加盟国は統合Ａ、統合Ｂの統合理念や統合プログラムなどを熟考したうえで、統合ＡかＢのどちらか一つを選択しなくてはならない。この方法は域内の結束を高め、共同体意識を強めるうえで有効な方法で、重層的制度化を域内の亀裂を強めるものとして避ける傾向がある。このタイプの統合は、超国家的統合を目指す、政治統合などの高いレベルの統合に向いているが、その場合、国家主権に対する制約も強くなる。また、域内加盟国の政治的、経済的均質性

が強くないと域内全体で統合を深化させることができないので、加盟条件も厳しくなる傾向があると言えよう。経済的には、統合Aと統合Bの市場は分裂し、規模の経済、比較優位という視点から見ると、第1の方法より統合市場は狭くなる可能性が高い。このように一つの地域統合にしか参加できないという考え方はマトリの議論に近く、マトリは地域統合に加盟していない国が地域統合から悪影響を受けた場合、その統合に参加するか、あるいは別の統合を発足するようになるという議論を展開している[3]。このように、地域統合への参加を一つに絞る方法をとっている地域主義には、EUを挙げることができる。

　EUはNATOと重層的に安全保障分野で協力関係を構築しており、EUもNATOもドイッチュが定義した安全保障共同体をすでに形成していることに異論を挟む余地はない。2009年春には、フランスもNATOに完全復帰を決定した。しかしながら、NATOはあくまでも安全保障に関する国家間の同盟であり、集団的決定により共同行動を実施している。経済的相互依存やグローバリゼーションが浸透し、地域統合の法規と国内法を調和・収斂させざるを得ない今日的意味での統合とは意味合いを異にしている。欧州と北米の関係は、政治・安全保障面における協力と、経済面における競争関係から成り立っており、NATOは多機能的に共同体を目指している地域統合とは異なっていると言えよう。一方、EUは安全保障面に関する協力は、NATOと比べれば実績はまだ浅いが、その他の分野では共同体を形成し、密度の高い共通政策を実施してきた。したがって、EUはNATOという安全保障共同体のサブリージョンではあるが、EU加盟国はEUという唯一の地域統合に参加していると判断して差し支えないであろう。

地域経済統合間の相互作用のダイナミックス

　次に、二つの地域経済統合がある場合、二つの地域統合間でどのような相互作用のダイナミックスが起こるのか、を考えてみたい。二つの地域統合の関係は、重層的地域経済統合機構を形成している場合と、相互に独立した場合とに分けて考えることにする。前者では複数の地域統合に参加可能であり、後者では一つの地域統合への参加が求められていると考えられる。どちらの場合にも、通常この二つの地域統合の関係は現状維持が保たれる。しか

し、地域統合が相互に、あるいは一方的に与える影響が地域統合間の関係に変化を齎す場合がある。ここでは、筆者がこれまで携わってきた事例研究をもとに、理論的に整理しなおしてみたい。

　重層的地域経済統合機構の場合には、地域統合Bが地域統合Aの統合の志向性を部分的に取り入れることにより、二つの地域統合の目標、統合プログラムの相違が縮小してくる場合がある。例えば、1973年にカリブ自由貿易連合（CARIFTA）がカリブ共同体へと再組織化された時、域外共通関税など、東カリブ共同市場（ECCM）で実施されていた統合スコープの一部が広域な統合でも実施されることになった。逆に、地域統合Aが統合レベルをさらに深化させ、または地域統合Bが統合レベルを緩めることにより、二つの地域統合の目標や統合プログラムの相違が拡大することもある。例えば、英連邦カリブ地域の準独立国の脱植民地化が終了した時点で、東カリブ共同市場が東カリブ諸国機構（OECS）へと再編された。その際、サブリージョナルな統合の志向性には海外の共通代表派遣、中央銀行の設立、安全保障上の協力など従来英国が主権を有していた領域も統合分野に組み込むことになった結果、CARICOMの統合の志向性との差が広がった。あるいは、1980年にLAFTAがラテンアメリカ統合連合（ALADI）へ再組織された際には、二国間主義、少数国間FTAの締結が統合を促進する方法として規定されることになり、共同市場の形成を目指すアンデス共同市場（ANCOM）との差が広がることになった。その後、アンデス共同市場はさらに統合の深化を目指しアンデス共同体（CAN）へと再組織されている。

　二つの独立した地域統合が並存する場合には、統合Bの加盟国が地域統合Aを支持すれば、Bの加盟国が統合Aに参加し、統合Aの拡大が起こる。AとBが入れ替わっても同様である。A、B双方の加盟国がそれぞれの地域統合を支持したまま、市場を拡大することにより経済的利益を拡大したいと望む場合には、地域統合A、B間でFTAを結ぶという方法がある。例えば、欧州においてはEEC・ECとEFTAという二つの地域統合が発足されたが、第1次から第4次拡大までに、多くのEFTA加盟国がEFTAを脱退しEC・EU加盟を果たした。また第1次拡大を受けて、1970年代にはEFTA加盟国とEC間で連合協定も結ばれている。以上の過程をまとめると、**表11**のようになる。以上の考察により、欧州においては唯一の地域統合への参加が求められ、地域統合同士の関係も相互に独立しているが、アジア太

表11　地域統合Ａ、Ｂ間の相互作用のダイナミックス

	重層的地域経済統合機構 (A内にB)	二つの独立した地域統合 (A, B)
Ｂの加盟国が「統合の志向性Ａ」を支持する	統合Ｂが「統合の志向性Ａ」の一部を取り入れる 1973年　ＣＡＲＩＣＯＭ	Ａの拡大 1973年　ＥＣ第１次拡大 1986年　ＥＣ第３次拡大 1995年　ＥＵ第４次拡大 2005年　ＥＵ第５次拡大 　　　　　（対ＣＥＦＴＡ）
Ｂの加盟国が「統合の志向性Ａ」を支持しない	「統合の志向性Ａ」の統合レベルを上げたり、「統合の志向性Ｂ」のレベルを緩める 1981年　ＡＬＡＤＩ 1981年　ＯＥＣＳ	統合Ａと統合ＢとのあいだでＦＴＡを結ぶ 重層的レジームの形成 1970年代　ＥＣ－ＥＦＴＡ各国のＦＴＡ 1992年　ＥＥＡ調印

平洋、米州では複数の地域統合への参加が認められており、重層的地域経済統合機構が形成される場合もあると要約できる。

　しかしながら、厳密には、ＥＥＣが発足する以前の1948年よりベネルクス３ヵ国は関税同盟（経済同盟）を発足しており、そのままＥＥＣに加盟し現在に至っている。また、ＥＣの第４次拡大が決定される過程と並行して、ＥＦＴＡとＥＣ・ＥＵを統合するためのＥＥＡも形成されている。

　何故、欧州においても重層的統合レジームが存在しているのであろうか。地域統合Ｂの全加盟国が地域統合Ａを支持した場合には、地域統合は一つの統合へ収斂されると仮定でき、これは重層的地域経済統合機構にも、二つの独立した地域統合にもどちらの場合にも当てはまる。ただし、このような事例を確認することは今のところできなかった。可能性としては、共同市場が完成した、統合レベルの高い状況で起こりそうであるが、しかしながらＥＵとベネルクス経済同盟とがすべての面で収斂することは当面ありそうもない。少なくとも、社会保障給付金の域内統一、税制、市民権の行使などの面

でベネルクス経済同盟が当分先行することになろう。規範上はEEC条約によりベネルクス経済同盟の存続はEECと統合深度や統合分野が一致した場合には終止符が打たれることが規定されており、発足当初よりEEC・ECという一つの地域統合を最終的には志向していると解釈できる。また、複数の地域統合が目的や統合プログラムで一致する可能性は低いと考えられ、重層的地域統合は一旦設定されると地域統合は停滞しても、そのまま温存される可能性が高い。EEAやEFTAの存続がそのことを示している。

以下では、欧州、米州、アジア太平洋において地域統合の重層化、拡大がどのように起きたのかを詳しく論じていくことにしたい。

EECとEFTAの形成

それでは何故、欧州にはEC・EUとEFTAという二つの地域統合が発足することになったのであろうか。欧州の関税同盟構想自体は、フランスやドイツ主導で提案されたわけではなく、実は以外にもベネルクス関税同盟の一国、オランダによる発案であった[4]。この「ベネルクス・メモランダム」やインフレ、エネルギー問題などについて話し合うため、メッシナ会議が開かれることになったのである。この関税同盟に参加する道は、ECSC6ヵ国ばかりでなく、英国にも開かれていた。しかしながら、英国はこのチャンスを活かさず、フランスのド・ゴール将軍に反対されるという幾度かの試練を経て、1973年にようやくEC加盟を果たすことになった。

では何故、英国は1957年に加盟しなかったのであろうか。伝統的に英国政府の外交政策は第1に米国との協調、第2に英連邦関係、そして第3に欧州関係を優先するという傾向があり、この時にも対英連邦貿易関係が重視された[5]。実際の貿易面でも、当時米国・英連邦関係の方が欧州との貿易量をはるかに上回っていたのである。政治的には、超国家的機関の設置により加盟国の貿易自由化を促すという関税同盟の方法は、英国の主権を重視する外交方針とは相容れないものがあった。バーゲスとエドワーズは当時の英国政府内の意思決定の流れを分析しながら、政策決定者達が超国家的機関を有する関税同盟が実際に成功する可能性を適切に評価しなかったために、政権内で充分な加盟問題に関する話し合いがなされなかったのではないか、との解釈を下している[6]。1954年には欧州防衛共同体構想が失敗したばかりであ

り、基本的に英国は主権重視で超国家的機関には懐疑的であり、より着実で英国に有利と思われる方法を模索していた。欧州内部においても、英国にとりECSC6ヵ国よりむしろ北欧諸国との貿易関係の方が重要であり、1949年には英国とスカンディナビア三国との経済同盟（UNISCAN）をすでに結んでいた[7]。英国はベネルクス案による関税同盟構想と対抗するため、1956年7月には欧州経済協力機構（OEEC）において自由貿易圏を提案した。さらに同年10月には英連邦諸国を含む自由貿易圏構想を提案している。しかしながら、フランスはECSC諸国による関税同盟案を支持し、早くも1957年3月にはローマ条約が調印され、英国は行き場を失った形になった。欧州経済共同体（EEC）を一種のサブリージョンとして西欧自由貿易圏に統合するという案を英国は提案するが、欧州統合の後退を意味すると解釈され拒否された。経済的視点からはこの構想はドイツにとり有益なものとも受け取れたが、ドイツのアデナウアー首相は政治的利害を終始重視し、この判断が決定的であったとペーデルセンは指摘している[8]。1958年末には、欧州自由貿易圏形成自体も合意形成できずに実現不能となった。

　英国の懸念は、伝統的な基軸通貨としてのスターリングの問題や、旧植民地諸国との貿易・経済関係が主たるものであったが、こうした配慮は他の旧宗主国にも当てはまるものでもあった。特にフランスはこの問題で頭を悩ませ、ヤウンデ協定や、後のロメ協定というACP諸国との関係を構築していった。そして、英国もEC加入により旧植民地との経済関係の一部をロメ協定により再編成することができたわけである。ECとACP諸国との交渉は1972年のパリ・サミットで決定され、EC加盟申請中の英国も積極的に関与し、ACP諸国の利害にも配慮した[9]。

　英国は1960年にストックホルム条約（Stockholm Convention）により、スウェーデン、ノルウェー、デンマーク、オーストリア、スイス、ポルトガルとともにEFTAを形成した。フィンランドは対ソ政策の関係で準加盟国となった。EFTAはEECとは異なり超国家的統合を目標とはせず、従来英国と北欧諸国で貿易が盛んであった工業製品部門の自由貿易地域形成を目指した。このため、英国も英連邦諸国との貿易関係がEFTAにより損なわれるのではないかと懸念する必要もなかったのである。また、1960年にはド・ゴールが大統領となり、欧州統合では超国家性より政府間主義を重視する傾向が強まり、英国のEEC加盟を米国も支持するという環境の変化もあ

り、英国は早くも同年、デンマーク、アイルランドとともに加盟申請している[10]。しかし、その結果はド・ゴール大統領による拒否であり、1967年には再申請したものの、再び拒否された。2度目の申請では、英国は英連邦諸国の利害を守るための特別待遇を希望し、交渉は難航した[11]。ド・ゴール大統領としては、欧州のみで安全保障や対外政策上の協力を推進することを望んでおり、以前より米国と英国との密接な関係を好ましくないものと捉えていた[12]。全会一致による決定方式では、英国が加入するためにはド・ゴール大統領の退陣を待たねばならなかったのである。

ＥＣの拡大、ＥＦＴＡの縮小

その後の欧州における二つの統合の関係は、ＥＣの拡大とＥＦＴＡの縮小の歴史であったと言える（**表11参照**）。この間、英国をはじめとして多くの国々がＥＦＴＡを脱退し、ＥＣに加盟した。1973年の第1次拡大では英国、デンマークがＥＦＴＡからＥＣに移った。1986年の第3次拡大ではポルトガルが、第4次拡大ではオーストリア、スウェーデン、フィンランドが移ったのである。ＥＣの拡大の理由は欧州や世界の構造変動に能動的に対応したものであったが、ＥＦＴＡの縮小の理由は受動的なものでしかなかった。1972年以降、ＥＦＴＡ加盟各国とＥＣの間で2国間主義的ＦＴＡが結ばれ、ＥＦＴＡ諸国は貿易上の利害はＥＣに加盟していなくともある程度確保できることになった。むしろ、ＥＣが安全保障や外交上の協力を進展させるにつれ、北欧ＥＦＴＡ諸国は自らの中立政策を維持するためＥＣ加盟を控えるという姿勢を強くしていった。フィンランドはソ連やコメコンと協力協定を結んでおり、ＥＣとのＦＴＡ締結も遅れた。またノルウェーの場合は、政府とＥＣは加盟を支持していながら、国民投票によりなかなか可決されないという状況が現在まで続いている。

第1次拡大は、英国の加盟によりＥＣの内部、あるいは外部の構造に様々な変化を齎したと考えられる。英国が加盟することにより、従来フランス主導で動いてきていたＥＣ内部の権力構造が多極化し、ＥＣの超国家性に対する内部からの抵抗が強まった。安全保障面の協力も歯止めが掛けられ、ＷＥＵの活動は停滞が続き、ＮＡＴＯ、ＣＳＣＥを中心とした安全保障体制が維持されることになった。また、南北関係や脱植民地化過程においても変化が

齎された。英連邦諸国は、ACP諸国としてロメ協定によりECから特恵待遇を獲得することにより、元宗主国と旧植民地との経済関係から脱皮し、欧州と発展途上国との経済協力関係を構築することになったのである。これは、旧フランス、ドイツ、イタリア、オランダ植民地にも当てはまることである。また、英国の加盟条件として欧州地域開発基金の設置が求められ、この基金の発足によりEC内部の開発の遅れた地方に資金が供与されることになり、域内格差の是正という視点が強まったのである。英国の動機は、ECの共通農業政策（ACP）は英国にとり極めて不利益であったため、加盟条件を納得のいくものとするため基金の設置を求めたというのが定説であるが[13]、これ以降、地方（サブリージョン）とECとの直接的な関係性も強まった。

英国のEC加盟と同時にアイルランド、デンマークも加盟を果たした。アイルランド、デンマークはともに農産物輸出国であり、2国の加盟動機はECのCAPが自国の農業にとり有利であったからである。アイルランドは英国との貿易関係が最重要であり、英国との特別貿易協定を結んでいたが、EFTA諸国との工業製品部門の貿易には魅力を感じていなかったので、EFTAには加盟していなかった。一方デンマークは、英国との貿易関係が重要であり、かつ北欧諸国と地域協力を進展させていたため、当初はEFTAに加盟した。その後英国とともにECに加盟したことは、アイルランド、デンマークにとり重要な貿易関係を維持するという意味から必然的であった[14]。

第2次、第3次拡大におけるギリシャ、スペイン、ポルトガルの加盟には、長期権威主義体制が維持されてきたこれら3ヵ国の民政移管を強固なものとするという政治的意義があった[15]。ポルトガルはEFTA加盟国であり、ポルトガルとスペインはECと特恵貿易協定を結んでいたが、必ずしもEC加盟を前提としたものではなかった。経済的には、これら3ヵ国は地中海性農産物を主たる輸出産品としており、イタリア、フランス農業と競合関係にあるという共通の問題を抱えていた。さらに、漁業問題も調整する必要があったため、スペイン、ポルトガルの加盟交渉は長期化したが、1986年の加盟後には順当にECに組み込まれていった。

1981年の第2次拡大で加盟したギリシャは、キプロス、トルコとの国際関係上の問題を抱えており、政治的動機から加盟が早期に決着したとも言える。ギリシャ、トルコ、マルタ、キプロスはそれぞれ1961、1963、1970、

1972年にローマ条約第238条のもとに連合協定を結んでおり、ＥＣ加盟を最終的目的としていた[16]。1974年にキプロスではギリシャ系軍人によるクーデターが勃発するとトルコ軍はこれに介入し、民政移管直後のギリシャは1974年より80年までＮＡＴＯから離脱するという事態に至った。ＥＣ、特に欧州独自の安全保障政策を模索するフランスにとり、ギリシャのＥＣ加盟はＮＡＴＯを牽制するうえでも好ましい条件であった。英国、ドイツなどＥＣ加盟諸国のキプロス問題に関する概ねの反応は、西側陣営内の亀裂を深めるものとして問題視する傾向があったが、フランスは積極的にギリシャの加盟問題を支持する立場に立ったのである[17]。

　1980年代半ばのＥＣ統合をさらに深化させようとする動きは、欧州経済地域（ＥＥＡ）という新たな制度と、第4次拡大とを齎す結果となった[18]。当初中欧・北欧諸国は中立政策のためにＥＣ加盟を申請しなかったが、単一欧州議定書に対応するため、ＥＣとの経済統合を強化する必要が生まれた。まず、ＥＦＴＡ、ＥＣ・ＥＵを統合するための重層的レジーム、ＥＥＡを形成するという方法が模索された。ＥＥＡ交渉中にＥＦＴＡ側はＥＣ・ＥＵの意思決定に関与できる制度や、共通の裁判所の発足を希望したが、このような多元主義的制度は実現しなかった。結局、ＥＥＡはＥＣ・ＥＵの政策決定の影響を一方的に受け入れ、それに適応していく構造となってしまった。オーストリアは中立問題とＥＣ加盟問題を切り離すという政府の方針により、1989年7月にはＥＣ加盟を申請した。その後、同年末にベルリンの壁が崩壊し、1991年にソ連が解体したことにより北欧諸国も外交・安全保障面での協力に参加することが可能となり、スウェーデン、フィンランドもＥＦＴＡを脱退し、ＥＵに加盟するという選択肢をとった。ノルウェーは再度国民投票によりＥＵに加盟せず、ＥＥＡのみに加盟し、スイスは国民投票によりＥＥＡ条約を批准せず、2002年にＥＵと直接2国間条約を結ぶという方法をとった。このように冷戦の終焉という世界システムの大変動により、ＥＥＡは中立国とＥＣ・ＥＵとの統合の深化を目指すという当初の目標を喪失することになったのである。現在ＥＥＡの参加主体はＥＣとノルウェー、アイスランド、リヒテンシュタインであり、ＥＣ側は一つの主体として加盟している[19]。

第Ⅴ章　統合の拡大と重層化

EUの東と南への拡大

　第5次拡大は、①冷戦終焉後、第2次世界大戦後にソ連圏に組み込まれた中・東欧諸国を欧州に再編入させること、②キプロスなどの南への拡大を進展させること、の二つの意義を有していたと言える。中・東欧諸国の加盟問題は、これらの国々の資本主義経済への再編入、及び社会主義から民主主義的制度への体制変換、という二つの変化を大前提としていた。1988年6月には、ECとコメコンとの間で公式の関係を構築することが宣言され、翌89年のベルリンの壁崩壊後、EU理事会は中・東欧諸国の民主化と経済改革を支援すると宣言している。当時の米国のブッシュ（父）大統領の示唆に従い、EC委員会が先進諸国やOECDなどの国際機関の援助を調整する役割を担うことになったのである[20]。その後、中・東欧諸国の民主化の動きは加速されたが、必ずしも政治・経済体制の転換は一朝一夕に可能なものではなかった。まず、英国、ドイツがEC委員会と協力する形でイニシアティブをとり、「欧州（連合）協定（European Agreement）」を1991年末にハンガリー、チェコスロバキア、ポーランドと結んだ。この新たな種類の連合協定は、工業製品の自由貿易地域の形成、外交政策に関する政治対話、および技術・財政支援と経済協力を骨子とするものであった。農業、繊維、石炭・鉄鋼の分野は、中・東欧諸国の主たる輸出品目であり、自由化に関しては特別の配慮が払われることになった[21]。チェコとポーランドは第2次世界大戦以前より工業化を開始しており、またハンガリーはかつてオーストリア・ハンガリー帝国を形成していたので、これら3ヵ国の加盟は当然と考えられたが、東への拡大の境界線をどこまでとするかは様々な議論を呼び、具体的な交渉過程において徐々に決定されていった。結局第5次加盟を果たした中・東欧8ヵ国と2007年に加盟したブルガリアとルーマニアが欧州条約を締結することとなり、EU加盟までの期間、中欧諸国は中欧自由貿易協定（CEFTA）を結び域内統合を推進することになった[22]。クロアチアをはじめとする旧ユーゴの地域は交渉開始に大きく遅れをとる形になった。また、旧ソ連・CIS諸国とは連携協力協定（Partnership and Co-operation Agreement）を結んでいる。

　1993年には欧州委員会により「コペンハーゲン宣言」が出され、加盟基準が示された。第1に、民主主義、法規範、人権、少数者の権利の保障が

安定した制度のもとで確立されていること、第2に、市場経済が機能し、EU内の競争にも対応できること、第3に、政治、経済、金融同盟の共通目標を達成する能力があること、第4に、EU側に欧州統合を失速させずに新規加盟国を受け入れることができる能力があること、が加盟のための条件とされた。さらに1997年には欧州委員会は「アジェンダ2000」を発表し、①制度改革、②国内政策の改革(特にCAPと構造基金との関連分野について)、③加盟交渉と加盟候補国の選別、④EU法・規範の全体系(acquis communautaire)を全面的に受け入れることによる加盟への準備、というそれぞれの分野における加盟までの道筋を加盟申請国に示した。これらの基準や目標を満たすために、中・東欧諸国は国内政治・経済制度の改革を早急に進め、かつ国内規範をEUの規範と調和させ、「一つの欧州」の一員となるための制度面での準備が必要とされたのである。第5次拡大をめぐる過程は、**表12**にまとめてある。経済自由化に伴う経済格差の拡大は、新たな社会政策や価値の再分配を必要とするが、自由化により競争力と経済成長を目指している段階で充分な社会政策を実施することは容易ではないと言えよう。また、長年の社会主義一党支配体制を多元主義的政治制度へと転換する際には、自由と人権の回復という光の部分だけではなく、社会的軋轢の表面化という影の部分も当然伴った[23]。しかしながら、東欧8ヵ国はこの難題を乗り越え、2004年にはEU加盟を果たし、交渉開始が遅れたルーマニア、ブルガリアも2007年には加盟を果たしたのである。激動の体制変動の時代を経て、新たな政治・経済制度をそれぞれの社会に馴染むように創造的に定着させていくことが、これらの国々の今後の課題ではないだろうか。

　マルタ、キプロスの加盟はEUの地中海諸国への拡大を意味するが、両国の加盟はギリシャの加盟プロセスと同様、ECとの連合協定が加盟へと発展したものである。マルタは人口40万人に満たぬマイクロ・ステートであるが民主主義が比較的安定しており、また北欧中立国のEU加盟によりマルタの中立政策も加盟交渉において問題を生じることなく[24]、加盟に関しては特に大きな障害はなかったと言えよう。むしろ、国内政治がマルタの加盟を長らく阻んできた[25]。マルタでは国民党(Nationalist Party)と労働党の2大政党制が機能しており、1970年に国民党のもとでマルタはECと連合し、将来加盟を予定していたのである。しかし、1971年から1986年にかけての労働党長期政権は結局、加盟申請に踏み出さなかった。ようやく1990年に

表12　EUの東方拡大

1990年12月		ハンガリー、ポーランド、チェコスロバキアと欧州協定（EAs）交渉開始
1991年12月		ハンガリー、ポーランド、チェコスロバキアと欧州協定調印
1993年 2月		ルーマニアと欧州協定調印
	3月	ブルガリアと欧州協定調印
	6月	コペンハーゲン欧州理事会（加盟基準合意）
	10月	チェコ、スロバキアと欧州協定調印
1994年12月		エッセン欧州理事会（加盟前戦略合意）
1995年 1月		オーストリア、スウェーデン、フィンランド加盟（第4次拡大）
	6月	エストニア、ラトビア、リトアニアと欧州協定調印
	12月	マドリッド欧州理事会（加盟交渉開始日の決定）
1996年 6月		スロベニアと欧州協定調印
1997年 6月		アムステルダム条約調印
	7月	委員会が「アジェンダ2000」を発行
	12月	ルクセンブルク欧州理事会（加盟交渉候補国の決定）
1998年 3月		5中欧・東欧諸国とキプロス、加盟交渉開始
1999年 3月		ベルリン欧州理事会（2000－2006年度予算合意）
	12月	ヘルシンキ欧州理事会（3中欧・東欧諸国とマルタ、交渉開始決定）
2000年12月		ニース条約（制度改革決定）
2001年 4月		マケドニアとの安定化連合協定調印
	10月	クロアチアとの安定化連合協定調印
2002年12月		10ヵ国との加盟交渉終結
2003年 1月		東欧・南欧EU加盟予定国のEEA加盟交渉開始
	11月	EEA拡大条約調印
2004年 4月		委員会、クロアチアとの加盟交渉開始を奨励
	5月	ポーランド、ハンガリー、チェコ、スロバキア、エストニア、ラトビア、リトアニア、スロベニア、キプロス、マルタの加盟（第5次拡大） 東欧・南欧10ヵ国はEU加盟と同時にEEAにも加盟
	5月	理事会、マケドニア加盟に関する意見を委員会にまとめるよう要請
	6月	ブリュッセル欧州理事会、クロアチアとの加盟交渉を2005年早期に開始することを決定
2007年 1月		ルーマニア、ブルガリアの加盟

注：欧州協定（EAs）は、連合協定とも呼ばれているが、ここでは出典に従った。
出所：Helen Wallace, William Wallace, and Mark A. Pollack, eds., *Policy-Making in the European Union*, Fifth ed. pp.403-404, Box16.1 を筆者が翻訳、一部加筆修正した。

国民党が加盟を申請したが、1996年から1998年にかけて再度労働党が政権を握り、ＥＵ加盟申請を中断するという措置をとったのである。一方、国民党政権は地中海諸国の1国としてＥＣとの外交関係を積極的に展開し、1998年の政権復帰後は順当に加盟プロセスをこなし、加盟後の経済効果も評価できる状況にある。

　キプロスの加盟は、ギリシャ系とトルコ系の民族問題、安全保障問題と密接に関連しており[26]、トルコのＥＣ加盟問題をも複雑にしている。1983年に北キプロスが独立を宣言した際には、ＥＣは国連とともにこれを認めず、トルコだけが独立を承認することとなった。1987年にトルコがＥＥＣへ加盟申請を提出すると、国内的には多元主義を強化し人権問題を改善すること、対外的には対ギリシャ関係を改善し、キプロス問題を解決することがＥＣ委員会より加盟条件として示された[27]。さらに1990年7月にキプロスがＥＣへの加盟を申請したが、同年3月には国連安保理決議第649号が採択され、キプロスのトルコ系住民とギリシャ系住民とが二つの共同体、二つのゾーンから構成される連邦を形成するという基本方針のもとに、対等の立場から解決策を模索するよう主張した。このような経過において、キプロス、トルコの加盟問題が進展するのは困難に見えたが、1993年にギリシャでＰＡＳＯＫが政権につくと、キプロスの加盟問題が急進展することになった。翌94年はじめにギリシャ政府はＥＵにとり東への拡大と同様に南への拡大が重要であると主張した結果、欧州委員会は第5次拡大にマルタとキプロスを組み込むことを決定したのである[28]。キプロスの加盟交渉を開始するという案にはドイツ、フランス、英国も賛同せず、安全保障面でトルコの協力を重視している米国もＥＵ域外から反対したが、ギリシャは米国を説得した。結局、フランスとギリシャとの交渉により、ギリシャは、①ＥＵとトルコの関税同盟と②トルコへの財政援助に対する拒否権を取り下げる見返りに、キプロスの加盟交渉開始日を設定することを認めさせたのである。さらに2004年2月には、国連事務総長の提言のもと、ギリシャ系キプロスの指導者、トルコ系キプロスの指導者、ギリシャ、トルコ、英国代表が一堂に会し、同年5月のキプロスのＥＵ加盟までにアナン案に基づくキプロス再統合のための住民投票を実施することを話しあった。同年4月には住民投票が実施され、トルコ系は賛成したもののギリシャ系が拒否する結果となり、南キプロスだけがＥＵに加盟することになったのである。結局ＥＵのキプロス加盟受

け入れは、国連のキプロス問題決議と矛盾を残したまま、将来の解決策を待つ状況にある。

米州における重層的地域経済統合機構の形成

次に、米州における地域統合の重層化の問題を検討する。1960年2月にモンテビデオ条約が調印されＬＡＦＴＡが発足することになり、同年12月にはマナグア協定により中米共同市場（ＣＡＣＭ）も形成されることになった。中米においては、1951年に調印された中米機構という経済統合分野以外での地域主義が先行していた。ＬＡＦＴＡは、ＥＣＬＡの提起したラテンアメリカ共同市場案を部分的に取り入れており、モンテビデオ条約においては理念上の最終目標として「ラテンアメリカ共同市場」が明記されている。当時のＥＣＬＡの影響力の大きさを推し量ることができるエピソードである。米国も1961年の「プンタ・デル・エステ憲章」において、ラテンアメリカにおける地域統合を中米共同市場とＬＡＦＴＡの二つに分けて進展させることを支持している。

このラテンアメリカ共同市場は実現こそしなかったものの、ＬＡＦＴＡ改革過程においては、サブリージョナルな地域統合の発足とともに改革のための選択肢の一つとなった[29]。改革の目的は、貿易自由化の促進と統合の利益を公平に分配することであり、ＬＡＦＴＡ域内の中小国は多かれ少なかれ、このような不満を1960年代前半には抱くようになっていた。結局採用された解決策は、①ＬＡＦＴＡレベルにおいて「市場狭小国」という枠を設定し、「比較的低開発国」とともに域内の優遇措置を充実させること、②ＬＡＦＴＡ域内にアンデス共同市場の設立を認めること、であった。アルゼンチン、メキシコなどの域内先進国は発展レベルの異なる国々で共同市場化を図ることは無理であるとして、ＬＡＦＴＡ自体を共同市場化することには反対した。特に輸入代替工業化政策を継続するうえで、異なる発展段階の国々が政策協調を実施するのは困難であるとの見方が強かった。

その後もＬＡＦＴＡは再活性化されることなく、1981年にはより緩やかな統合方式を目指してラテンアメリカ統合連合（ＡＬＡＤＩ）へと再組織化された。ＡＬＡＤＩにおいては、特恵関税や全加盟国を対象とする特定のスコープに関する条約や、2国間以上の少数国間条約（経済補完協定）を結ぶ

ことにより統合を促進するという、非常にフレキシブルな方法が採用されており、アンデス共同体も、メルコスールもＡＬＡＤＩ域内の少数国間条約として位置づけられている。ＬＡＦＴＡはＧＡＴＴ第24条のもとに発足したが、ＡＬＡＤＩは1979年に東京ラウンドで規定された「授権条項」のもとに形成されることになった。「授権条項」は発展途上国間の地域貿易協定（ＲＴＡ）の設定をＧＡＴＴ第24条の厳しい基準を課さずに認めており、メルコスール、アンデス共同体は、「授権条項」が援用されている。ＷＴＯによる協定の分類法によれば、メルコスールとアンデス共同体は関税同盟であるが、ＡＬＡＤＩは「特恵貿易協定（preferential trade agreement）」として位置づけられ、ＦＴＡ扱いとはなっていない。1979年以前に発足したカリブ共同体などの発展途上地域における地域統合は、ＧＡＴＴ第24条のもとに発足したが、その基準を満たしているかどうかという査定は必ずしも厳格なものではなかったし、近年結ばれている発展途上国間のＦＴＡの中にはＧＡＴＴ第24条の適用を受けているものもある。またサービス部門の自由化に関する協定は、ＷＴＯ発足後はＧＡＴＳ第5条の適用を受けている。このように、ＷＴＯにおける実際の協定の位置づけ方は、必ずしも発展途上国、先進国により明確に分けられているわけではないのが実情である。

　ＬＡＦＴＡからＡＬＡＤＩへの改組は、米州における2国間、少数国間経済協定の締結を促進する結果となった。現在ＡＬＡＤＩにはキューバも加盟しており、上記のメルコスールなどを含めて50以上の経済補完協定が結ばれている。また近年の重大な変化としては、2003年にメルコスールとアンデス共同体との間で経済補完協定が結ばれ、ガイアナ、スリナムを除き南米全体の経済統合が加速化されたことである。またチリはメルコスール、アンデス共同体の両方には加盟していないが、経済補完協定によりメルコスールの準加盟国になっている。2006年にはベネズエラはメルコスールに加盟し、アンデス共同体を脱退したが、アンデス共同体側はベネズエラの復帰を受け入れる姿勢を表明している[30]。

　ＡＬＡＤＩを母胎とするラテンアメリカ地域の地域貿易協定は「授権条項」による特恵関税であり、これらの地域貿易協定とＡＬＡＤＩとは重層的統合関係にある。その中でも、アンデス共同体およびメルコスールはＡＬＡＤＩと重層的地域経済統合機構を形成している。また、ラテンアメリカの中で特異な立場にあるのがメキシコである。メキシコはＡＬＡＤＩとＮＡＦＴＡの

両方に加盟しており、このことからも米州における地域統合はEUとは異なり複数の地域統合への加盟が可能なシステムとなっていることが分かる。

さらに、1990年代半ばよりメキシコ、チリを中心にラテンアメリカ諸国はGATT第24条、GATS第5条のもとに多数の地域貿易協定を米州域内、域外の国々とも結んでいる。この点、全ての対外的地域貿易協定を統一して締結しているEU、あるいはEFTA加盟国とは根本的に異なっていると指摘でき、第Ⅶ章で詳しく論じることにしたい。

英連邦カリブにおける重層的地域統合機構の形成と拡大

英連邦カリブ諸国の地域主義は脱植民地化と関連が深く、主権を有する独立国家とアソーシエイティド・ステート（associated states）として独立過程半ばにいる国々の間で統合が進展した。1962年に西インド諸島連邦が解消された後、ジャマイカ、トリニダード・トバゴ、バルバドスの3ヵ国は1966年までに独立を達成した。1965年には、バルバドスとガイアナ間で自由貿易地域を結ぶことが発表され、他国にも門戸を開くことが告げられた。アンティグアは新たな石油精錬所を建設する予定があり、1966年にはこの3ヵ国により最初のCARIFTA設立条約が結ばれた。しかしながら、西インド諸島連邦の失敗直後のことであり、連邦に参加していなかったガイアナの新政権は積極的にイニシアティブをとることができたが、他の国々が加盟を決定するにはしばらく時間を要した。

この間、域内諸国はどのような統合をすべきかをめぐり論議を交わした。英連邦カリブには失業問題という構造的経済問題があり、自由化により雇用拡大を目指すことに関して域内合意を形成することはそう難しくはなかった。ただし、市場を自由化することにより、自国が有利に経済開発を進めることができるか、をめぐり、域内小国ばかりでなく、ジャマイカもかなり懐疑的であった。ジャマイカの場合、工業化のレベルは進んでいたが、保護主義的工業化政策のために域内で高い関税率を設定しており、また地理的に他の英連邦カリブ諸国・地域から離れているためのコストも考慮に入れなくてはならなかった。地域レベルで生産統合を目指す案もあったが、外資導入による工業化を目指す、自由貿易地域の形成が目標とされるところとなった。さらに、1967年には英国がEEC加盟を再申請し、英連邦カリブ地域は将

来を見据えて経済的自立を図る必要性にも迫られることになる。

　この間、非独立政治ユニットの独立問題も同時進行し、当初はバルバドスを中心として連邦を再形成した後独立するとの構想を実現するため交渉が続けられたが、1965年4月の交渉で決裂していた。1966年には非独立ユニットはアソーシエイティド・ステートとなるための条約を英国と結び、独立問題はしばし時間をかけて決定することになった。この条約により英連邦カリブの小政治ユニットは内政自治を獲得し、外交・安全保障に関する主権は英国が維持することになった。準独立国は連邦問題交渉のための会議（RCM）をWISAへと再組織化し、植民地時代以来の共通サービスやその他の機能的協力を協議・運営することとし、CARIFTAへの加盟問題も、このWISAで集団的に決定されることになった。自由貿易地域の形成は小国にとっては不利であるとの見解が強く、加盟にはリスクも大きかった。しかし、地域統合問題とカリブ開発銀行設立問題とは並行してカリブ首脳会議等で話し合われていた。狭小すぎるために米州開発銀行に加盟できない準独立国にとり、カリブ開発銀行の設立は希求されていた。準独立国は将来連邦として独立する可能性を残したままの状態にあり、共通通貨を利用していたので、東カリブ共同市場を形成したうえでCARIFTAに加盟することを決定したのである。東カリブ共同市場はCARIFTA域内のサブリージョナルな統合であるが、加盟国は非独立国でありGATTには申請されなかった。

　このように形成された重層的地域経済統合機構は、1973年のカリブ共同体発足の際にようやく、明確に制度上の関係が規定された。また、カリブ共同体は植民地時代以来継続されてきた機能的協力（例えば、西インド諸島大学の共同運営、法教育の共通政策など）を正式に地域共同体の枠組みに組み込んでおり、植民地時代以来の制度が地域協力の枠組みへと転換された。カリブ共同体は関税同盟としてGATTに承認され、サブリージョナルなレベルでは、経済統合、独立問題、及び政治統合のあり方を模索する状況が1970年代半ばまで続くことになった。WISAにおいて将来どのような形態で独立すべきかをめぐり話し合いが続けられたが、1974年にグレナダは英国政府との直接交渉により独立を達成した[31]。さらに1975年にカリブ共同体首脳会議において、準独立国という過渡的国家形態を終え、それぞれの政治ユニットが単独独立をする方針が決定された。1981年には東カリブ共同市場とWISAは、東カリブ諸国機構へと改組され、従来の機能的協力、

外交・共同防衛上の協力をも含む多機能的な機構へと改組され、脱植民地化に伴う地域機構の再編成はようやく終了した。

英連邦カリブ諸国の地域主義は、発足当初より加盟条件は英連邦カリブ諸国に限られたものではなかったが、脱植民地化が完了するこの時期まで、結果として正式加盟は英連邦カリブ諸国に限られていた。脱植民地化後の次のステップとして、非英連邦カリブ諸国への拡大が達成されることになる。1985年にはスリナムが、2002年にはハイチがカリブ共同体に加盟を果たし、現在正式加盟国は15ヵ国となっている。加盟は基本的には加盟希望国の申請により始まるので、新規加盟国の意思の問題であると言えるが、加盟承認は共同体首脳会議において最終的に決定される。スリナムの場合には、独立後数度にわたる軍政を経験した後1991年に民政に復帰し、ガイアナ、仏領ギアナと長年領土問題を抱え、国連等において交渉が続けられてきた。また、ハイチにおいても長期独裁政権の後1990年に大統領選挙が実施されたが、民主主義体制が安定せず、1993年より国連平和維持活動が展開されている[32]。このように民主主義的に不安定な近隣国を共同体に受け入れ、国連、ＯＡＳと協調しながら民主化支援活動を域内からも展開するという方法を、カリブ共同体はとってきたと言えよう。地域の政治的安定や安全保障を阻害する要因となりうる問題を抱える近隣国を加盟国として受け入れることにより、地域ぐるみで紛争解決に取り組もうとする姿勢を読み取ることができる。

米国のハブ・アンド・スポークス関係とＦＴＡＡ構想

1990年代のＥＡＩ構想以降、米国はＦＴＡＡという多国間主義的な地域統合枠組みを設定するという方法を模索しながら、現実には2国間主義的ＦＴＡ網を張り巡らし、ハブ・アンド・スポークス的な関係を米州において拡大してきた。2005年11月のマール・デル・プラタにおける第4回米州サミットにおいて、ＦＴＡＡは時期尚早であるとの見方が出され、2006年以降、ＦＴＡＡ交渉は行われない状況が続いている。ＦＴＡＡ交渉の共同議長を務めてきた米国、ブラジルの見解が折り合わないのが主たる要因とされているが、ブラジルは南米共同市場の発足で成果をあげ、また米国はＮＡＦＴＡおよびＣＡＦＴＡ－ＤＲ、チリなどとのＦＴＡの締結という形で貿易拡大を促進してきた。メキシコ、チリは、米国ともＦＴＡやサービス協定を結び、か

つALADIにも加入し、さらに米州内の多数の国々とも2国間主義的FTAを結ぶという全方位外交的な貿易政策をとっているのが現状である。米州における地域貿易協定網の実情は、米国を中心としたハブ・アンド・スポークス的関係とラテンアメリカ独自の重層的なネットワーク網とが現在並存している状況にある。米国とブラジルとの外交上のライバル関係がこのような複雑な制度網を発展させたと考えられる面もあるが、2国間条約の方が多国間主義より貿易関係を調整しやすいという理由にもよるであろう。中米共同市場発足の折にも、まず2国間主義的協定がネットワーク的に締結された後、マナグア協定が調印されるというプロセスを辿っている。こうした歴史的経緯に鑑みると、今後の展開によってはFTAAが実現する可能性も残されていると言えよう。現在FTAA交渉が中断している一方、2002年のEAI（Enterprise for ASEAN Initiative）などにより、米国の地域的枠組み作りへの関心はむしろアジア、中東地域に向かいつつあると考えられる。

　2004年にチリとのFTAが発効して以降、2006年末までに米国はCAFTA-DR、ペルー、コロンビア、パナマとの間で2国間主義的なFTAを調印、あるいは交渉を終了した。これらのFTAでは、単なる貿易自由化だけではなく、労働問題、環境問題、知的財産権問題、投資（米国内で海外投資家は米国投資家以上の保護が与えられない等）に関する条項を盛り込むことが、米国がFTA締結の際の基本的方針である。特に、労働問題、環境問題に関する規定は、NAFTA締結以来の方針であり、韓国など米州以外の国々とのFTAにも適用されている。「大統領の貿易政策アジェンダ」[33]によれば、米州におけるFTA締結の効果は経済的なものばかりではなく、南米における経済改革を推進し、かつ麻薬栽培を減少させる効果があるものと期待されている。

　特に、近年結ばれたコロンビア、ペルーのFTA締結の背景には、米国の対アンデス地域の麻薬対策がある。1991年にはボリビア、コロンビア、エクアドル、ペルーを対象国としてアンデス貿易特恵法（The Andean Trade Preference Act）が制定されたのが始まりであり、2002年にはアンデス貿易促進・麻薬撲滅法（Andean Trade Promotion and Drug Eradication Act）へと発展し、従来の5,600品目に加えて700品目が米国市場において非関税扱いとなった。その中には従来外されていたアパレル製品や、ツナ、革製品、靴、石油・石油製品、時計なども含まれることになり、FTA締結以前より米国側

の自由化はかなり進展していたと言える。

　カリブ海地域のための特恵貿易政策であるＣＢＩも、将来ＦＴＡ、あるいはＦＴＡＡに変更される見通しは米国の貿易政策上すでに示されている。2000年にはＣＢＩを発展させるために「カリブ地域貿易パートナーシップ法（US-Caribbean Basin Trade Partnership Act, ＣＢＴＰＡ）」が成立し、その際、参加条件の一つとして、①ＷＴＯにおける自由化義務を期日内、あるいは前倒しで実施するか、あるいは②ＦＴＡＡあるいは他のＦＴＡ交渉に参加すること、が規定されている[34]。ＦＴＡＡ締結、または米国とのＦＴＡ締結により、ＣＢＴＰＡは失効する予定となっている。

アジア太平洋における重層的経済ガバナンス

　それでは、アジア太平洋においては地域主義の枠組みはどのように構成されているのであろうか。アジア太平洋における加盟国数が最大の地域統合枠組みはＡＰＥＣであるが、ＡＰＥＣは先進国と発展途上国から構成され「授権条項」の対象とはならず、またＧＡＴＴ第24条、ＧＡＴＳ第5条の適用も受けていないという状況にある。その域内にあるＡＦＴＡは、授権条項の適用を受けており、またＡＰＥＣ域内にはオーストラリア・ニュージーランドＦＴＡ（Closer Economic Relations for Australia and New Zealand, ＣＥＲ）をはじめとする多数の2国間ＦＴＡやサービス協定が締結されている。これらの2国間地域貿易協定は、ラテンアメリカの地域貿易協定の多くがＡＬＡＤＩを法的母胎としているようにＡＰＥＣと国際法上の関係があるわけではない。国際法上の位置づけはラテンアメリカ、英連邦カリブの重層的地域経済統合とは異なっているが、ＡＦＴＡはＡＰＥＣと連動しており[35]、両者の関係は制度化レベルが低い重層的地域経済統合であると言えよう。

　経済統合の視点からみると、ＡＰＥＣ加盟国間で結ばれる2国間主義的ＦＴＡの増加が近年顕著であり、ＡＰＥＣ域内貿易にどのような経済効果を齎しているのかはまだあまり明らかにはなっていない。ＡＳＥＡＮ加盟国の多くも2国間主義的ＦＴＡを結んでおり、ＡＳＥＡＮ諸国はＥＵ型ではなく、ラテンアメリカ諸国に近い方法をとっている。ＡＰＥＣにおける2国間主義の台頭は、もともとは西半球で発生したものがアジアへと波及してきたと解釈することができる。ＡＰＥＣ域内の最初のＦＴＡ・サービス協定はＡＰＥ

Ｃ成立以前、1983年に発効したＣＥＲであるが、近年のＦＴＡネットワーク形成の先駆けとなったのは、1997年に発効したカナダとチリ間のＦＴＡであった。2000年代に入ると、シンガポール、日本、オーストラリア、米国も積極的にＦＴＡ・サービス協定を締結するようになるが、前項で論じたように、米国のＦＴＡ重視の貿易政策の転換はあくまでグローバルなレベルで展開されている。

アジア太平洋においては、重層的協力枠組みは政治・安全保障の分野においても重要である。ＡＳＥＡＮがハブ的な役割を果たす制度とはなっているが、意思決定における力関係とはまた別の問題である。ＡＳＥＡＮが制度上のネットワーク形成において中心的役割を果たすことができたのは、米国がこの地域において覇権国としての役割を果たすことが充分受け入れられていないためであると考えられる。1993年、クリントン政権は「新太平洋共同体構想」を発表したが、ＡＰＥＣ加盟国の支持を得られず具体化することはなかった。米国の目指していたのは、①より積極的な貿易・投資の自由化、②ＡＳＥＡＮ拡大外相会議（ＰＭＣ）を枠組みとした地域安全保障対話の確保、③民主主義を共通の価値とすること、の3点であり[36]、太平洋においてもＦＴＡＡ的経済統合を模索していたとも言える。これに対して、ＡＳＥＡＮ諸国はＡＰＥＣをとりあえず安全保障問題から切り離し、米国の民主主義的価値規範をＡＰＥＣに組み込むことを拒否したうえで、ＡＰＥＣの組織化、貿易自由化にも反対した[37]。しかしながら、この提案を部分的に汲み上げることにより、1994年には「ボゴール宣言」により自由化目標を設定し、またＡＳＥＡＮ主導でＡＲＦを発足することに成功したのである。

また、1990年にマレーシアのマハティール首相はＥＡＥＣ構想を提唱し、中国、日本、韓国、ＡＳＥＡＮによる東アジア経済統合を提唱した。同首相は「ルック・イースト政策」の推進者でもあり、日本、韓国の開発モデルの有効性を高く評価していたが、蚊帳の外にされた米国からは反発もあり、実現には至らなかった。しかし、1997年にアジア通貨危機が発生すると、タイ、インドネシア、韓国はＩＭＦの支援を受け入れ、構造改革、自由化というコンディショナリティーを受け入れたが、マレーシア、香港、中国などはそれぞれ独自の方法により対応した。ちょうど1997年末には第1回「ＡＳＥＡＮ＋3」会議が開かれ、その際通貨危機についても話し合われ、翌98年には新宮沢構想が表明され300億ドルの2国間支援が提案された。さらに2000年の

ASEAN＋3蔵相会議では「チェンマイ・イニシアティブ」が合意に至り、2国間レベルでこれらの国々の間でスワップ取り決め網が張り巡らされることになった。ASEAN＋3は図らずもEAEC構想と同一のメンバーで運営されているが、ASEAN＋3の本来の目的は日、中、韓の協力のもとに、ASEAN諸国の経済発展を促進することであり、東アジア全体の経済統合を直接の目標としているわけではない。また、通貨・金融危機に際しても、米国、IMF、世銀との調整が問題解決には不可欠である。

アジア太平洋の重層的な安全保障協力枠組み

ASEANを中心とする重層的な安全保障面における枠組みとしては、ASEAN拡大外相会議（PMC）、ARFが重要なものである。ASEAN拡大外相会議の歴史は古く、1970年代末に始まり、初期の域外対話相手国は日本、オーストラリア、ニュージーランド、米国、カナダ、EC・EU、及び国連開発計画（UNDP）であった。さらに1991年には韓国が、1996年には中国、ロシア、インドが加わり、拡大ASEAN諸国とともに経済摩擦や援助、安全保障問題などの多様な外交イシューを定期的に協議している。多国間主義的な会議と、2国間主義的なASEANと各対話国との会議、という多様なコミュニケーション・ネットワークから成り立っており、共同体としてのASEANの政治目標を達成するうえで重要な交渉回路となっていると言えよう。

米国はこのPMCを土台として安全保障のためのレジームを設定するよう提案したが、当時ASEANと先進諸国との対話の場であったPMCに中国、ロシア、ベトナムを加盟させることにASEAN側は違和感を唱え、新たにARFが設置されることになった。ARFのようにより広域な信頼醸成のための枠組み作りについては、すでに1990年のPMCにおいてオーストラリア、カナダが提唱していたが、その際にはASEANは即座に支持を示さなかった[38]。先の米国の提案があったからこそ、ARF設立が実現したとも言える。現在、PMC加盟国の他に、パプア・ニューギニア、ロシア、中国、インド、モンゴル、パキスタン、北朝鮮の23ヵ国・地域が加盟している。ARFの主たる機能は、①政治、安全保障分野における地域の対話の促進、②信頼醸成と予防外交である。

PMCとARFは加盟国の多くが重複しており、その扱う議題もかなり似ているが、微妙に異なる機能を担っているように思われる。PMCはASEANが大国と交渉し共通外交目的を達成するためのツールとしての役割が強く、一方、ARFは多国間主義的な地域安全保障制度形成に向けての準備機関としての機能が期待されている。ARFにおける決定は従来コンセンサス方式で実施されてきたため、現実に安全保障上の問題が発生した場合には、当事国が合意するような調停案が即座に提示される可能性は極めて低いであろう。そのような場合には、紛争の拡大を回避し、暴力を封じ込めるための何らかの措置を、ARFの枠組みの外に求める必要がある。

　1976年の東南アジア友好協力条約（TAC）は、当初はASEAN域内の国際関係に関する基本原則を規定したものであったが、1987年のマニラ宣言により域外諸国にも門戸が開かれるようになり、現在、日本、韓国、中国、ロシア、ニュージーランド、パプア・ニューギニア、インド、パキスタン、モンゴルが署名している。TACの示す基本原則は、①独立、主権、平等、領土保全、各国民族のアイデンティティーに関する相互尊重、②内政不干渉、③紛争の平和的解決、④威嚇を含めた武力の不行使、である。米国、カナダ、オーストラリア、中国、北朝鮮は署名しておらず、これらの国々は有事の際には武力行使に至る可能性を認識していると言えよう。言いかえれば、ARF諸国に武力による解決を必要とする紛争が発生した場合、建前としては国連や署名しなかった国々の軍事力に解決を依存することになろう。とはいえ、ARFと国連安保理の決定の核の部分は同じであると考えられ、どちらも全関係国の合意を必要とし、米国、中国、ロシアが絡んでいる。ARFで解決できないことは、国連でも解決できない可能性は高い。他方、米国は冷戦時代には2国間主義的軍事協力を主軸として東アジアの安全保障政策を展開していたが、1990年代からはアジア太平洋諸国のための、多国間主義的な安全保障関連のセミナーなどを開催している。ARFとは異なる、米国を中心とした多国間主義的軍事協力が模索されていると解釈できる[39]。このような米国主導の多国間主義的安全保障システムに日本が将来どのような役割を果たすことになるのか、市民レベルでも議論されるべきだと言えよう。従来の日米安保のみが、冷戦終焉後も恒久的に有効であるとの保障はないのである。

　また、1971年には東南アジア平和・自由・中立地帯構想（ZOPFAN）

が結ばれ、ＡＳＥＡＮ諸国が相互に主権と領土保全を保障しながら、東西冷戦対立の影響や域外大国からの干渉を排し、中立的立場をとることが明言された。ＺＯＰＦＡＮの目標として非核地帯化も盛り込まれていたが、冷戦時代には具体化しなかった。ようやく1995年にＡＳＥＡＮ10ヵ国はバンコク条約に調印し、東南アジア地域の非核地帯化が決定されたが、5大核保有国との交渉が継続中であり、条約としては発効しているがまだ実質的には機能していない状況にある。ＡＳＥＡＮ諸国、あるいはＡＲＦ加盟国をいかに核兵器の脅威から解放するか、という問題は、非核地帯化条約を一部の国が締結するだけでは解決できぬ問題であり、北朝鮮問題やインド、パキスタンの核保有に対していかに対応すべきか、という問題が残されたままである。核保有を公認されている国と、公認されていないが保有している国、さらに保有していない国々の間で、核保有をめぐる公正とは何かに関して認識を共有しあうことは困難な問題でもある。しかしながら、地球上の核兵器をこれ以上増やしてはならない、という既成概念を国際社会が根底から覆すことはまずないであろう。アジアにおいてもＩＡＥＡの査察は非核地帯化を保障するための前提条件であり、国連の安全保障レジームとの連携が不可避であると言えよう。

　ＡＳＥＡＮ抜きの安全保障枠組みとして6ヵ国協議があり、日本と韓国にとっては安全保障上、現在最も重要な枠組みである。ＡＲＦには北朝鮮が加盟しているが、核問題や日本人拉致問題に関しては今のところ実質的効果を上げるには至っていない。2007年の「第14回ＡＲＦ閣僚会合議長声明」では、北朝鮮の核問題については言及されたが、日本人拉致問題には触れられなかった。9.11事件以降、米国の外交政策がイラクやアフガン問題に重点を置いているため、北朝鮮の核問題が当面国連安保理で審議されない以上、日本にとっては、米国と中国の支持を取り付けることが対北朝鮮問題を解決するうえで不可欠であると言えよう。とはいえ、この6ヵ国協議の枠組みがそのまま東アジアの地域安全保障問題全般を扱う枠組みとなりうるか、といえばそうではない。やはり、台湾、香港も交えて、東アジア地域の安全保障を総合的に扱える枠組みも必要である。また、北方領土問題、竹島、尖閣諸島などの領土問題の解決には一般的に時間がかかり、地域機構や国際司法裁判所などの法的機関に委ねるという方法がとられる可能性もある。

　以上により、アジア太平洋地域における重層的な経済、安全保障上の制度

形成にはＡＳＥＡＮのイニシアティブが果たした役割は大きかったと言えよう。何故小国中心にシステムができあがったのかという問題に関して、「小国集団のＡＳＥＡＮが国際公共財を提供しえたのは、「ＡＳＥＡＮレジーム」が「共同回避のジレンマ」を打開する調整型（coordination）レジームであって、「共通利益のジレンマ」を打開する共同行動（collaboration）型レジームではないために、コストの過剰負担やルール違反への制裁を期待される覇権国の存在を必要としないからであろう。」[40]との指摘もある。ＡＳＥＡＮが域外大国との関係にＡＳＥＡＮ方式を導入したのは、やはり植民地時代における従属的関係を断ち切り独立を強固なものにするために、内政不干渉原則を域外国にも適用する必要があったのであろう。実効性のある地域集団的安全保障制度を設定するためには、財政的・人的コストの負担と主権の制約を参加国は受け入れなければならないことは自明である。国連とＡＲＦを補足するための地域的機構の設計には、充分な議論と時間を費やすべきであろう。

重層的制度の意義

　本章では、ＥＵのように一つの共同体への加盟しか認めず、すべての共同行動を一つの制度へ収斂させていく統合のあり方と、複数の地域統合への加盟を認め、重層的に統合システムを構築していく米州、アジア太平洋の統合とを比較しながら論じた。それでは、重層的地域経済統合機構や重層的ガバナンスにはどのような特徴があるのかを、本章のまとめとして論じることにしたい。
　第１に、重層的地域経済統合機構には加盟国の自由な統合や協力活動を促進する機能がある。「統合の志向性」を一つに絞り込むより、「二つの志向性」の両方、あるいは片方を選択できる方が加盟国にとり選択の幅が広がると言えよう。このような方式は、政治体制や経済発展レベルが異なる国々の間で統合を促進するのに適しており、ＥＵ型の統合は、ある程度均質性が高い国々の間で可能であると言える。
　第２に、重層的地域経済統合機構は統合規範間の調和を前提としており、地域秩序全体の整合性や透明性（予測可能性）を損なわない制度設計が求められる。現在はグローバリゼーションが進行しており、国際貿易制度、地域

統合制度、国内制度の調和や整合性が日常の経済活動で必要であり、重層的地域経済統合は国際経済秩序全体の調和という視点からも有効である。ただし、安全保障分野は異なっており、国際機関や地域機構の規範的制約は存在するものの、政治の介在する余地は大きい。安全保障分野はそもそも情報が公開されない部分も多く、また、国家主権が強く維持されている協力分野でもあるので、経済分野と同様の透明性や規範・制度の調和を期待すること自体無理な話でもある。欧州においても、ＥＵ加盟国はＮＡＴＯにも加盟しており、安全保障分野においては実質的には重層的協力システムが機能している。

　第3に、重層的ガバナンスでは、複数の機構が問題解決を協議し、相互に活動をチェックしあうことにより、活動の重複を避け、情報や人的・物的資源を有効に活用し、問題解決能力を向上させることができると言えよう。例えば、世銀、米州開発銀行、カリブ開発銀行の間では効率的に役割分担がなされており、カリブ開発銀行は小国の融資、情報収集に特化している。また、複数の機構や制度が特定の問題に関する決定に携わることにより、異なる決定や見解を提示することは、地域秩序の多元主義を保障することにもなる。一方、ＥＵでは統合システムが統一されているために活動や資源のムダを省きやすいと考えられるが、制度の多元主義を保障するためにはＥＵ議会、ＥＵ理事会、ＥＵ委員会と複数の意思決定機関が機能しており、そのためのコストを負担していると言えよう。

　経済統合は、いずれはその発足当時の経済活性化の効果が薄れ、何か新たな刺激を市場に与えることが必要になる。そのための有力な方法の一つに、共通政策の実施などの経済統合の深化とともに、経済成長の潜在力が高い市場を取り込む拡大という方法がある。ＥＵは深化と拡大により、市場の再活性化に何度も成功してきた。一方、米州やアジア太平洋では、2国間ＦＴＡをも含めた経済統合の重層化という方法により、臨機応変に成長を促進するよう努めてきたのである。

【注】
1)　西インド諸島連邦の分裂に関しては、松本八重子「脱植民地化の国際規範と憲法改正」『国際政治』第147号、2007年1月、同『地域経済統合と重層的ガバナンス』第Ⅳ－Ⅴ章。

2) "Decision by APEC Economic Leaders on APEC Membership," Vancouver, Canada, November 1997.
3) Walter Mattli, *The Logic of Regional Integration: Europe and Beyond* (Cambridge U. Press, 1999), Ch.3.
4) 小久保康之「ベネルックス三国――欧州統合と小国外交――」百瀬宏編『ヨーロッパ小国の国際政治』(東京大学出版会、1990年)、30－35頁。
5) Simon Burgess and Geoffrey Edwards, "The Six plus One: British Policy-Making and the Question of European Economic Integration, 1955," *International Affairs*, Feb. 1988, p.396. この外交上の優先順位の設定はチャーチルによるものである。
6) *Ibid.*, pp.412-413.
7) Thomas Pedersen, "EC-EFTA Relations: An Historical Outline," in Helen Wallace, ed., *The Wider Western Europe : Reshaping the EC/EFTA Relationship* (Pinter Publishers, 1991), p.15.
8) *Ibid.*, p.15.
9) Stephen George, *An Awkward Partner: Britain in the European Community* (Oxford U. Press, 1990), p.62.
10) *Ibid.*, pp.30-31.
11) *Ibid.*, pp37-38.
12) *Ibid.*, p.34.
13) David Allen, "Cohesion and the Structural Fund," in H. Wallace, W. Wallace, and Mark A. Pollack, *Policy-Making in the European Union,* Fifth ed. (Oxford U. Press, 2005), p.217.
14) 田中俊郎「ECの拡大」細谷千博・南義清編『欧州共同体(EC)の研究――政治力学の分析――』(新有堂、1983年)、222－224頁。
15) Loukas Tsoukalis, *The European Community and its Mediterranean Enlargement* (George Allen & Unwin, 1981), p.145.
16) 1969年にはモロッコが、1969年にはチュニジアが同様にローマ条約第238条のもとにECと連合した。
17) Tsoukalis, pp.133-134.
18) 詳しくは、松本八重子『地域経済統合と重層的ガバナンス』、208－210頁。
19) 各国の選択については、同書、218－230頁。
20) Ulrich Sedelmeier, "Eastern Enlargement," in Helen Wallace, William Wallace, and Mark A. Pollack, eds., *Policy-Making in the European Union,* Fifth ed. (Oxford U. Press, 2005), pp.407-408.
21) *Ibid.*, pp.409-410.

22) 1992年12月にＣＥＦＴＡが調印された際の加盟国はチェコ、ハンガリー、ポーランド、スロバキアであったが、ブルガリア、スロベニアも後に加盟し、これらの国々はＥＵ加盟とともにＣＥＦＴＡを脱退した。2004年にはクロアチアが加盟し、2006年には議定書によりＣＥＦＴＡは旧ユーゴ諸国のＥＵ加盟のための準備機関として正式に位置づけられた。現在の加盟国は、アルバニア、モルドバ、ボスニア・ヘルツェゴビナ、モンテネグロ、クロアチア、セルビア、マケドニア、及び国連コソボ暫定行政ミッションである。1991年末に発足したＣＩＳ加盟国は、ロシア、カザフスタン、タジキスタン、ウズベキスタン、キルギスタン、ウクライナ、ベラルーシ、モルドバ、アルメニア、アゼルバイジャン、グルジアの11ヵ国で、中立政策を採用したトルクメニスタンは准加盟国となっている。すでに早期独立を達成していたバルト3国は加盟しなかった。

23) 中東欧諸国の民主化については、伊東孝之「ポーランド政治の右傾化」『海外事情』2006年6月、同「東欧政治とＥＣ統合──ポーランドを中心として──」日本政治学会会報『政治学』、1993年、日本比較政治学会編『ＥＵのなかの国民国家──デモクラシーの変容──』（早稲田大学出版会、2003年）、第6章、第7章、第8章。

24) Stephen Calleya, "Malta's Post-Cold War Foreign Policy Agenda," in Andrea K. Riemer & Yannis A. Stivachtis, eds., *Understanding EU's Mediterranean Enlargement* (Peter Lang, 2002), p.129.

25) Edward L. Zammit, "Malta," in Hortense Hörburger, ed., *EU-Enlargement-Our Neighbour's Views* (Schüren, 2003), pp.88-89.

26) 1960年の独立当時より、トルコ系とギリシャ系の対立が絶えず、1964年より国連キプロス平和維持軍（United Nations Peacekeeping Force in Cyprus（ＵＮＦＩＣＹＰ））が治安に当たってきた。

27) Andrea K. Riemer, "Turkey: A Regional Player and Bridge in EU's Eastern Mediterranean Enlargement?" in Andrea K. Riemer & Yannis A. Stivachtis, eds., *Understanding EU's Mediterranean Enlargement*, p.210.

28) Yannis A. Stivachtis, "Cyprus' Entry into the European Union," in Andrea K. Riemer & Yannis A. Stivachtis, eds., *Understanding EU's Mediterranean Enlargement*, pp.160-161.

29) 松本『地域経済統合と重層的ガバナンス』、95－108頁。

30) Andean Community Press Releases, "Andean Countries Foresee Venezuela's Prompt Return to the CAN, According to Freddy Ehlers."（http://www.comunidadandina.org/ingles/press/press/np5-9-07a.htm）.

31) 松本八重子「西インド諸島の脱植民地化と地域主義」『ラテンアメリカ・カリ

ブ研究』第6号、47－48頁。
32) 松本八重子「英連邦カリブ諸国の地域主義——ミニ・ステートの経済開発と安全保障——」小池康弘編『現代中米・カリブを読む——政治・経済・国際関係——』（異文化理解講座8、山川出版社、2008年）、189－191頁。
33) Susan C. Schwab, USTR, "The President's 2007 Trade Policy Agenda," p.4.
34) USTR, "Sixth Report to Congress on the Operation of the Caribbean Basin Economic Recovery Act," (December 31, 2005), p.17.
35) 例えば、ＡＳＥＡＮ事務局の自由貿易地域に関するパンフレットでは、ＡＦＴＡを「北東アジア経済とＣＥＲを東南アジア経済と結びつける、より広域な、アジア太平洋地域の経済的結束にとり重要なブロックである」としている（ASEAN Secretariat, "Southeast Asia, A Free Trade Area," 2002, p.10.）。
36) 山影進『ＡＳＥＡＮパワー——アジア太平洋の中核へ——』（東京大学出版会、1997年）、270－271頁。
37) 山影『ＡＳＥＡＮパワー』、272－275頁。
38) 山影『ＡＳＥＡＮパワー』、292頁。
39) Peter J. Katzenstein, *A World of Regions: Asia and Europe in the American Imperium* (Cornell U. Press, 2005), p.144.
40) 武田康裕「ＡＳＥＡＮ本質論の再考」、167頁。

第VI章
国家主権と地域統合レジーム

地域統合規範と国内法体系の調和

　地域統合に関する決定は、国内法の変更を齎し、地域的規範秩序と加盟国の国内規範秩序は原則として調和することが求められている。統合分野の拡大や統合の深化に伴って、地域秩序と国内秩序を収斂させねばならない規範領域も並行して拡大していくと言えるが、既述したように現実の地域統合においては規範領域の拡大プロセスはそれぞれの地域統合により異なっているので、規範の収斂領域が拡大するパターンを求めることは難しい。一般的な傾向としては、安全保障領域、および初等、中等教育・文化関連政策における地域統合規範の国内規範への浸透は生じにくく、経済統合分野では地域統合法が国内法へ深く浸透してきていると指摘できる[1]。

　本章では、地域統合規範が国家の国内規範システムに浸透していくに際して、加盟国はどのようにして主権を行使し、自国の行動の自由を確保することができるのか、を考察していくことにしたい。例えば欧州の場合、EU法は加盟国の国内法より優先されるとされ、加盟国の国内レベルの決定が、EU法自体を直接変更することはできない。EU法を変更する場合には、欧州理事会などの意思決定機関で集団的決定を経ることが必要である。地域統合は一般的に集団的決定を経て統合プログラムの修正、変更を適宜実施しており、その場合、国家は集団的決定に参加することにより主権を行使することになる。しかしながら、意思決定の方式によっては、加盟国は自国の目標を達成できないこともある。そのような場合、極端な話としては、加盟国は地域統合を脱退することにより、地域統合の規範体系から脱することもでき、加盟国の国家主権は保障されているわけである。EUのリスボン条約も、はじめて脱退に関して言及している。本章では、脱退や地域統合の条約や法律の変更という方法を使わずに、加盟国は自国の国内決定と地域統合で決定された共同行動とをどのように折り合わせていくことができるのか、という問題を考察していくことにしたい。

　そのための方法として、次の三つの側面から地域統合規範と国家主権の関わりを論じることにしたい。まず第1に、地域統合のルールにおいて、どの程度共同行動からの逸脱が認められるか、を検討する。地域的規範の拘束力

や統合の超国家性が高まれば、そのルールに国家は従うべき度合いも高まるが、現実の統合においては、全ての加盟国が全ての統合分野に同じ条件で協力しているわけではない。すでに、加盟国の発展レベルの差などにより、統合への参加条件などに関して優遇措置がとられることについては、第III章で論じた。本章では、まず、どのような分野における協力からの逸脱が許されているのか、を検討していくことにする。第2に、地域統合の規範を国内規範に組み込んでいく際に、どの程度、国内政治が介在するのかを検討する。地域統合法が自動的に国内法として受け入れられるのか、あるいは国内議会で審議し、批准するという手続きを経る必要があるのかについて、適宜事例を紹介しながら論じていくことにしたい。第3に、地域統合法をめぐる紛争に関して、どのような仲裁方法がとられているのかを検討することにより、加盟国の主権が介在する余地を探ってゆきたい。地域の中立的な司法裁判所が存在するのか、国際機関に委ねるのか、あるいは、国家間のパネルを設定することにより調停するのか、により、国家の介在の幅は異なってくると言えよう。

経済分野における共同行動からの逸脱

　EU経済統合は他の地域統合への加盟を認めず、一枚岩的印象を受けるが、ユーロ導入に関しては逸脱が公認されている。1992年にマーストリヒト条約が調印された際、デンマークと英国のオプト・アウトが承認され、両国はユーロを導入しないことが認められた。2005年以降、東欧・南欧諸国が加盟したが、チェコ、ハンガリー、ポーランドはまだ充分な導入準備の目処が立っていない状況にある。エストニア、リトアニア、スロベニアは比較的早期に導入するとされているが、現在スロベニアのみが導入している。2008年1月には、マルタ、キプロスもユーロを導入した。当面、EU内ではユーロ圏と自国通貨を維持している国々との間で統合は進行することになる。

　ユーロを導入することは、従来国家が主権を有していた金融政策を欧州中央銀行（ECB）の管轄に置くことを意味しており、特に国際収支を安定させるために為替を切り上げたり、切り下げたりするという自由を国家は喪失することになる。また、デンマークは欧州通貨同盟（EMU）の第2段階に

は参加しており、為替政策はすでに制限が課せられている状況にあるが、ユーロに加盟した場合、金融政策は欧州中央銀行や欧州中央銀行制度（ESCB）のもとに実施されることになり、金融政策分野における主権がさらに超国家的機関により制約されることになる。

　通貨統合問題は国民生活とも直結しており、導入していない国々では国民投票にかけて決定を行った国々もある。デンマークはEMUの第3段階に収斂するための基準を達成していたが、国民投票によりユーロを導入しなかった。デンマーク憲法は国家の権限を超国家的機関へ委譲する際には国民投票にかけることを規定しており、防衛政策、EMUの第3段階、EU市民権、司法内務協力、補助金に関する原則、については、国民投票を通過することが統合への参加条件となっている。一方、英国の場合は、国民投票がユーロ導入の条件とはなっていない。ユーロ導入が英国経済にとりプラスとなるという結論を英国政府が下し、英国政府・英国議会が加入を決定し、かつ英国経済が収斂条件を満たしていた時にユーロ導入は実施されるとの方針をとっている[2]。スウェーデンは、当初は導入に踏み切る予定であったがEMU第2段階の基準を満たすことができず、また、2003年の国民投票では、ユーロ導入が否決されており、今後の展開が微妙な状況にある。

　またアムステルダム条約により、「強化された協力（enhanced cooperation）」という考え方が導入され、ニース条約により実現しやすい方向で修正された。EU条約に定められた事項を実施するうえで、8か国以上の合意が成立すれば積極的にそれらの国々だけで協力を実施できるというもので、協力に参加しない加盟国は拒否権を行使できないことになっている。協力の分野は、防衛、軍事を除く分野とされている。

　米州、アジア太平洋の地域統合では、どのように経済統合からの逸脱が認められているのだろうか。ALADIでは2国間主義、少数国間主義の経済統合協定や産業補完協定を結ぶ方法が経済統合を促進するための方法とされており、全加盟国参加による統合の促進を前提条件とはしていない。アンデス共同体では、1970年代に自動車と金属工業他の工業開発計画を実施し、全加盟国の参加による生産割り当て方式が実施されたが、1987年には放棄された。1993年以降は自動車の産業補完協定が結ばれているが、コロンビア、エクアドル、ベネズエラの3ヵ国のみが参加している。中米においては、ベリーズとパナマはSICAのみに加盟しており、共同市場には参加してい

ない。カリブ共同体では、バハマはカリブ共同体には参加しているが、単一市場には参加していない。カリブ共同市場の域内貿易自体、加盟国の世界貿易に占める比率が低く、さらにバハマはカリブ共同市場との貿易関係が少ないことが影響している。また、バハマはタックス・ヘイブンによる金融業を柱に経済発展を進めているために、域内共通の経済統合政策を国内で実施しにくい状況にある。このように、多機能的地域統合の場合には、加盟国が経済統合に参加しない場合もありうる。

ＡＳＥＡＮの経済統合においても、全員参加の原則は崩れ、1980年代の工業協力プロジェクト計画から、「部分的逸脱原則」[3]が採用され、柔軟な統合方式が機能するようになった。ＡＳＥＡＮ憲章第21条では、経済分野の協力に関しては、合意が形成されれば「ＡＳＥＡＮマイナス×方式」を採用することにより、希望する加盟国のみで統合・協力を促進することができるよう規定されている。

セーフガード

また、共同行動に参加はしていても、国内政治経済情勢に応じて一時的に共同行動から逸脱できる措置、ＧＡＴＴにおける第19条、「エスケープ・クローズ」に該当する条項が、経済統合規定では通常盛り込まれている。統一市場が完成に近づいているほど、加盟国が独自の制限を設けることは難しくなるが、統一市場形成の過渡期では、このような配慮がなされる場合が多い。例えばＥＵの場合、1968年に関税障壁は全て撤廃され、1993年の単一市場の形成により、域内障壁は消失している。しかしＥＣ設立条約第30条では、構成国間の貿易制限に関して「公衆道徳、公序もしくは公安、人間、動物もしくは植物の健康及び生命の保護、美術的、歴史的もしくは考古学的価値のある国家的文化財の保護、または工業的及び商業的所有権の保護の理由から正当化される輸入、輸出または通過に関する禁止または制限を妨げるものではない」と規定されている。

ＮＡＦＴＡは自由貿易地域を目指すＦＴＡであるが、ＮＡＦＴＡ第8章は「緊急行動」について規定しており、貿易自由化の過渡期において加盟国の関税引き下げが他の加盟国からの輸入を拡大した結果、国内産業に深刻な打撃が生じた場合には、それ以上の関税引き下げを中断し、あるいは最恵国待

遇（MFN）の関税レベルにまで引き上げることができると規定している。また、ＮＡＦＴＡ加盟国は、ＧＡＴＴ第19条及びその他のセーフガード協定に定められた権利・義務を、域内貿易関係においても原則として保持することが認められている。カリブ共同体を規定する新チャグアラマス条約第92条においても、域内貿易により国内産業や製造者が打撃を受けた場合には、セーフガードを設定することが認められている。また、メルコスールにおいても、アスンシオン条約の第4付属書において「セーフガード条項」が規定されている。

　ＡＰＥＣはＲＴＡやＦＴＡを結んでおらず、1994年の「ボゴール宣言」による自由化はあくまで加盟国の自発的同調によるものであり、国家主権は国家により維持されていると言える。ＡＰＥＣレベルの自由化はＷＴＯの自由化を加盟国が積極的に推進したり、あるいは一方的に貿易、投資の自由化を実践することにより達成されるものである。セーフガードもＧＡＴＴ・ＷＴＯの枠組みにおいて保障されている。2006年の宣言では、アジア太平洋共同体においてＲＴＡ、ＦＴＡを締結するための方法が模索されていることが報告されており、加盟国の主権が国際協定の制約を受ける可能性もでてきた。2007年の宣言では、米国の主張によりアジア太平洋自由貿易地域（Free Trade Area of the Asia-Pacific，ＦＴＡＡＰ）の形成を検討するとの条文が織り込まれたが、まだ具体的な段階には達していないと言えよう。ＡＳＥＡＮ自由貿易地域化共通効果特恵関税協定（Agreement on the Common Effective Preferential Tariff Scheme for the ASEAN Free Trade Area）においては、第6条が「緊急対策（emergency measures）」を規定し、域内からの輸入が国内産業セクターに深刻な打撃を与えた際には特恵を一時停止することができるとし、ＧＡＴＴの規定にも抵触するものではないとしている。さらに第9条は一般的例外規定として、「国家安全保障、公衆道徳、人、動物、植物の生命や健康、芸術的、歴史的、考古学的価値のある物品を保護するために、加盟国が行動をとり、対策を講ずることを本条約は何ら妨げるものではない」と定めている。

　これらのセーフガード条項は委員会などに通告することが前提とされ、また、適用できる期間、方法などもそれぞれの地域統合のルールに従うところとなる。本家本元のＧＡＴＴでは、ＷＴＯ発足以前には日米交渉など制度の枠外で貿易紛争を処理するという方法が重要な役割を果たし、セーフガード

という制度が必ずしも有効であるわけではなかった。しかし、発展途上国間の地域統合や、ＮＡＦＴＡのように発展レベルの異なる国々の間でのＦＴＡでは、このセーフガードは加盟国の国内雇用や稚児産業を守るという重要な役割を果たしている。またセーフガードは、統合プログラムの共同遂行過程において国家が主権を行使できる機会を制度上保障する機能を果たしている。

安全保障分野における共同行動への参加と逸脱

　経済統合分野と比較すると、安全保障分野は超国家的機関の決定や、国際法による拘束が弱く、加盟国の主権に対する制約も弱い分野である。米州においては、地域的機構としてＯＡＳが存在するが、すべての加盟国が米州レベルにおける集団安全保障を規定したリオ条約に調印しているわけではない。リオ条約に調印・批准しているのは、アルゼンチン、バハマ、ボリビア、ブラジル、チリ、コロンビア、コスタリカ、キューバ、エクアドル、エルサルバドル、グアテマラ、ハイチ、ホンジュラス、メキシコ、ニカラグア、パナマ、パラグアイ、ペルー、ドミニカ共和国、トリニダード・トバゴ、米国、ウルグアイ、ベネズエラの23ヵ国であり、バハマとトリニダード・トバゴ、ハイチを除くＣＡＲＩＣＯＭ加盟国、及びカナダは参加していない。またＯＡＳの枠外ではあるが、1967年にはトラテロルコ条約が結ばれ、ラテンアメリカの非核地帯化が進められた。2002年にキューバが批准し、中南米33ヵ国の批准が終了し、核保有諸国の批准も完了している。ＣＡＲＩＣＯＭには集団安全保障機能はなく、ＯＥＣＳ加盟国は独自の集団安全保障機構を有してはいるが、域外国の米国、英国、カナダの支援なくしては充分な機能を果たしえないことは既述した。

　また、キューバはＯＡＳ憲章、リオ条約の両方に署名・批准しているが、形だけのメンバーシップが残され、実際には活動からは除外されている状況にある。1975年には、キューバに対する米国の対立的態度を緩和するため、リオ条約を修正するための条約が調印されたが、発効に必要な批准数を得られず現在に至っている。また、冷戦期における反共決議のもとでの左傾政権への軍事介入に対する反省から、中米紛争においては集団安全保障の発動は控えられた。

ラテンアメリカの民政移管が実現すると、1989年よりカナダもOASに加盟し、国連との連携協力のもとに平和維持活動、民主化支援に携わるようになっている。さらに、1991年には「民主主義とOAS復興のためのサンチャゴ公約（Santiago Commitment to Democracy and the Renewal of the Inter-American System）」が出され、貧困問題、民主主義の強化、人権の擁護、貿易・投資の自由化、環境保護、麻薬の密売などの組織的犯罪への対処、技術協力と技術移転の促進を目指すことが宣言された。この公約に基づき、ハイチやペルーなどへのOASの平和維持活動や民主化支援活動は展開された。さらに2001年には「米州民主主義憲章（Inter-American Democratic Charter）」が出され、民主主義がOASの不可欠な価値であり、不干渉主義の原則を遵守しつつ、民主主義体制を維持するための協力を推進することが再確認された。人道的介入が重視されるようになり、警察力強化面における協力や貧困対策を前提とした民主化支援の必要性が重視されている。

　OASの場合、集団安全保障に参加するか否かは加盟国の任意による。さらに、集団防衛発動に該当する状況においても、当該国による要請がなければ安全保障上の支援は実施されないことがリオ条約第6条には規定されており、集団安全保障に関する加盟国の主権が保障されている。OASによる集団安全保障機能が作動するのは、国連安保理が紛争解決のための策を講ずるまでの時限付きであり、しかもOASの決定・活動は国連の規範的枠組みに沿うものでなくてはならない。通常米州における平和維持活動は国連、OASの協力のもとに展開されているが、国連安保理が迅速に機能しない可能性がある限り、国連憲章第51条に定められた集団的自衛権を確保しておくことは理にかなっている。

　欧州における安全保障分野の共通政策は、まず1992年のEU条約で共通外交・安全保障政策（CFSP）として設定され、次に1997年のアムステルダム条約では欧州安全保障防衛政策（ESDP）が規定された。WEUはEUの統合的組織の一部（integral part）とされ、WEU、EU、NATO間の協力により、EUは国際的平和維持活動、民主化支援、人権問題などの国際協力に関わることができるようになった。

　欧州統合における安全保障分野は、国連、NATOとの規範的、戦略上の調和が必要とされており、欧州固有の地域主義は機能しにくい状況にある。集団安全保障は欧州独自の協力分野であるが、EUレベルではなく、改定

されたブリュッセル条約第5条によりWEUレベルでその機能が規範上は維持されている。1980年代から90年代にかけてWEUは湾岸戦争やユーゴスラビア紛争において軍事力を派遣し、紛争解決に寄与するという実績を残した[4]。さらに、2001年のニース条約により集団安全保障以外のWEUの機能、共同防衛機能はEUへと組み込まれ、EUは独自の装備や軍事力を保有するようになった。WEU加盟国は、ベルギー、フランス、ドイツ、ギリシャ、イタリア、ルクセンブルク、オランダ、ポルトガル、スペイン、英国の10ヵ国であり、キプロス、マルタを除くEU加盟国は全て、準加盟国、オブザーバー、あるいは準パートナーとしてWEUの活動に関わり、EU域内で情報がガラス張りとなるように配慮されている。

　共同防衛の分野においては、NATOが中心的な地域機構であり、米国の影響力が活動に強く反映されている。2002年は「ESDPに関するEU－NATO宣言」が出され、ESDPがNATO側から承認されるとともに、EU、NATO間の協力関係が確認された。翌03年にはNATOとEU間に「ベルリン・プラス協定」が結ばれ、NATOが活動を展開していない領域でEU主導の危機管理を実施できるようになった。しかしながら、イラク問題ではEU域内の意見が統一されず、加盟国が任意に米国への軍事協力を実施する結果となった。2007年7月の時点までにEUの軍事部隊が派遣されたのは、ボスニア・ヘルツェゴビナ、スーダン、コンゴであり、警察部隊が派遣されたのはボスニア・ヘルツェゴビナ、パレスチナ自治区、コンゴ民主共和国である。

　また、EUの司法内務協力は組織的犯罪やテロ対策にとり関連の深い領域であるが、英国、アイルランドはシェンゲン協定には調印していない。このように、EUにおいては経済、社会、外交・安全保障面において共同行動からの逸脱が許容されており、加盟国は参加する領域をある程度選択する自由があると言えよう。特に英国は国家主権を温存しようとする傾向が伝統的に強いが、同時に、EUの規範体系が英国の国内規範体系に強く浸透してきていることも否定できない。

　アジア太平洋地域においては、集団安全保障や共同防衛機能を有する地域機構は存在せず、共通外交政策、共通安全保障政策は実施されていない。またEUのように、加盟国の軍隊を国連の活動を支援するために派遣するということも行われていない。APECには外交・安全保障上の統一された立場

や共通政策はなく、ＡＳＥＡＮを中核とするＡＲＦ等における信頼醸成[5]や予防外交はあくまでも国家の自発的な協力により成立するものである。1997年に発効した東南アジア非核兵器地帯条約はＡＳＥＡＮ10ヵ国で批准され、これらの国々を国際法的に拘束するものであり、核保有国（米国、英国、フランス、ロシア、中国）に対して議定書への署名を求めているが、今のところ実現していない状況である。

地域統合法と国内法との関係

　本章の第2の課題、地域統合の規範がどのようにして国内規範へと組み込まれていくのか、という問題に移ることにしたい。

　地域統合が深化するにつれ、国内法とＥＵ法などの地域統合関連法との調和が求められるようになるが、統合プロセスにおいて両者の関係はその法律が扱っているイシューの性質等により異なっている。ＥＵでは両者の調和が最も進んでいると言えるが、ＥＣの規範では品質管理・販売基準については包括的なルールがすべての分野で設定されているわけではない。ヤング[6]は国内法とＥＵ法との関係を大きく2分する考え方をとっている。一つは「消極的な統合」と呼ばれるタイプであり、加盟国は相互に国内法を承認しあい、交易の妨げとなる国内法は廃止していくという方法で、ＥＵ域内貿易の約50％がこの方法で実施されている。また、加盟国政府は自国の法律がより厳格である場合には、それを強制する権利を有している。もう一つの方法は、「積極的な統合」と呼ばれるタイプであり、共通の目標を設定したうえで、最終的には共通の基準設定や共通ＥＵ法を目指す方向で調和化していく方法である。両者の方法は相互に関連する場合もあり、ヤングによれば、消極的方法をとっていた場合でも、より厳しい基準の国内法を有する加盟国がその適用を主張すれば、「積極的な統合」へと移行していくことになるという[7]。国内法の相互承認が成立するためには、①域内で統一的な法律を設定するためのコストが高く、②加盟国間の法律上の差異に関して、ほぼ同等の基準が保障されていると理解されていることが前提として必要である。この前提が崩れると、統一市場を志向している場合には「積極的な統合」への移行が理論上は試みられることになるが、実際に統一基準が設定されているのは、ＥＵにおいてもまだ30％程度である。

それでは、緩やかな、あるいは限定的な経済統合が目指されている場合にはどうであろう。例えばＮＡＦＴＡにおける労働問題に関する補完協定では、「消極的な統合」がとられ、米国、カナダ、メキシコはそれぞれの労働関連法を相互承認するという方法をとっている[8]。労働条件の相違は価格に影響し、公正な競争を阻害するという問題と、発展途上国の労働条件を国際的規範により引き上げることにより、発展途上国の労働者の権利や人権が尊重されるようになるとの論理が複雑に影響しあった領域である。社会政策とも関連のある領域であるが、ＥＵでも社会政策は国家主権のもとに置かれており、通常経済統合における労働条件の問題は市場の問題領域の中で規定されている。また、もし発展途上国の労働条件を改善するためにＩＭＦのコンディショナリティーのような基準を設定すれば、基準を達成できなかった国々の輸出は制限を受け、そこで働く人々は失業し貧困問題も発生するという、矛盾した根の深い問題が絡んでくる。ＮＡＦＴＡ発足の際には、米国側ではメキシコの廉価な労働力のために米国の失業率が上がるとの議論が大統領選挙で声高に叫ばれたが、一方、メキシコ側では政府及び大企業主導で交渉が実施され、一般大衆の関心はチアパスの反乱が起きるまで比較的低かったと言える。発展途上国と先進国との間で共通の労働基準を設定することは困難であり、また、法律の制定と実際にそれが国内社会で遵守されているか否かとは別問題である。発展途上国における児童就労の実態はそのことを如実に示している。制度とその遵守とにギャップがある状況では、法律を統一化すること自体はそれほど意味がないとも言える。環境に関するＮＡＦＴＡ補完協定でも同様に「消極的」な方法がとられている[9]。加盟国間が経済発展レベルや制度・法律分野で均質でない状況では「消極的な統合」が有効であると考えられる。

地域統合法が国内法に組み入れられていく方法

　地域統合法が国内法に組み入れられていく手続きは、どのようになっているのであろうか。ＥＵの場合には、経済分野においてはＥＣ法の優位性が確立されており、国内法はＥＣ法の規定と調和することが求められ、ＥＣ法規範で定められていない範囲で国内法は独自の裁量を発揮できると言える[10]。ＥＣに関する法律が制定されれば、加盟国の管轄レベルの行政はそ

の法律を受け入れ、遵守していくというのが基本である。遵守すべきEC法には様々なレベルの法律があり[11]、EU条約、EC条約、単一欧州議定書などの第1次法と呼ばれる国際条約では、国会での審議・批准手続きが必要とされる。加入条約など、場合によっては国民投票に附されることもある。しかしながら、第2次法と呼ばれる、EC条約を法的根拠として派生する法律は、加盟国の批准を経ずに、自動的に加盟国を拘束することができる仕組みとなっている。第2次法の中でも、規制（regulation）は共同体全体の統一的な法律として機能し、条約とともに前項で論じた「積極的な統合」を促進する役割を果たす。また、司令（directive）と呼ばれる法律は共同体全体に達成すべき目標・規範を提示するが、そのための方法や手段は加盟国の決定、規範に委ねるというものであり、前項の「消極的な統合」と「積極的な統合」との中間に位置する。

　この第2次法の存在が、欧州統合の規範体系の大きな特徴であり、通常の地域統合やFTAでは見られぬ超国家的現象である。アンデス共同体の場合、アンデス外相理事会やアンデス共同体委員会の決定は、決定が行われた日から加盟国に対し拘束力があるとされてはいるが、国内法に組み込まれる必要のある決定に関しては、国内議会の緊急決議により国内法とアンデス共同体法を調和させるよう規定されている（アンデス共同体設立条約、第1章）。SICAでは、閣僚理事会の決定はすべての加盟国に対し拘束力があるが、法的性質の条項については、適用に関して再考する必要がある場合があるとしている（テグシガルパ議定書、第22条）。カリブ共同体は欧州統合の影響を立法・司法面でも強く受けてきた地域であり、統一市場の形成に向けて現在、最高意思決定機関の首脳会議における決定の一部を国内議会で審議・批准する手続きを省略する可能性を探る研究も行われてはいるが、現状ではそこまで至ってはいない[12]。共同体の機関の決定が法的拘束力を持つためには、国内手続きを踏む必要があることが規定されている（改定版チャグアラマス条約、第240条）。メルコスールの「オウロ・プレット議定書」においても、同様の規定が盛られている（同議定書、第Ⅳ章）。NAFTAおよびAFTAを規定する二つの条約[13]は国家間の条約であり、国内批准が終了時、調印時にそれぞれ効力を発効すると規定されている。APECの決定は通常宣言としての形をとっており、国際法的強制力はないとされている。

国内における審議・批准手続きの省略は、共同体レベルの決定権を国家主権に対して強めることを意味し、共同体の政策実施のスピードを速める効果がある。また（行政府の）多国間主義的決定に対して、国内議会レベルにおける民主主義的なチェック機能を弱めるとも考えられる。このように、多国間主義的決定の強化を多国間主義的に制度化したものではないが、単独主義的（ユニラテラル）に国内議会の機能を弱める制度として、米国のファスト・トラックがある。米国のファスト・トラックは自由貿易促進のために大統領の条約を締結する権限を強めるものであるが、議会は各条約の細部に関しては異議を申し立てられないため、議会のチェック機能を弱める権限であると言える。ＮＡＦＴＡ発足の際に交渉に当たった米国のブッシュ（父）大統領は、ファスト・トラックの権限獲得をめぐり議会と対立し、結局、条約締結は次のクリントン政権によって実現したという経緯がある。

以上より、通常の経済統合の場合、国内レベルにおける議会の審議、批准が不可欠であるが、ＥＵにおける第２次法では国内議会の代わりにＥＵ議会が民主主義的なチェック機能を担っている。しかし、ＥＵ議会の採択方法によっては少数派には影響力がないため、むしろＥＵ委員会の法案作成過程に働きかける方が有利な場合も多い。そのため、欧州環境ビューロー（ＥＥＢ）などの多くの利益団体がブリュッセルでロビー活動を行うことになる。また、ＥＵ法には州や地方自治体レベルの行政に直接影響してくるものもあり、これらのサブナショナルな主体もＥＣの意思決定システムへの参加、影響力の行使の方法を模索してきたのである[14]。

ＥＵにおける第１次法に関しては、重要な決議の場合、議会の批准に加えて、国民投票に附せられることもある。国民投票の効力は、国やイシューにより異なり、最終的意思決定となることもあるが、政府に対して参考資料としての役割しか果たさぬことが事前に決定されている場合もある[15]。国民投票は主権在民の精神の表れであるといえ、ＥＵの統治システムにおける、超国家主義でも、政府間主義でもない、ナショナルな側面を提示している。

紛争解決の方法と国家主権

地域統合に限らず、一般的に国際的紛争解決方法と国家主権との関係を考えるうえで、①裁定がどれだけ国家を法的、あるいは政治的に拘束すること

ができるか、②裁定を決定する過程に、国家を代表する主体がどの程度参加することができるか、は重要な目安であろう。スミスは地域統合における紛争解決方法を、第三者レビュー、第三者の裁定、裁判官、紛争解決にアクセスできる主体の立場、国内法に対する効力、という項目に分けて、外交重視の方法と法的解決方法とに分けて分類を行っており、これらの目安を考えるうえで参考となる[16]（**表13**参照）。地域統合という文脈では、条約どおりに加盟国が自由化を実現しているかをチェックする機能は、EUなどでは常設の国家間機関や超国家的機関により実施され、NAFTAなどでは各加盟国が事務局を持ち国家間協力の形で実施されている。また、加盟国間で紛争が発生した場合には、EUのように常設の裁判所が機能する統合もあれば、NAFTAのようにパネルが設定されて勧告が下されるという方法がとられている統合もある。

ただし、制度的に常設裁判所が設定され、その裁定の強制力が国際法規上は強くとも、実際に裁定が加盟国に強制力を発揮できるかは、別の問題である。発展途上国の地域統合では、例えば中米地域のように司法制度が制度上は古くから充実している場合があるが、戦争や経済危機などにより統合自体が長期間停滞することもあるので、注意が必要である。あるいは、裁定とい

表13 紛争解決デザインにおける制度的選択肢

条約の規定	より外交的	←――――――――→	より法的
第三者レビュー	なし	政治機関により統制された接近	自動的レビュー権
第三者による裁定	勧告	政治機関により承認された場合の拘束性	直接的に拘束力のある義務
裁判官	そのために任命される調停者	任務当番表から任命されるパネリスト	常設裁判所
アクセスできる主体の立場	国家のみ	国家と条約機関	国家、条約機関と個人
法的改善法	なし	報復的制裁措置	国内法への直接的効力

出所：James McCall Smith, "The Politics of Dispute Settlement Design: Explaining Legalism in Regional Trade Pacts," in Beth A. Simmons and Richard H. Steinberg, eds., *International Law and International Relations* (Cambridge U. Press, 2006), p.336.

う方法より政治的解決の方が非当事者国へ影響を波及させることなく、問題となっているイシューを当事者国間で直接的に解決できる場合もある。例えば、かつて1970年代には、自動車やオレンジ、半導体などの日米経済摩擦の多くが輸出自主規制により解決され、ＧＡＴＴの裁定を経なかったことを回想することができる[17]。

　第２の目安は、第１の目安とは逆に国家主権がどれだけ温存されうるか、を論じているとも言え、現在のグローバリゼーションや国際法秩序を尊重する規範的価値観にはむしろ逆行しているかもしれない。しかしながら、ＷＴＯやＥＵの誕生により引き起こされた急激な国際経済規範秩序の変化に対応し、新たな国際レジームに参加していくためには、そのリスクに対するある種の保障として、国家がどのような形で紛争調停過程に関与できるのか、を把握しておくことは重要である。コヘイン、モラヴチックとスローターは[18]、第三者的裁判所が存在する場合の紛争解決に絞って、既述した二つの目安を分析するための枠組みを提起しているので、紹介することにしたい。

　第１の要素として「独立性」を挙げており、裁判官が出身国からどの程度独立した形で調停に当たれるか、を問題としている。国家の代表が拒否権を持って裁判に当たるのか、あるいは裁判官は加盟諸国により集団的に任命され、かなり長期の身分保障期間を与えられているのかにより、裁判官がとれる裁量の幅が異なってくる。第２の要素として、誰が裁判へのアクセス権を有しているのか、という問題を指摘し、当事者国双方が合意した時のみ調停が実施される場合から、国家レベルの裁判所をとおして訴訟することができ、あるいは、個人が直接国際調停を起こすことができる場合など、かなりの開きがあるとしている。さらに、第３の要素として、誰が法を強制するのか、という問題を挙げており、国家が法的裁定の実施を拒否することができる場合や、国際的裁定が国内裁判所により施行される場合など、国際的規範の国内制度における強制力も国際機構により差があることを指摘している。この論文で扱われている地域統合の事例はＥＵだけであるが、以下では、地域統合の諸事例を検討していくことにする。

常設裁判所のある地域統合

　欧州、米州では司法面における制度化も進んでおり、EC・EU、SICA、アンデス共同体、カリブ共同体では常設裁判所が設置されているので、まずこれらの事例を分析したうえで、NAFTA、メルコスールなどの紛争解決方法を検討し、さらにアジア太平洋に視野を広げていくことにしたい。
　EC・EUには欧州司法裁判所と第一審裁判所の二つがあり、前者は1958年のEEC発足時に設立され、後者は欧州単一議定書により導入され、訴訟の増加に対応することになった。現在、EU統合の第1の柱（経済統合）に関してはこれらの裁判所は裁判管轄権を有しているが、第2の柱（外交・安全保障）については管轄権を有せず、第3の柱である警察および刑事事項における司法協力の分野では、加盟国が管轄権を認めた場合のみ、管轄権を有することになっている。このように、統合分野において欧州裁判所の有する超国家的司法権には大きな差が存在しているのが特徴である[19]。なお、リスボン条約が発効すればEU司法機関も改革されることになるが、本書では立ち入らないことにしたい。
　欧州司法裁判所の機能は、EC法の解釈と法の履行に関して加盟国が規範的に行動しているかを判断することである。加盟国1名ずつ、全体で27名の判事は加盟国の合議のもとに選出されるので、出身国からは独立した立場にあるとみなされており、任期は6年となっている。さらに、8名の法務官が選出され、裁判官の判決が下される前に第三者的意見を提出することにより、判決のための判断材料が幅を持つよう工夫されている。EU市民は欧州司法裁判所へ訴訟する権利があり、また、法人や国家も欧州司法裁判所に紛争解決を求めることができる。一方、第一審裁判所は、EUスタッフを含め個人や法人のEU法に関連するトラブルを処理する機関としての性格が強い。また、欧州司法裁判所の判決は当事者国に対して強制力を有するばかりでなく、同様の問題が発生した場合、その他の加盟国の国内裁判所の判決に対しても拘束力を持つ仕組み（先決裁定）となっており、EU法をめぐる域内司法制度の統一化が促進されている。
　近年、司法制度面で急速な発展を遂げているのがカリブ共同体である。その要因として、一つには統一共同市場の形成を目指し、共同体法の解釈と適

用のための法整備が必要となったことを指摘できる。カリブ共同体の経済は外資に依存しており、統一され、予測可能な法制度を整えることが投資環境の向上に繋がっている。そのための手本として、EUモデルの影響があるが、ただしカリブ共同体の法は全て加盟国の審議、批准を前提としており、EUの第2次法に該当するものはない。二つ目の変化の要因として、脱植民地化の問題がある。英連邦カリブ諸国は独立後、英国の枢密院の司法委員会を最終審とする国々が多かったが、2005年のカリブ司法裁判所（Caribbean Court of Justice, CCJ）[20]の開所後は、コモン・ローによる民事・刑事の訴訟においてはCCJを最終審とすることになる見通しである。市民法を採用しているスリナム、ハイチはこの分野の統合に参加するかどうかはまだ不透明な状況である。ともあれ、英連邦カリブ地域では、司法教育と弁護士などの職業資格がすでに統一されており、司法面における統合のための準備は整っているとみることができる[21]。

　CCJの裁判官は国家により選出されるのではなく、地域司法・法サービス委員会（Regional Judicial and Legal Services Commission）により任命され、また裁判官の年俸はカリブ開発銀行により運営される信託基金から当面拠出されるので、裁判官の独立性は保障されていると言える。CCJの利用資格については、カリブ共同体法は国際法であるため、国家を拘束するものであり、国家がCCJへのアクセス権を持つが、一般市民や民間企業はカリブ共同体法に直接拘束されず、CCJにも訴訟を持ち込むことができない仕組みとなっている。また、CCJの判決は国家に対して強制力を有することが、CCJ設立条約に規定されている。CCJは開所後まだ日が浅く、実際、経済統合関連法の分野や、民事・刑事の最終審としてどの程度効力を発揮することになるのかは今後の展開をみて判断するべきである。

　中米裁判所は、1907年、1923年に設置されたものの、その都度廃止されるという歴史上の経緯があり、現在の中米司法裁判所（the Central American Court of Justice）は1994年に発効した制定法に基づいて設置されたものである。中米5ヵ国は19世紀前半には連邦共和国として独立し、その後分裂した過去があり、歴史的に共通の政治・法文化をもとに政治統合を志向する傾向が強く、1962年には中米機構（Organization of Central American States, ODECA）が中米共同市場に引き続いて発足した。しかし、その後はサッカー戦争や中米紛争により政治・経済統合は停滞する状況が長らく続いたわけであ

る。中米紛争が解決すると、1991年にテグシガルパ議定書により中米機構は再建されることになり、ＳＩＣＡを発足することにより同地域の平和、自由、民主主義、発展が目指されることになった（テグシガルパ議定書、第3条）。

このような背景のもとに中米地域統合の主たる司法機関として設置された中米司法裁判所は、単に地域経済統合を中心とする国際条約の解釈、履行、違反などに関する機能だけではなく、中米域内の様々な種類の紛争を地域主義により平和裏に解決するという目的のもとに設立されている。ただし、人権問題は米州人権裁判所の管轄であると定められ、中米司法裁判所では扱わないことと定められている（中米裁判所設立条約、第25条）。領土、領海問題に関しても、当事国の了解があれば裁判所は紛争に関する聴取を行う権限があり、加盟国の最高裁判所の諮問機関としての機能や、中米諸国と域外国との紛争に関しても当事国の同意があれば関与できる権限がある。国家間機構としての性格が強い組織でありながら、安全保障分野にも係る権能があることが中米裁判所の一つの特徴であると言えよう。

裁判官は各加盟国の最高裁判所により選出され、10年間という任期が規定され、再選も可能である。裁判官は国家から独立しており、裁判所の費用は加盟国により平等に出資されている（第41条）。また、同裁判所へのアクセスは、国家や国際機関・機構などに限定されている。裁判所の判決は過半数により、紛争当事者に対してのみ拘束力を持つと定められている（第36－37条）。

アンデス共同体司法裁判所は、1996年の「アンデス共同体司法裁判所設立条約（Tratado de creacion del tribual de justicia de la comunidad andina）」により設置された。主たる機能は、①アンデス外相理事会やアンデス共同体委員会の決定や事務総長の決議が、アンデス共同体の法体系において無効の場合に宣言すること、②アンデス共同体の法体系の規定を加盟国が遵守しない時、判決を下す、③アンデス共同体の法制度の解釈に関して判断を下し、法の適用が域内で均質となるよう努める、④共同体機関同士、あるいは共同体機関と第三者との間で結ばれた条約・協定の適用、解釈などをめぐる紛争の調停、である。

裁判官は加盟国の国籍を有する者に限られ、任期は6年で、裁判官任命のために指名された全権代表の全会一致の決定により任命される。裁判官は加盟国政府から独立しており、裁判所組織法に著しく違反しない限り、罷免さ

れることはない（第10条）。また裁判所へのアクセスは、加盟国やアンデス共同体諸機関ばかりではなく、個人、法人に対しても開かれている点が、アンデス共同体司法裁判所の特徴である。裁判所の判決や決定には拘束力があり、加盟国が決定に従わない場合には、カルタヘナ条約から得られる利便を制限したり、一時的に停止するなどの措置が講じられる場合がある（第27条）。

常設裁判所のない地域統合の紛争解決機能

　ＮＡＦＴＡの場合、国際機構の紛争解決機能を利用したり、２国間の当事者パネルにより解決する方法、あるいは５人のメンバーによる仲裁パネルによる解決、などの紛争解決のための選択肢が準備されているが、常設の仲裁機関は存在しない。イシューによっても紛争解決方法が異なってくるのも、ＮＡＦＴＡの特徴である。ＮＡＦＴＡ第11章は、加盟国と他の加盟国の投資家との紛争解決を規定しており、当事者間の協議により問題を解決できない時には、①世銀の国際投資紛争解決センター（ＩＣＳＩＤ）、②ＩＣＳＩＤの追加便宜ルール（ICSID's Additional Facility Rules）、③国連の国際貿易法委員会（UNCITRAL Rules）の調停メカニズムを利用することができるとしている。また、ＮＡＦＴＡ第19章は、アンチダンピングや相殺関税に関する国内裁判所の最終決定に対する再審理を規定しており、通常２国間でパネルが設置される。また、ＮＡＦＴＡ第20章は、ＮＡＦＴＡの解釈と適用に関する紛争解決方法を規定しており、５人のメンバーからなる仲裁パネルを設定することにより、国家間の合意による解決が図られる。また、同第2005条では、紛争がＮＡＦＴＡおよびＧＡＴＴ・ＷＴＯの双方に係る場合には、当事者はどちらの紛争解決方法を選択しても構わないと規定されている。

　パネルのメンバーは各加盟国の名簿に掲載されている国際貿易法に精通した人物の中から政府が任命する。パネルのメンバーは、いわば国家を代表している。パネルの決定は国家に対して拘束力があるが、特に重要な問題では、加盟国は特別訴訟手続き（Extraordinary Challenge Committee Procedure）をとることにより、その拘束力をより強めることができるよう配慮されている。パネルは当事者間の合意を基本とする紛争解決であり、第三者的裁判とは性質を異にしていると言えよう。また、パネルにアクセスできる主体は国家で

あるが、ＩＣＳＩＤの紛争解決メカニズムに関しては、非国家主体である外国人投資家もアクセス権がある。

　メルコスールの紛争解決メカニズムは、1991年のブラジリア議定書に定められている。紛争解決の対象となるのはアスンシオン条約の内容や共同市場委員会、共同市場グループの決定に関する解釈、適用、非遵守にまつわる諸問題であり、加盟国間の紛争は基本的には２国間交渉により問題解決が図られる。しかし、バイラテラルなレベルで問題を解決できない場合には、共同市場グループの参加による解決が試みられ、それでも駄目なら、第三者を交えた仲裁裁判が開かれる。当事者国の仲裁者は１名ずつ、当事者国以外の国籍の仲裁者が１名、合計３名の仲裁人が選出され、秘密投票により、多数決で決定が下される。仲裁裁判の決定は加盟国に対して強制力を有するが、当事国が決定を遵守しない場合には、もう一方の当事国が一時的な対抗措置を講じることが許される場合もある。また、個人や法人も紛争解決を求めることができ、まず共同市場グループの国家セクションで解決が図られ、それでも解決できない場合には、共同市場グループは専門家の所見を参照したうえで調停手続きを進める決定を下すことができる。メルコスールは第三者を調停裁判に介在させることにより、ＮＡＦＴＡの２国間紛争解決より常設裁判所に近い方法をとっていると見ることができよう。逆に、ＮＡＦＴＡの紛争解決は国家主権が温存されている方法であるとも言える。また、2002年に調印された「オリーボス議定書」により、メルコスール加盟国は紛争解決をＷＴＯにも持ち込むことができるようになった（第１条２）。さらに同議定書は常設再審裁判所（El Tribunal Permanente de Revisión）を設立することを決定した。常設再審裁判所はメルスコール規範の解釈を域内で統一化するよう努めるとともに、仲裁裁判の決定を修正したり、無効にすることも可能となった（同第20－22条）。

　ＡＳＥＡＮは1992年に経済統合をスタートし、３年後の1995年に修正議定書により経済統合プログラムを修正した後、翌96年に紛争解決メカニズムに関する議定書（the Protocol on Dispute Settlement Mechanism）を調印しており、比較的紛争解決メカニズムの制度化のペースは緩やかであった。しかし、近年紛争解決面でも急速な発展を示しており、2004年には1996年の議定書に代わる新たな紛争解決に関する議定書（ASEAN Protocol on Enhanced Dispute Settlement Mechanism）が調印された。新議定書は、第２バリ協定（the

Bali ConcordⅡ）におけるＡＳＥＡＮの制度化を推進するとの目標を受けたものであり、経済統合の分野だけではなく、全てのＡＳＥＡＮ経済協定に関する紛争解決方法を示したものであり、エネルギー、食糧安全保障の分野にまで及んでいる（第1条）。また、将来結ばれる協定にも適用されることになり、ＡＳＥＡＮ共同体の形成に対応しうる紛争解決機能を規定したものと考えられる。

　紛争解決の斡旋や仲裁は経済担当高級事務レベル会合（Senior Economic Officials Meeting, ＳＥＯＭ）が中心となって行い、パネルで解決できない場合には上訴機関（the Appellate Body）を設置するという方法が採用される。紛争解決の最初の方法としては斡旋や調停、仲裁という方法がまず試され、それで解決できない場合にＳＥＯＭにパネルの設置を申請できる（第4、5条）。しかし、ＳＥＯＭはパネルを設置するか否かを決定する権限を有しているので、申請が必ずしも受け入れられるわけではない点が国家間協力としての性質を示していると言えよう。パネルは60日以内に、調査結果と勧告をＳＥＯＭに機密報告することになっており、その報告に基づきＳＥＯＭは上訴を認めるか否かを決定することになる（第8、9条）。上訴機関はＡＳＥＡＮ経済閣僚会議（ASEAN Economic Ministers Meeting, ＡＥＭ）により設置され、上訴機関は7人の国際経済司法関連の専門家で構成され、それぞれのケースについて3名の専門家が匿名でレポートを提出すると規定されている（第12条）。上訴機関のレポートは、パネルの調査結果や結論を支持したり、修正、あるいは覆すこともでき、またＳＥＯＭは上訴機関のレポートを却下することもできる。しかし、ＳＥＯＭが上訴機関のレポートを採択した場合には、紛争当時国は無条件にレポートを受け入れなければならない。また、採択されたパネルの勧告や上訴機関のレポートが60日以内に実施に移されない場合には、賠償や特権停止などの方法がとられる場合がある（第16条）。

　紛争解決機能の独立性については、人選、資金の両面から配慮されている。パネルの場合には、政府関係者および非政府関係者の双方から選ばれ、パネル、事務局、国際貿易法や貿易政策に係る経歴を有する者が選ばれる。国籍はＡＳＥＡＮ加盟国国籍の者が優先されるが、パネルのメンバーは独立した個人としての資格で仕事に従事し、また紛争当事国の国籍を持つ者はパネルに参加しないのが原則として定められている（附属書Ⅱ）。上訴機関の場合、

181

　ＡＥＭが国籍とは関係なく、法律や国際貿易、ＡＳＥＡＮ関連条約の専門家を指名し、任期も4年、再選も1度可能という比較的安定した立場が保障されている（第12条）。パネル、及び上訴機関に係る費用は紛争解決メカニズム基金により賄われ、国家やＡＳＥＡＮ事務局の通常会計とは独立した資金が充てられている（第17条）。紛争解決機能へのアクセス権は基本的には加盟国に限られており、個人は直接パネルの設置を申請できない。また、パネルや上訴機関の決定は勧告（recommendation）であり、法的拘束力は弱く、遵守されない場合の賠償措置なども当事者国間の合意により決定される。

　ＡＳＥＡＮ憲章第Ⅷ章は紛争解決を扱っており、対話と協議、交渉により紛争解決を図ることが原則であるとしている。紛争を解決できない場合には、ＡＳＥＡＮサミットの決定に委ねるか、あるいは国連その他の国際機構の紛争解決を利用する権利が加盟国には認められている。

　ＡＰＥＣの場合、統一された紛争解決メカニズムはなく、ＷＴＯの紛争解決メカニズムを利用したり、あるいは国家間、国家と当事者間との間で処理をしたりと臨機応変な方法がとられている。また投資家と国家との間の紛争解決方法を模索する動きもあるが、具体化はしていない[22]。

　以上により、常設裁判所がない地域統合においても、かなり複雑な紛争解決メカニズムが制度化されている場合が多いが、その制度が実際に活用されているかどうかはまた別の問題であることに留意する必要があろう。ＮＡＦＴＡ、メルコスールの場合には比較的よく利用されているが、一方、ＡＳＥＡＮの場合には1996年より2004年までの8年間に実際には紛争解決機能を利用した加盟国はなかったことが指摘されている[23]。

地域統合の制度化と国家主権

　本来、地域統合研究では、地域統合がどのように深化し、制度的にも国内制度と地域統合の制度が調和し、法体系においても超国家的規範がその力を強めてゆくのか、という視点から論じられる傾向が強かったように思う。しかし、本章では、地域統合に参加した国々はどのようにして自国の利害を守ることができるか、あるいは地域統合の制度には国家主権を維持するための仕組みがどのように組み込まれているのか、との視点から、地域統合の制度を比較分析してみた。前世紀より長年日本はアジアの地域主義を模索しなが

ら、実際にはなかなか具体的地域統合やＦＴＡの条約締結に至らなかったのは、近隣諸国との利害調整の困難さによるものであり、上記のような視点から本章では地域統合制度を考察してみた。また、第Ⅱ章で論じたように、世界で地域主義が進展しているが、その多くが現在では最高意思決定機関を首脳会議としており、そこでは合意方式に基づく政府間主義が根強く作用している。超国家性が進展していると同時に、統合の将来の方向付けの部分では、国家の影響力がむしろ強まっており、国家主権に焦点をあてた考え方もあながち時代の流れに逆行しているわけではないと言えよう。さらに、アジア太平洋や米州のように重層的統合システムが機能している地域では、こうした国家主権に対する保障は重要である。

本章の分析結果をまとめると、**表14**のようになった。先進国と発展途上国とから構成される地域統合では、司法上の統合を進め常設の裁判所を設定することは難しく、メルコスール、ＮＡＦＴＡやＡＰＥＣでは国際機構に紛

表14 地域統合と国家との関係

	セーフガードなどの逸脱条項	自動的国内法化	常設裁判所の有無	紛争処理の国家からの独立性	紛争処理へのアクセス権を持つ主体	裁定の強制力	WTOでの紛争処理
EU	有	1	有	強い	国家、法人、個人	強い	
中米統合機構	有	2	有	強い	国家、国際機構	中間	
アンデス共同体	有	2	有	強い	国家、個人、法人	中間	
カリブ共同体	有	3	有	強い	国家	強い	
NAFTA	有	3	無	弱い	国家（投資家）	中間	可能
メルコスール	有	3	再審裁判所のみ常設	中間	国家、個人、法人	中間	可能
ASEAN	有	3	無	中間	国家	弱い	
APEC	有（GATT・WTOに依拠）		無				可能

注：1 第2次法のみ、自動的に国内法化される。
　　2 決定は即座に強制力を持つが、国内法化には手続きが必要である。
　　3 決定が強制力を持つためには、国内手続きが必要である。

争解決を委ねる傾向があった。他方、政治・法文化的均質性の強いＥＵ、カリブ共同体、中米統合機構、アンデス共同体では常設裁判所が設置され、国家から独立した裁判官が任命されている。また、理事会などにおける決議の自動的な国内法制化は現状ではＥＵ第２次法のみであり、しかも経済統合の分野に限定されている。

協力分野からの逸脱については、本章で扱った全ての地域統合にはセーフガードに該当する規定があり、統一市場が完成するまでの過程においてこの規定は特に重要である。また、統合の進んだＥＵにおいても通貨統合からの逸脱等が認められており、統合をスピーディーに深化させていくためには、全加盟国が参加を決定するのを待たずに、このような逸脱を認めることも必要であると言えよう。

【注】
1) 例えば、ドゥイナはＥＵとメルコスールにおける地域統合法の国内法への浸透度を4つに分類して比較し、ＥＵにおいても安全保障や市民生活に関連する多くの分野では浸透が起きていないことを指摘している（Francesco Duina, "National Legislatures in Common Markets: Autonomy in the European Union and Mercosur," in T.V. Paul, G. John Ikenberry and John A. Hall, eds., *The Nation-State in Question* (Princeton U. Press, 2003)）。
2) http://europa.eu/cgi-bin/etal.pl, 07/26/2007.
3) 山影進『ＡＳＥＡＮ――シンボルからシステムへ』、277 - 279頁。
4) WEU, "What is WEU Today?"
5) 菊池努『ＡＰＥＣ―アジア太平洋新秩序の模索―』（日本国際問題研究所、1995年）、第7章、山影進『ＡＳＥＡＮパワー』、第9章等を参照。
6) Alasdair R. Young, "Ch.4 The Single Market," in Helen Wallace, William Wallace, and Mark A. Pollack, eds., *Policy-Making in the European Union,* Fifth ed. (Oxford U. Press, 2005), pp.102-106.
7) *Ibid.*, p.103.
8) Virginia A. Leary, "Workers' Rights and International Trade: The Social Clause (GATT, ILO, NAFTA, U.S. Laws), in Jagdish N. Bhagwati and Robert E. Hudec, eds., *Fair Trade and Harmonization: Prerequisites for Free Trade?* (MIT Press,1996), pp.205-210.
9) Armand de Mestral, "NAFTA Dispute Settlement: Creative Experiment or Confusion?" in Lorand Bartels and Federico Ortino, eds., *Regional Trade Agreements and the WTO*

Legal System (Oxford U. Press, 2006), pp.377-378.
10) 中村民雄『イギリス憲法とＥＣ法——国会主権の原則の凋落——』（東京大学出版会、1993年）、第3章。
11) 中西優美子「ＥＵの法制度」柏倉康夫・植田隆子・小川英治『ＥＵ論』（日本放送出版協会、2006年）、38 – 42頁。
12) Norman Girvan (in Collaboration with the CARICOM Secretariat and the Special Task Force on the Single Economy), "Towards A Single Economy and A Single Development Vision," 2006, p.13.
13) "Framework Agreements on Enhancing Economic Cooperation, 1992;" "Agreement on the Common Effective Preferential Tariff Scheme for the ASEAN Free Trade Area, 1992."
14) 例えば、スコットランドと英国政府、ＥＵとの関係については、ジェイムズ・ミッチェル「イギリスにおける立憲政の発展を考える」日本比較政治学会編『世界の行政改革』（早稲田大学出版部、1999年）、63 – 67頁。
15) 吉武信彦『国民投票と欧州統合：デンマーク・ＥＵ関係史』（勁草書房、2005年）、46 – 50頁。
16) James McCall Smith, "The Politics of Dispute Settlement Design: Explaining Legalism in Regional Trade Pacts," in Beth A. Simmons and Richard H. Steinberg, eds., *International Law and International Relations* (Cambridge U. Press, 2006), pp.333-337.
17) 輸出自主規制については、草野厚『日米オレンジ交渉——貿易摩擦をみる新しい視点』（日本経済新聞社、1983年）、大島恵一・ポール・マクラッケン編『日米自動車摩擦——共存への戦略を探る』（日本経済新聞社、1984年）、野林健『管理貿易の政治力学——米国の鉄鋼輸入レジーム 1959 – 1995』（有斐閣、1996年）、大矢根聡『日米韓半導体摩擦——通商交渉の政治経済学』（有信堂高文社、2002年）。
18) Robert O. Keohane, Andrew Moravcsik, and Anne-Marie Slaughter, "Legalized Dispute Resolution: Interstate and Transnational," in Beth A. Simmons and Richard H. Steinberg, eds., *International Law and International Relations*, pp.133-142.
19) 中西優美子「機構と政策決定の仕組み」柏倉康夫・植田隆子・小川英治編『ＥＵ論』、32 – 33頁。
20) ＣＣＪに関しては、http://www.caribbeancourtofjustice.org/about.htm
21) 松本八重子「英連邦カリブ諸国の地域主義」、180頁。
22) APEC, "Progress Report on APEC-UNCTAD Regional Seminar on Investor-State Dispute Settlement: Key Substantive and Procedural Issues," (2006/SOM3/IEG/005)
23) Yan Luo, "Dispute Settlement in the Proposed East Asia Free Trade Agreement:

Lessons Learned from the ASEAN, the NAFTA, and the EU," in Lorand Bartels and Federico Ortino, eds., *Regional Trade Agreements and the WTO Legal System* (Oxford U. Press, 2006), p.442-443.

第VII章
グローバリゼーション、国際経済秩序と地域主義

国際経済秩序におけるグローバリズムと地域主義

　地域主義はしばしばグローバリズムと対比して論じられてきた[1]。例えば世界貿易に関して言えば、ＧＡＴＴ・ＷＴＯと地域統合とどちらが経済自由化上有効な役割を果たすのか、という議論がなされることもしばしばである。この場合は、世界貿易秩序の中心的な制度であるＧＡＴＴ・ＷＴＯと地域統合秩序を対比するものとして考えており、ＷＴＯの貿易自由化が行き詰まっている時、地域統合の分野で自由化を進めることができれば、地域経済統合はＷＴＯの機能を補足するものであると解釈できる。ＧＡＴＴ第24条において、地域統合はグローバルなレベルでの貿易自由化が完成するまでの期間、セカンド・ベスト的な方法として、ラウンド交渉より早く自由化できる地域の自由化を承認するための方法として規定されたものである。ＧＡＴＴ・ＷＴＯにおいてはグローバルな経済統合が基本であり、地域統合はそれを補完するためのものとして位置づけられている。何故ＧＡＴＴ第24条がＧＡＴＴに含められることになったのか、その歴史的発端はそもそも大戦中の米国と英国との英連邦特恵に関する論争にあったとバグワティは論じている[2]。結局、ＧＡＴＴには米国が主張する無差別主義が盛り込まれるとともに、折衷的例外として英連邦特恵の継続も黙認され、その後の地域統合にも道を開くことになったのである。

　また、現在発展途上国の地域主義の多くにＧＡＴＴの授権条項が適用されており、一種の特恵関係を設定することが容認されている。この授権条項は、1979年に「異なるかつ一層有利な待遇並びに相互主義及び開発途上国のより十分な参加に関する決定」として採択された。またＷＴＯ発足後は、ＧＡＴＳを適用した、サービス部門の地域統合も推進され、多様なタイプの地域経済協定がＷＴＯ体制では認められており、これらを総称してＲＴＡと呼ばれている。21世紀に入った現在でもグローバルなレベルでの完全自由化が現実のものとなる兆しは見えず、2国間ＦＴＡを含む地域的経済協定は増加しつづけ、ＧＡＴＴ・ＷＴＯとＦＴＡとの共存関係が実際には恒常的なものとして定着しているわけである。

　国際経済秩序は国際貿易体制と国際金融体制の両輪により支えられてお

り、地域主義設立の法上の根拠は前者にある。しかしながら、EUのように通貨統合を実施している場合、単なる貿易自由化レジームとは異なり、国際金融秩序と地域主義との関わりはより深くなる。また、WTO発足後は、資本、サービスの自由化が促進されており、地域統合の多くが資本、サービス分野の自由化を統合分野に組み込むようになっている。一般的に貿易自体安定した為替体制にその発展を依存しており、地域統合の中には地域開発銀行を関連機関として所持し、地域への資本供給を支援しているものも多く、地域統合は金融制度とも深く結びついているのである。

一方国際金融体制は、第2次世界大戦後IMF体制が敷かれ固定相場制が設定されたが、1971年にはニクソン・ショックによりドルと金との交換制が廃止され、ついに1973年には変動相場制へと移行し現在に至っている。その間、第1次石油ショックが勃発し、ユーロ市場に流れ込んだドルがラテンアメリカなどの発展途上地域に集中的に投資されるようになり、さらに第2次石油ショックを経てこれらの発展途上国の多くがハイパー・インフレと累積債務に頭を抱えることになる。この間、欧州ではインフレと低成長の時代が続き、先進諸国は米国の高金利政策とドル高に歯止めをかけ、為替レートを安定させるという目的のもと、1985年のプラザ合意や1987年のルーブル合意などを結ぶに至ったのである。その内容はいかにマルクと円によりドルを支えるか、というものであったが、G7などの先進諸国サミットにおける政策協調により国際金融の安定を図るというレジームがそれ以後定着することになる[3]。他方、累積債務問題をめぐってはIMFおよび世銀の世界経済に与える影響が増し、特に債務国に対して融資条件として出されるいわゆる「コンディショナリティー」は、新経済自由主義を債務国に浸透させる圧力となった。ワシントン・コンセンサスにより債務国の経済的自由化を促進し、地域経済統合、FTA締結に適した状況を創出したことは確かであろう。その結果、NAFTA、メルコスールなどの新たな地域統合やFTAが1990年代以降、急速にその数を増やしたわけである。

このように、国際経済秩序は第2次世界大戦後一貫して経済の自由化と相互依存関係を促進する政策を実施してきたとも言え、まさに経済のグローバル化を目指してきた。そして、その理念は地球規模で国家間の経済障壁を除去し、自由な交流を促進するという意味でのグローバリズム、あるいは、そのような自由化された状況において、地球全体の経済的福祉の向上やグッド・

ガバナンスを目指すという意味をも込めたグローバリズムであった。グローバリズムの制度のもと、通信・流通のネットワークを駆使して発展した、国家市場の枠を超越した生産様式および消費パターンが、まさにグローバリゼーションという現象であった。生産の主役は世界戦略を展開する巨大な多国籍企業であり、消費の主体は世界各国の消費者であるという、従来の国民経済の枠に収めることができない経済構造ができあがっていった。しかも、技術革新の結果、その生産・消費の変化のスピードも加速化され、勝者と敗者の入れ替わりも国境を越えて急速に展開されており、逆にゆったりとした文化としてのスローライフを見直す潮流も、根強いものとなってきている。

　それでは、地域主義とはこのグローバリズムを経済的に補足するためだけのものなのであろうか。数ある2国間FTAの中には、単に経済上の利害と国家間の友好関係の他には、特に強い政治的な意味合いを持たないものも多いであろう。しかしながら、本書で取り上げてきたような数ヵ国から構成されている地域統合のように、地域共同体としてのアイデンティティーを内包しており、それが裁判所や議会の設立を可能としているものもある。そして、地域統合により地域の政治・経済的自立性を高め、より強い主体に対抗しようとする姿勢を一般的に認めることができる。EC・EUは米国に次ぐ市場を形成したが、GATT・WTOではしばしば米国と利害を対立させてきた。また、1960年代に発足したラテンアメリカにおける地域統合は、構造主義学派の影響を強く受けており、先進諸国に有利な交易制度問題を解消するための一つの方法として、市場統合により輸入代替工業化を継続するという開発戦略を展開したのだった[4]。

　グローバリズムと地域主義とはどのような関係にあるのか、という問題を把握するため、以下ではまず、歴史的にグローバリズムと地域主義はどのように展開しており、それが現在の地域主義にどのように影響しているのかを論じる。次に、現在の国際経済秩序と地域秩序とはどのような相互作用関係にあるのか、という問題に着目する。具体的には、GATT・WTOと地域経済統合との間にはどのような相互作用があり、グローバルな秩序が地域秩序をどのように制約しているのか、あるいは逆の影響はあるのか、を考察する。特にGATT・WTOとECの関係が国際経済秩序に対してどのような影響を与えてきたのかについて留意したい。さらに、紛争解決にも着目し、グローバルな紛争解決と地域主義との関係についても述べる。第3に、地域

統合の対外経済政策を論じ、地域統合自体が主体としてグローバリゼーションをどのように促進しているのか、という問題を検討していくことにしたい。

歴史的に見た地域主義、グローバリズム

それでは、歴史におけるグローバリズム、地域主義の問題についても若干触れることにしたい。そのためには、資本主義がどのように誕生し、世界に広がっていったのかを考える必要があろう。近代化、すなわち工業化への目覚めが現在のような国民経済を中心とする資本主義発展の出発点であったと言えるが、その際、英国での動きが西半球の経済制度へも強く影響したことは興味深い。そして、この産業革命に始まる近代化の波が、封建主義的生産様式を解体させ、新たな世界を築くことになる。中心部の国内では産業革命が進むと大量生産を支えるための労働力が農村部から都市へと移動し、工業化の進展とともに労働者階級を形成することになる。エンクロージャーが進むと、農村から都市へと人口が流入し一時的に余剰労働力を生み出し、英国などでも貧民層がスラムを形成するという社会問題も発生した。しかし、工業化が進むにつれ、これらの人々も労働者階級に吸収され、社会全体の底上げが完了した。その結果、個人主義と民主主義に適した社会が封建主義の崩壊後出現したのである。

対外的には産業革命は何を生み出したのであろうか。国内で消費しきれぬ工業製品を植民地や海外で捌き、工業化に必要な原料を植民地で調達するという、帝国内の分業体制が確立された。国際的分業体制はすでに重商主義の時代から確立されていたが、産業資本主義の時代になると、奴隷制に基づく大農園制度は放棄され、プランテーションで働く労働者も労働市場に組み込まれ、かつ消費者としての役割を担うようになっていった。産業革命は大英帝国を奴隷貿易、奴隷制度の廃止へと導き、この奴隷制廃止のレジームが世界に浸透するよう、1845年のアバディーン法などを用いて英国は西半球の新興諸国に対しても圧力をかけた。1834年にはカナダ、英領カリブ地域で奴隷制が廃止され、米国では南北戦争を経て1865年に廃止され、ブラジルではようやく1888年に、共和制の樹立とほぼ時を同じくして廃止された。こうしたレジームの移行の背後には、経済的利害を求める人々の思惑のみではなく、人道主義的な思想の興隆も作用していたことは確かである。ストー

夫人の『アンクル・トムの小屋』などの小説は現代まで読み継がれている。その後の米国における産業の発展と経済的繁栄については、異論を唱える者はいないであろう。しかしながら、他方、中南米地域においては、その後の近代化、工業化過程において、都市に流入した労働力が十分吸収されず、スラムと貧困問題が今日まで課題として残ってしまった。また、その要因の一つに、ラテンアメリカでは1960年代より資本集約的産業による工業化が目指されたことが指摘できる[5]。

　このようにして西半球では国家形成と近代化が進展している時期、19世紀後半から20世紀初頭にかけて世界経済は英国を中心とする金本位体制の全盛期を迎えることになる。英国はユニラテラルに自国市場を開放し、1816年には金本位制を法的に定め、金を裏付けとする国際信用を制度化することにより、自由主義経済をグローバルなレベルで達成したのである。この金本位レジームは、1871年にドイツが、1876年にフランス、1900年に米国が採用することにより、世界中に波及していった。しかしながら、封建制から近代化への転換の輝かしい時代は、今から思えばそう長続きはしなかった。ナショナリズムが引き起こす国家間の厳しい経済競争や植民地争奪戦争が、英国の相対的な経済力を弱め、唯一の覇権国として世界経済を支えるという重荷に耐えきれなくなってしまったのである。ついに1929年には大恐慌が起こり、1931年には英国は金本位制を廃止し、英連邦を中心とするスターリング・ブロック、米州を中心とするドル・ブロック、さらにフランスを中心とする金ブロックに世界経済は分断されていった。このブロック形成に後れをとった後発工業国であるドイツ、イタリア、日本が列強との植民地争奪戦を展開し、第2次世界大戦が勃発したわけである。1917年の革命により社会主義国ソ連も誕生したが、第2次世界大戦では結局イデオロギー上の矛盾を抱えながら、連合国側に参加するという現実的な政策をとった。

　すでに中南米は19世紀前半に独立を果たした国々が多く、欧州列強による「帝国主義」に組み込まれることのなかった地域である。二つの大戦の戦禍を免れ、アジアとは異なる発展を遂げてきたと言えよう。他方、アジアでは米州におけるような奴隷制に基づく大規模農園は発展せず、現地住民の急激な人口減少、土着文化の衰退と混血文化の浸透なども経験しなかった。インド、中国という古代からの帝国としての歴史を持つ国々が大英帝国に植民地や周辺地域として組み込まれてゆき、社会構造や文化は維持されたまま、

経済的には欧米諸国の工業製品を消費し、その生産に必要な廉価な原材料を供給する役割を担わされていた。そして、アジアの国々が再び独立を取り戻すのは、ようやく第2次世界大戦が終焉した後のことであり、中国は社会主義国として国際社会の舞台に復帰することになった。

現在の国際経済秩序をめぐる構造上の問題の根本的原因を、植民地時代の経済構造や独立後の輸出経済の発展に求める視点は、構造主義学派理論や世界システム論、従属理論[6]により1960年代より1970年代に流布された。その議論は、発展途上国の中の一部の国々の現状を理解するうえで今でも貴重な示唆に富んでいる。また、覇権安定理論は、従属論とは異なる、覇権国の立場から国際経済秩序がどのように形成され、変化して資本主義秩序を形成することになったのかを論じた。前者はマルクス主義、後者は自由主義の影響を受けており、正反対の観点には立っているが、両者は資本主義経済とその秩序・制度の発展を理解するうえで、コインのように表裏一体となって補足的な役割を果たしている。

それでは、第2次世界大戦以前の国際経済秩序の歴史から、グローバリズムや地域主義に関するどのような趨勢を読み取ることができるのであろうか。一つには、国際経済秩序が衰える時、国際社会では地域主義によりそれを補おうとする傾向があるということである。例えば、英国主導の金本位制が衰えた後、ブロック経済が台頭している。ＧＡＴＴ・ＷＴＯ体制においても、東京ラウンドやウルグアイ・ラウンドが難航した際、地域主義の台頭や再活性化が見られる。覇権国自体も、レジームを維持するうえで限界に達するとグローバリズムを一旦断念し、地域主義により自らの足元を立て直そうとする傾向があると指摘できよう。1930年代の英国は金本位制を放棄し、英連邦にその拠点を求めた。また、ブレトンウッズ体制崩壊後の米国は、まず先進諸国との金融政策協調に経済的足場を求めた後、多角主義一辺倒の貿易政策を改め、ようやく1990年代にＮＡＦＴＡを発足している。

また、現在の地域主義と植民地時代の共通体験には関連性があるか否か、は一概に論じられない問題である。すでに第Ⅰ章で触れたように、西半球における地域主義の萌芽はすでに植民地時代に始まっていたとも考えられ、カリブ共同体、アンデス共同体、ＳＩＣＡは同じ植民地行政制度に属していた国々が中心となって現在の地域主義を形成している。本書では触れることができなかったアフリカ地域においても、西アフリカ経済共同体（ＣＥＡＯ）、

西アフリカ諸国経済共同体（ECOWAS）、中部アフリカ関税経済同盟（UDEAC）などの経済統合は植民地時代の地域協力の影響を受けていると考えられる。そこには共通の言語、政治・法文化が存在し、独立時には統合と分裂の試行錯誤があった。結果から見れば国家としては分裂したが、統合を促進する政治・経済構造がもともとそこには存在していたのである。他方、NAFTAやメルコスールは多文化に跨っており、共通の植民地時代の体験はない。また、欧州やASEANの統合は、平和的秩序が維持できない地域を、地域統合・地域主義によりドイッチュ流の安全保障共同体へと変身させようとする、政策決定者により意図的に作り出されたものである。

さらに、ブレトンウッズ体制が形成された時期に遡ってみると、第2次世界大戦以前と大戦以後との特恵貿易関係の連続性を具体的に見て取ることができる。ベネルクス関税同盟や英連邦の一部、フランス連合の特恵関係は、1947年のGATT第1条2（a）（b）により、一般的最恵国待遇においても、廃止を要求されなかった。また、（旧）植民地と（旧）宗主国とを結ぶ経済特恵関係は、EEC発足により多国間主義的特恵関係へと再編成され、ヤウンデ協定、ロメ協定が締結されたことにも触れた。第2次世界大戦後のGATT体制は自由・無差別・多角主義という、グローバリズム（地球規模での貿易自由化）を推進する理念を掲げながら、その陰ではブロック経済や第2次世界大戦以前からの経済関係の遺産を温存するという機能も、その内部に組み込んでいたと言えよう。また、欧州における統合の深化と拡大が、第2次世界大戦後の国際経済秩序における地域主義の市民権とでもいうべきものを確立してきたのである。

GATT・WTOの意思決定主体としてのEC

次に、現在の国際経済において地域主義と国際制度との関係はどのようになっているのか、という問題に移りたい。地域統合はグローバルなレベルでの経済統合と補完的な関係にある市場枠組みとして機能してきたが、一般的には、地域統合は国際経済制度の制約を受けることが多く、逆の権限の行使はまれである。しかしECの場合には、国際貿易秩序を規定する主体として長年にわたって活動してきた。GATT時代において、ECはGATTのメンバーではなかったが、1970年代よりGATTの枠組みで調印された条約

の多くがＥＣの名により欧州諸国に受容される、という特殊な慣習ができあがっていった[7]。ＷＴＯの発足により正式な国際機構として世界貿易機関が発足すると、さらにＥＣはＷＴＯの構成メンバーとなり、欧州はそれぞれの国家がＷＴＯに加盟すると同時に、ＥＣ自体もメンバーとなっているという、二重のメンバーシップを有するようになった。通常、地域統合機構や国際機構はＷＴＯのオブザーバーとしての立場を得ているが、加盟国としてのメンバーシップを獲得するには、「対外通商関係その他この協定及び多角的貿易協定に規定する事項の処理について完全な自治権を有する独立の完全地域」（マラケシュ協定第12条）であることが求められている。地域統合が加盟する可能性は必ずしもＥＣに限定されているわけではないが、現状で該当するのはＥＣのみであろう。また、ＥＣ加盟国における国際法の国内法体系への編入方法には開きがあるので[8]、ＷＴＯにおける決定がＥＣ加盟国内で必ずしも同時に効力を発揮するわけではないと言えよう。

　ＷＴＯではＧＡＴＴと同様各国が１票の投票権を有しているが、可能な限り原則としてコンセンサス方式で意思決定は行われるとされている（マラケシュ協定、第９条）。最高意思決定機関として閣僚会議、第２のレベルとして一般理事会、その下に物品の貿易に関する理事会、サービスの貿易に関する理事会、及び知的所有権の貿易関連の側面に関する理事会があるが、加盟国約150ヵ国の大所帯が合意を形成することは容易ではないはずである。ＷＴＯでは、公的・形式的には加盟国全体による合意方式がとられているが、しかし、その内実は「グリーンルーム」における合意により決定されており、そこに参画する国々はせいぜい20ヵ国から30ヵ国と極めて限定的である[9]。「グリーンルーム」とは事務局長の会議室を指しており、そこでの交渉は非公式なものであり、グリーンルームの常連は、従来ＥＣ、カナダ、米国、日本であったが、ドーハ・ラウンド以降は、ＥＣ、インド、オーストラリア、日本、米国、ブラジルが重要メンバーとなっている[10]。このようにＥＣは加盟主体としてＷＴＯの意思決定や貿易交渉において非常に強いリーダーシップを発揮しているが、一般理事会や諸理事会などの投票においてＥＵ加盟国はＷＴＯ加盟国として個別に決定に参加することもある。ＥＣが投票権を行使する場合には、ＷＴＯに加盟しているＥＣ加盟国数の票を有すると規定されている（同第９条）。

　一方、ＥＵ以外の地域統合加盟国はブラジル、シンガポールのようにＷＴ

O加盟国として通常参加しているが、メルコスール、ASEANの団体交渉力を地域の利害を擁護するために利用する場合もある。発展途上地域の国々を意思決定に組み込んでいくことが必要であるが、IMFにおけるような比例代表制よりは、1国1票という現状を支持する発展途上国も多い[11]。また、発展途上国内部の利害が非常に多様化しており、1970年代のように発展途上地域が一丸となってWTO交渉に臨む可能性も低くなっている。

　ECが国家と同等の主体として国際経済をめぐる意思決定に参加するという方式は、1977年以来、先進国首脳サミットでもとられている方法である。しかし、サミットでは米国、フランス、ドイツ、英国の首脳がおもにリーダーシップを発揮するという伝統があり、サミット構成国ではないEC加盟国の利害を代表するという意味においても、EC委員長の参加には意義がある。一方、WTOとともに国際経済秩序を規定するうえで重要な国際機関である世銀とIMFでは、加盟は国家に限られており、EC加盟諸国にとりマクロ経済に関する決定が国家に任されている領域である。世銀総裁は伝統的に米国から出され、業務に関する実質的な決定権を握る執行理事（Executive Directors）は24名から成り、フランス、ドイツ、日本、英国、米国が常に執行理事を1名出せることになっている。その他の執行理事は投票により選出されるが、現在、中国、サウジアラビア、ロシアはそれぞれ自国のみの票により執行理事を送っている[12]。IMFにおいても、最高意思決定機関の総裁会議における加盟国の投票権は、米国（16.79％）、日本（6.02％）、ドイツ（5.88％）、英国（4.86％）、フランス（4.86％）、イタリア（3.20％）、サウジアラビア（3.17％）に集中している[13]。また、EU加盟国の地域開発銀行への域外国としての加盟は、EC・EUとして加盟したり、あるいは国家として加盟したり、双方の立場から加盟したり、と多様な方法がとられている。

ECのWTOにおける利害

　それでは、ECのWTOにおける利害構造上の立場はどのようなものであるのかについて概説しておくことにしたい。第1に、伝統的な農業問題がある。ECのCAPはGATT時代より保護主義的補助金政策として批判され、自由で公正な競争をゆがめるものとして、特に米国の攻撃対象となってきた。もともとCAPの目的はEC内の農業従事者の所得を保障し、また域

内の食糧安全保障を確保することであったが、1970年代には余剰作物を世界へ輸出するようになり、ＣＡＰの輸出補助金は他の食糧輸出国の批判を買った。冷戦期には米国もＥＣを容認する立場をとっていたが、ウルグアイ・ラウンドでは米国の農業製品に関するウェーバー（自由化の義務の免除）の適用が廃止となり、オーストラリア、カナダ、ブラジルを中心とするケアンズ・グループが米国とともに農業自由化を積極的に求めるようになった。また、1990年代に入るとＣＡＰがＥＣ財政を圧迫するようになり、ＣＡＰ改革が急務な課題となっていたが、東欧のＥＣ加盟問題が具体化するにつれ事態は変化していった。2002年の数字を例にとると、東欧の加盟予定諸国の雇用の約13％を農業部門が占めており、旧加盟国が受けている補助金のどの程度のレベルまでを新規加盟国に供与すべきか、が加盟交渉の重要なイシューともなった。ＣＡＰはもともと発足以来、利益享受国のフランス、ドイツ等と非受益国の英国等との間で伝統的に利害対立があり、欧州地域開発基金の配分などと折り合わせるなどの方法により妥協を図ってきた協力分野でもある。現在もＣＡＰをめぐる利害対立はＷＴＯレベルだけではなく、ＥＣ域内でも根強いものがあるが、東欧諸国の加盟により改革は先延ばしとなり、ＣＡＰは温存・維持されていると言えよう。

　第2のＥＣの立場は、グローバルな競争力を持った経済利益追求者としての立場である。世界市場の自由化と公正な競争を求め、ＥＵの雇用と経済成長を追求する主体としてのＥＣの存在であり、農業部門を除くほとんどのセクターにおいて、ＥＣはこのような立場をとっている。ただし、最先端技術産業である民間航空機、あるいは多繊維取り決めが廃止となった繊維産業などでは、ＥＣは従来保護主義的な立場をとってきた。現在民間航空機部門の生産の大部分は米国とＥＣでほぼ2分されており、次いでカナダ、ブラジル、日本等が生産しているが、1979年には「民間航空機の貿易に関するＧＡＴＴ合意」が24ヵ国で結ばれた。ウルグアイ・ラウンドではＥＣは新たなＧＡＴＴ合意の締結を望んだが、米国の反対にあい、政府開発援助を制限していくという方向性が合意されたのみで、今日まで新協定は結ばれていない。繊維部門において現在ＥＣは世界第2位の輸出国・地域であり、発展途上国の輸出している繊維製品と必ずしも市場において競争関係にはない。ＥＣのブランド製品は高級志向のものが多く、発展途上国の関税が引き下げられれば中間層・富裕層の消費が伸びる分野であり、発展途上国の目指す輸出市場

とは差異化傾向にある。ECは繊維問題については中国とむしろ共通利益があるとみなしており、繊維部門の自由化達成を共通目標として2005年には協定を結んでいる。

また、サービス貿易と投資はWTO時代になって交渉対象となった分野であるが、海外直接投資が経済成長に与える影響は大きく、透明性のあるルール作りをECは重視している。貿易、サービス貿易の自由化の方法として、FTA、GATSを世界の多くの地域・国々と結ぶという戦略を、ECはGATT時代より継続している。この問題については、詳しく後述することにしたい。WTOにより設定されたもう一つの新たな協力分野に知的財産権の保護があり、原則的にECは知的財産権を擁護し、すべてのWTO加盟国がそのルールを遵守するレジーム作りを目指している。

第3のECの立場は、発展途上国の支援者としての立場である。2001年に開始されたドーハ開発ラウンド（Doha Development Round）では、最低開発国（Least Developed Countries）のための非関税特恵制度を継続しつつ、その他の発展途上国を世界経済へ統合し、相互支援的な関係を築くとする立場が打ち出され、ECもこのような視点を支持している。EUはACP諸国を西アフリカ、中央アフリカ、東南アフリカ、南アフリカ、カリブ、太平洋の6地域に分けてEPAを締結するための交渉を2002年より実施しており、また、発展途上国の地域統合を支援することにより持続的発展や競争力の強化を促進することを目指している。

しかしながら、発展途上国支援の方法をめぐって、ECとWTOとの間で摩擦も生じている。代表的なものとして、ECのバナナ輸入レジームの問題がある。ロメ協定のもとでACP諸国向けのバナナ、砂糖に対する特恵輸入レジームが設定されたが、1996年にエクアドル、グアテマラ、ホンジュラス、メキシコ、米国がWTOに対してECを提訴し、長らく紛争が続いていた。最終的には、2005年10月にWTOはACP諸国に対する特恵レジームをWTOの最恵国待遇原則等に抵触するものと判断し、2006年1月よりEC向けバナナ関税は一本化され、あらたにACP諸国向けに77万5,000トンまでの非関税枠が設定されることになった[14]。さらに、2007年には、09年までにACP向け砂糖レジームを廃止することをEU理事会は決定している[15]。

また、ECは2002年から04年までに適用されるECのGSPの方針として、①一般的規定、②労働権保護のための特別規定、③環境保護のための特

別規定、④後発途上国のための特別規定、⑤麻薬の生産と不公正取引対策のための特別規定を決定した（理事会規則2501/2001）。インドは麻薬に関する特別規定を、最恵国待遇違反及び授権条項違反であるとしてWTOに対して提訴し、WTOのパネルにおいても、上級委員会においてもEU側の違反とされた。

紛争解決におけるWTOと地域機構・FTAの関係

　一方、紛争解決に関しては、ECとして調停に関与する場合も、加盟国が独自に関与する場合も様々である。基本的には、EC加盟国が個別に域外国を提訴するという事例はなく、提訴する時はECが主体として提訴しており、EU域内の対域外貿易政策が実質的に統一されていることを示している。しかし、EC諸国が提訴される側になる場合には、個別的に提訴される場合もあり、アンチダンピング・コードや補助金・相殺関税コード（SCM agreement）に基づいた提訴が多い[16]。一方、EC加盟国がEC加盟国をWTO紛争解決機関に対して提訴している事例はなく、EC内部の紛争解決は実態としてECJの専門管轄（jurisdiction）となっていると言えよう。ただし、EC内部の法体系ではカバーされておらず、WTO法体系内で規定されているEC加盟国間の紛争が存在したとし、その紛争解決を図る場合があるとすれば、理論上はWTOの紛争解決機能が利用されるはずである。ただし、EC統合の方がWTOより深化しているため、そのようなことは起こるとしても極めて稀であろう。

　EC以外の地域統合は、紛争解決においてWTOとはどのように関連しているのであろうか。NAFTA第2005条(1)は、NAFTA加盟国は紛争解決をNAFTA、WTOのどちらにも求めることができるとしており、その決定は当事者に任されている。そもそもカナダ、米国間では、アンチダンピング法、補助金・相殺関税コードに関する訴訟が米加自由貿易協定時代より多く、カナダはNAFTA発足時にはWTOにおける紛争解決を利用せず、競争政策により問題を解決すべきだとの立場をとったが、米国がこれを拒否したとの経緯があった。結局、NAFTAにおいても、米加自由貿易協定時代と同様の、WTOとNAFTAの紛争解決機能の併用という方法がとられるようになった。とくにNAFTA第19条の紛争解決機能と、GAT

Tのアンチダンピング法、補助金・相殺関税法に係る紛争解決とがちょうど重複するような状態にある[17]。さらに、ＮＡＦＴＡ第19条による決定に不満な国家は、ＷＴＯに提訴することができる仕組みとなっている[18]。ただし、ＷＴＯのアンチダンピング法では国家にしか提訴を認めておらず、ＮＡＦＴＡ第19条では民間企業にも提訴が認められているので、その点はＮＡＦＴＡの方が進んでいると言えよう。

　実際にＮＡＦＴＡとＷＴＯではどのくらいの数の訴訟が扱われたかというと、2005年4月までの時点で71訴訟がＮＡＦＴＡの2国間パネルで解決され、30訴訟が係争中であった。解決された71の訴訟のうち、カナダが19、米国が41、メキシコが11の訴訟を提訴した。また特別訴訟手続きをとった訴訟については、2訴訟が解決済みで、1訴訟が係争中であった[19]。ＮＡＦＴＡ3ヵ国はＷＴＯでも32の訴訟を提訴しており、カナダは米国相手に14訴訟を、メキシコは米国を相手取り7訴訟を、米国はカナダを相手取り5訴訟を、対メキシコでは6訴訟を紛争解決手続きに持ち込んでいる[20]。これらの数字からも、ＮＡＦＴＡ諸国にとりＷＴＯとＮＡＦＴＡの紛争解決機能は相補う形で併用されてきたと言えよう。

　メルコスールの場合は、2004年に発効した「オリーボス議定書」により、紛争解決をメルコスールの紛争解決機能だけではなく、ＷＴＯや、あるいは紛争当事者全てが加盟している地域貿易協定の紛争処理に、問題解決を委ねることができるように制度改革された。実際にメルコスールに関連するケースをＷＴＯの紛争処理機能に委ねた事例があり[21]、ＮＡＦＴＡの方式に近付く傾向にあると言えよう。またＡＳＥＡＮにおいても、比較的充実した紛争解決制度が設置されているにもかかわらず、交渉による紛争解決が図られ、あるいはＷＴＯにおいて紛争解決が図られているのが実態であると指摘されている[22]。

グローバリゼーションの担い手としての地域統合

　次に、本章の3番目の課題である、地域統合が主体となって締約するＦＴＡが、グローバリゼーションにおいてどのような役割を果たしているのか、という問題を検討していくことにしたい。まず、グローバリゼーションとは何であるのか、という概念確認の作業から始めることにしたい。ミッテ

ルマン（James H. Mittelman）によれば、グローバリゼーションは大きく三つの概念範疇にまとめることができる[23]。まず第1の範疇は、相互関連性（interconnections）や相互依存が増加するという意味でのグローバリゼーションであり、タブの定義では「グローバリゼーションは国家間の障壁を減らし、経済・政治・社会的相互作用を促進する過程」と規定されているとミッテルマンは論じている。このタブのグローバリゼーションの定義はバラッサの経済統合の定義とほぼ一致しており、グローバルな（世界市場の）レベルの経済統合と地域主義のレベルの経済統合とは同義となる。第2の範疇は、時間と空間の圧縮にまつわる定義であり、地球上の空間が場所とは無関係に、共時的に地球的規模でのネットワークに組み込まれている状況を指すものとしている。さらに、第3の範疇として、ミッテルマンは経済、政治の歴史的転換を指す概念としてグローバリゼーションを提起している。ミッテルマンによれば、グローバリゼーションとは「市場の力の拡大に対する政治的対応」であり、グローバリゼーションとは完成したパラダイムではないが、世界がいかに複雑に、変化しやすく構成されているかを説明するものである。経済、政治、社会、文化が結合し、あるいは分裂していく諸過程の明確な関連性について、社会科学者達が研究する時に使う範疇を評価するのを助ける、批判的なアプローチであると言う[24]。

　次に、地域主義はグローバリゼーションを促進するのか、あるいは対抗するものであるのかという、よく問われる問題をこの定義に沿って考えてみたい。第1の定義に従えば、地域統合はグローバリゼーションを推進するに決まっており、応えは明快である。

　第2の定義についてはどうであろう。インターネットの普及により、情報に関して地理的距離は現在ほとんど意味を持たなくなってきている。ただし、西半球の昼は東半球の夜であるという状況は変化しておらず、刻一刻を争う状況ではこうした時間のずれが現実には大きく影響することもあるが、通常の貿易では価格や品質、輸送費などのその他の要素の方が重要であろう。こうしたグローバリゼーションの効果は地域統合の域内関係、域外関係の双方に影響を与えていると考えられるので、グローバリゼーションと地域主義のどちらをより強化する要素となっているかは一概に判断できない。ちなみに、地域主義を2国間主義ＦＴＡをも含めた広い意味で考えた場合には、グローバリゼーションとの関係はどのようになるのであろうか。ＦＴＡ

条約の内容はマクロ経済的な極めて細かい情報で埋まっており、複数のＦＴＡが存在する状況ではセクターごとの関税率、原産地ルールなどを適切に処理するためには優れた情報処理能力が必要である。グローバリゼーションとＩＴ革命はこの分野における情報処理能力をも画期的に高めたといえ、ＦＴＡの急速な増加を促進する要因の一つである。

　第3の定義が考慮された時、地域間のパワー・バランスが経済的グローバリゼーションを左右し、またグローバルな政治構造における多極化、あるいは多国間主義化にも大きく影響するという、より複雑なモデルが想定されることになる。既に本書でも指摘したように、発展途上国における地域統合の多くの域内貿易は貿易全体の20％以下を占めているにすぎず、第1の定義におけるグローバリゼーションに対しては、あまり重要とは言えない。しかしながら、対外政策において地域主義が占める重要性や、地域内の機能的、社会・文化的協力までをも含めて考えた場合、第3の意味におけるグローバリゼーションに対抗する勢力としての地域主義は重要な意味を持っている。

　それでは、欧州、米州、アジア太平洋の地域主義をグローバリゼーションとの関係においてはどのように捉えることができるのであろうか。第1のグローバリゼーションの定義に従えば、これらの地域は域内貿易が全貿易全体に占める比率が50％以上とかなり高く、まさにグローバリゼーションが進んだ地理的な領域が、これらの3極であると認識できる。それでは、第2の定義ではどうであろう。情報、交通、運輸すべての面において欧州では一番グローバリゼーションが浸透しており、米州、アジア太平洋では域内の大都市間のネットワークは先進地域並みに整ってきているが、発展の遅れた地域ではまだまだグローバリゼーションの恩恵が行き届かぬ国々や地域も多い。

　次に、第3の定義に従って考えてみたい。結論から言えば、グローバリゼーションを規定しているのは米国、ＥＣと時として日本などのＯＥＣＤ諸国、あるいはＯＰＥＣ加盟国などの資源大国や経済成長著しい新興諸国に今のところ限られていると言えるのではないだろうか。この支配するグループから外れている国々により形成される地域主義が、グローバリゼーションやそのルール体系に抵抗する勢力として時として作用していると考えられる。ＯＰＥＣ等の資源大国は、西側諸国と協力して世界経済を支える場合もあれば、西側中心のグローバリゼーションに文化的に強く反発する場合もあり、その立場は複雑であるが、世界経済への影響力を近年ますます強めている。

第Ⅶ章　グローバリゼーション、国際経済秩序と地域主義

グローバリゼーションに抵抗する地域主義は具体的にどのようなものがあるか、実態としての例を挙げるとすると、なかなか難しいと言えよう。例えばメルコスール、カリブ共同体、ＡＳＥＡＮなどの地域統合は先進国主導の世界経済秩序に強く反発することも多いが、しかしながら、規定された世界経済秩序の中で競争力をつけようと必死に努力もしている。これらの地域統合のルール自体、先進国主導のグローバルな経済秩序ルールを猛スピードでその内部に取り込もうとする姿勢が近年さらに強まってきている。さらに、発展途上国の中からＮＩＥＳ、ＢＲＩＣｓという急成長を遂げる国々がでてくると、自由競争やグローバリゼーションが齎す環境は厳しくとも、発展途上国が経済発展を遂げることは可能であるということを、反証しにくくなるのである。

　グローバリゼーションと地域主義との関係を考察するうえで忘れてはならないのが、地域統合の対外経済政策、あるいは、地域統合が域外諸国・地域と締結するＦＴＡ網であろう。これらの諸地域間を繋ぐ交流・ネットワークにより、グローバリゼーションは展開されており、市場におけるグローバリゼーションの進展が地球規模での規範の標準化を促す原動力ともなっている。以下では、欧州、米州、アジア太平洋地域に分けて、地域統合が域外との経済関係をどのように規定し、どのような関係構築を望んでいるのかを考察していくことにしたい。

ＥＵの対外経済政策

　ＥＵは域外との経済関係をすでに統一しており、地域統合の中でも特殊な状況にあることはすでに論じた。ＥＵの対外経済政策の主たる目標としては、①域外市場を自由化し、ＥＵの経済的競争力を発揮すること、②域外諸国との良好な友好関係を維持し、政治・経済上の安全保障を確保すること、③発展途上国の経済発展を支援することにより、民主主義的で人権が尊重される国際社会を構築すること、また、テロリズムや麻薬の密売などの国際的犯罪を軽減させること、④欧州の環境基準や衛生基準を国際的なスタンダードの一つとし、国際社会の規範的レベルを上げることにより消費者の安全を守ること、⑤欧州の知的財産権を守ること、⑥環境問題を改善すること、などが主たるものであると言えよう。これらの目標はもちろんＷＴＯ、特に今

は「ドーハ開発アジェンダ（DDA）」や国連諸機関、世銀、IMF、UNCTAD、あるいはOECDなどの規範的制約や影響の中で設定され、変化していくものでもある。またEUの対外経済政策は、地域により分類すると、①旧植民地（ACP諸国）との関係、②先進諸国との関係、③EUに加盟していない東欧諸国、④地中海諸国、⑤中東産油国、⑥アジア太平洋諸国、⑦中南米諸国との関係、に大別することができよう。

　自由化と経済競争力の発揮という目標は、新経済自由主義の影響のもとに強化されてきたと考えられ、近年ではある程度の発展レベルに達した発展途上国に対しても、EUは発展途上国の発展レベルに応じた市場の開放を求めるようになっている。サービス部門の輸出はEUの競争力が強い分野であり、GATSを締結することにより市場の拡大を目指している。また、より公正な競争を求める傾向も強まっており、WTOにおける紛争解決機能を積極的にECは活用している。現在ECは米国に次ぎ第2位の訴訟主体となっており、76件を提訴し、59件を提訴されるという状況にある（米国が提訴したのは88件、提訴されたのは99件である）[25]。これらの訴訟のうち、ECが米国を訴えたのが31件、逆に米国がECを訴えたのが17件であり、米国とECの紛争数はWTOにおいても突出している。このようにECと米国は、牛肉ホルモン問題などの係争問題を数多く抱えながら、2005年のEU－米国・サミットにおいては「大西洋パートナーシップ条約」を締結することにより2国間主義的に貿易・投資を拡大する可能性を模索し始めた。2007年4月には、「米国とEUの大西洋経済統合を進展させる枠組み（Framework for Advancing Transatlantic Economic Integration between the USA and the EU）」が結ばれた。また、最先端産業である航空産業においては、1970年代よりエアバス社が徐々にその生産を伸ばし、現在ではボーイング社と拮抗するライバル関係となっており、米国の航空産業への補助金をめぐり両者は対立している。いずれにしろ、米国はEU貿易の18.5％（2005年）を占める最大の貿易相手国であり、2001年の9.11事件以後両者の対イラク政策には溝があるものの、政治、経済、安全保障のあらゆる面で米国はEUにとり最重要な同盟国であることに変わりはないであろう。

　市場の拡大という視点からEUが重視しているのは中国であり、すでに2005年の時点でロシアとともにEU貿易の9.4％を占め、第2の貿易相手国となっており、第4位の貿易相手国である日本の5.2％を大きく上回ってい

る。ＥＵはアジア市場の開拓という視点では、中国に次いでインドの将来性を有望視しており[26]、ＥＵは中国のＷＴＯ加盟を支援し、２国間レベルでも「パートナーシップと協力協定（EU-China Partnership and Co-operation Agreement）」を結んでいる。日本は知的財産権を保護するうえでのパートナーであるとＥＵ側は認識しており[27]、日本側の規制が投資や貿易を妨げているとの視点に立ち、改革を促進するための２国間主義的対話が重要であるとのアプローチを取っている[28]。また、ＡＳＥＡＮ諸国との対話を重視し、ＡＳＥＭを発足し、2004年には「ＥＵ－ＡＳＥＡＮ地域間貿易イニシアティブ（The Trans-Regional EU-ASEAN Trade Initiative, ＴＲＥＡＴＩ）」も開始され食品安全基準などについても話し合われているが、ＦＴＡなどの拘束力のある協定を結ぶには至っていない。ロシアとＥＵの関係はＷＴＯの枠外であり、1994年に結ばれた「パートナーシップと協力協定（ＰＣＡ）」に基づき、経済協力が実施されてきた。ＥＵのロシアからの輸入の約３分の２がエネルギーで占められており、2003年にはＰＣＡ内で政治・安全保障面も含めた「四つのＥＵ・ロシア共通空間（Four EU/Russia Common Spaces）」を将来発足するということで合意されている。

　第２の、ＥＵにとっての政治・経済上の安全保障から良好な経済関係を構築する必要がありとされている地域は、やはりＥＵの近隣地域、ＥＵにまだ加盟していない欧州諸国や、地中海、中東諸国である。まず、第５次拡大からもれてしまった国々の問題があるが、トルコのＥＵ加盟交渉は2006年末に部分的に凍結されてしまったままである。トルコとキプロスとの関係が改善されない限り、加盟は困難であると予想される。たとえ対キプロス関係が解決したとしても、トルコの人口の大きさと経済上の問題によりＥＵ市場に完全な形で受け入れることはかなりの困難を伴う話であることに違いはない。すでにＥＣは1996年にトルコと関税同盟を発足しており、経済統合は加盟以前よりかなり進んでいる。クロアチアは加盟交渉を開始しており、マケドニアは加盟申請を2004年に終え、2001年よりＥＣとのＦＴＡが発効している。また、アルバニア、ボスニア・ヘルツェゴビナ、モンテネグロ、セルビア、コソボは加盟を望んでいるが、加盟までの過渡的期間「中欧自由貿易協定2006」により統合を推進することになった。

　次に、欧州と隣接する旧植民地やその他の近隣諸国もＥＵ外交上重視されてきた。冷戦の終焉はＥＵの拡大を齎すとともに、欧州の安全保障を従来の

東西冷戦構造から解放し、長らくその陰に眠っていた中東問題を呼び起こす結果となり、EU域外の近隣諸国との安定した友好関係を再構築する必要が出てきた。まず1995年には、フランス、スペインが中心となりEUは「バルセロナ宣言」を採択し、①政治・安全保障上のパートナーシップ（信頼醸成や民主主義、法による統治などに関するEUと地中海諸国グループとの対話）、②経済・安全保障パートナーシップ（2010年までに自由貿易地域の形成）、③社会、文化面のパートナーシップ、を促進するよう提言した。この宣言に引き続き、チュニジア、イスラエル、モロッコ、PLO、ヨルダン、エジプト、レバノン、アルジェリア、シリアと連合条約の交渉に入ったが、EC加盟を前提としたものではなかった。さらに、2004年には欧州近隣政策（ENP）へと発展し、拡大EUと近隣諸国との戦略的パートナーシップの構築に向けて、CIS諸国、地中海各国とEUとの間で2国間主義的なENPアクション・プランが結ばれている。現在アルジェリア、アルメニア、アゼルバイジャン、ベラルーシ、エジプト、グルジア、イスラエル、ヨルダン、レバノン、リビア、モルドバ、モロッコ、パレスチナ、シリア、チュニジア、ウクライナが対象国となっており、従来の地中海パートナーシップの対象国も含まれている。アクション・プランもすでに実施されており、最終的には近隣諸国の政治・経済上の改革支援と地域の平和と安定が目指されている。実際にはケース・バイ・ケースの対応がなされており、政策的統一性に欠けるとの批判も欧州議会から出ている[29]。ENPはEU加盟を前提とするものではなく、ENPの枠内でのEUとの経済協力の目標は総括的FTAを締結し、貿易・経済規制や投資環境の改善を促進し、特に主要セクターにおける経済統合・経済協力を強化することである。すでに、シリア（1977年）、パレスチナ（1997年）、チュニジア（1998年）、モロッコ（2000年）、イスラエル（2000年）、クロアチア（2002年）、ヨルダン（2002年）、レバノン（2003年）、エジプト（2004年）、アルジェリア（2005年）、アルバニア（2006年）との間でFTA協定が発効している。

EUの発展途上国との経済関係

第3の、発展途上国との関係であるが、旧植民地諸国との関係は現在コトヌー協定に基づき経済統合・経済協力や開発援助が展開されていることに

ついてはすでに論じた。この地域との正式なＦＴＡの締結は、現在のところ2000年に発効した南アフリカとのＦＴＡ、及び2009年に発効したコートジボアールとのＦＴＡのみである。むしろ、19世紀初頭に独立した旧植民地諸国や地域との間ですでにいくつかのＦＴＡが締結されている。具体的には、メキシコ（2000年）、チリ（2003年、2005年にはＥＩＡも）とのＦＴＡが発効しており、この2ヵ国はラテンアメリカ諸国の中でも特に積極的に2国間主義的なＦＴＡを締結する政策を展開している。また、メルコスール、アンデス共同体にとりＥＵは米国に次ぐ第2の貿易相手となっており、メルコスールは2000年より連合協定を締結するための交渉を続けているが難航している。アンデス共同体は2003年にＥＵと「政治対話と協力協定（Political Dialogue and Cooperation Agreement）」を結んでおり、将来連合協定を結ぶ可能性を共同で検討中である。また、キューバは米国の発展途上国支援プログラムからは外されているが、ＥＵの政策ではＡＣＰ諸国の一員として優遇措置の対象となっている。

　より一般的なＥＵの発展途上国の支援策にはＧＳＰ制度があり、2000年代前半までは、①一般制度、②労働権保護特別奨励制度、③環境保護特別奨励制度、④後発開発途上国向け特別制度、⑤麻薬の生産及び取引を撲滅するための特別制度、の五つの柱より構成されていた。しかしながら、インドが「ＥＣのＧＳＰはＧＡＴＴ第1条1項違反であり、授権条項やＧＡＴＴ第20条（b）によっても正当化されない」として、ＷＴＯに提訴した。ＷＴＯパネル、上級委員会ともにＥＣのＧＡＴＴ違反を認定し、一般特恵供与に関してコンディショナリティーが設定されることに対して、ＷＴＯレベルで歯止めがかけられることになった。この判定に対して、ＥＵは労働権、環境、麻薬に関する奨励制度を一本化し、持続可能な発展と良き統治を奨励するための制度として「ＧＳＰプラス」を一般的なＧＳＰとは別に設けることにより対応した。ＧＳＰプラスは2006年から15年までの期間を対象としており、対象国は、ボリビア、コロンビア、コスタリカ、エクアドル、グルジア、グアテマラ、ホンジュラス、スリランカ、モルドバ、モンゴル、ニカラグア、パナマ、ペルー、エルサルバドル、ベネズエラの15ヵ国[30]である。ＧＳＰプラス対象国は中南米諸国に集中しており、1999年より2年ごとにＥＵとラテンアメリカ・カリブ諸国の首脳によるサミットも開かれている。

　また、最低開発国（least developed countries）に対しては、ＥＵは関税、

非関税障壁を撤廃する措置を2001年よりEUは実施しており、兵器関連製品のみは除外しているので、「ＥＢＡ（Everything But Arms Initiative）」と呼ばれている。ただし、バナナ、砂糖、米に関しては漸次自由化するという方法がとられ、バナナは2006年まで、砂糖、米は2009年までに関税率ゼロとする予定となっている。ＥＢＡ対象国は48ヵ国であり、そのうち39ヵ国[31]はＡＣＰ諸国であり、ＡＣＰ以外の対象国には、イエメン、アフガニスタン、バングラデシュ、モルディブ、ネパール、ブータン、ミャンマー、ラオス、カンボジアがある。しかしながら、民主化問題のためにミャンマーに対しては、ＥＢＡおよびにＧＳＰ待遇が停止されている。

　貧困対策の一環として、ＨＩＶ、結核、マラリアの撲滅をＥＵレベルで進めており、医薬品の価格を下げるために輸入国の関税を引き下げるようにとの働きかけも行っている。また、2005年にはＴＲＩＰＳの修正が合意され、公衆衛生上の問題を抱えている国にジェネリック医薬品を輸出する企業に対してライセンス（compulsory license）が認められることになった。このＷＴＯの決定を受けて、2006年に欧州議会と理事会は決議第816号を採択しているが、ＷＴＯ加盟国の3分の2以上の同意がＴＲＩＰＳ議定書の批准には必要である。

米国の対外経済政策

　欧州ではＥＵが中心的主体となって対外経済政策を展開しているのとは対照的に、米州においては、むしろ国家が対外経済政策の主役であると言えよう。ＮＡＦＴＡは米州における巨大な市場であるが、ＮＡＦＴＡ自体は国際的法人格がないのでＦＴＡを締結することはできず、米国、メキシコ、カナダがそれぞれの対外経済政策を実施している。ＮＡＦＴＡにおいてはもともと米国とメキシコとの2国間レベルでＦＴＡ締結が模索されたが、すでに米国とＦＴＡを結んでいたカナダが3ヵ国による交渉を望んだため、3ヵ国による経済統合が実現した。カナダとしては、米国とメキシコ間のＦＴＡにより米国市場においてカナダ製品が差別されることが一番の懸念であり、北米地域主義を発足するとの強いモーティベーションが当初より作用していたわけではない[32]。米国は従来、グローバルなレベルでの多国間主義を最優先していたが、ＮＡＦＴＡ発足後は積極的にＦＴＡ締結を推進している。米

州域内諸国とのＦＴＡについては既述したが、西半球域外の国々とのＥＩＡ（Economic Integration Agreement）・ＦＴＡ締結も積極的に展開している[33]。イスラエル（1985年）、ヨルダン（2001年）、シンガポール（2004年）、オーストラリア（2005年）、モロッコ（2005年）、バーレーン（2006年）との条約がすでに発効しており、2007年には韓国と条約を締結している。また、オマーンとのＦＴＡ交渉は終了しており、アラブ首長国連邦（ＵＡＥ）、マレーシア、タイとも交渉中である。また、南アフリカ関税同盟（ＳＡＣＵ）とのＦＴＡ交渉も2003年より開始されており、ＷＴＯのドーハ開発アジェンダ（ＤＤＡ）におけるアフリカ支援策の一つの方法としてＦＴＡ締結を模索中である。

　米国の西半球以外の国々とのＦＴＡ戦略の特徴としては、①中東諸国との関係重視、②環境問題、労働基準問題、知的財産権保護問題をＦＴＡに組み込む、③長期的展望としては、地域レベルにおける多国間主義的ＦＴＡを目標とする、の3点を指摘することができよう。米国にとりエネルギー政策上、あるいは中東地域の安定化といった政治的目的からも穏健な中東諸国との経済関係の強化が、積極的ＦＴＡ戦略の意図するところであろう。また、中東とのＦＴＡを含めて、ＮＡＦＴＡ締結以来、米国は環境問題、労働基準、衛生基準、知的財産権などの問題を2国間レベルで対応するという方法をとっている。米国は京都議定書に対して消極的で、国際社会から批判を受けることも多かった。京都議定書の温暖化ガス削減方法では地球全体としての削減目標は明示されているが、各参加国が目標達成をどの程度実現するかは不透明であり、かつ、具体的にそれぞれの国が抱える環境問題がどの程度改善されるのかについても明確な予測が立たない。ＦＴＡに環境問題関連の付属条約を付帯させることにより、国内環境基準の遵守をある程度期待できるし、特にＮＡＦＴＡのような近隣諸国との条約の場合には、国境付近の環境も改善できる可能性がある。労働基準や衛生基準に関しても、相互基準認証やあるいは具体的共通基準の設定などにより、国内市場の基準が崩れるのをある程度防ぐことができる。また、子供の就労を禁止する条項を付帯することにより、子供の人権問題を改善するよう圧力をかけることになる。労働、環境基準ほど強制力はないが、民主化やガバナンスの面においても改善を促す条項を、ＥＩＡ・ＦＴＡの各条約に織り込むという方法も近年米国政府はとっている[34]。さらに、米国の長期的展望としては、ＥＩＡ・ＦＴＡネットワ

ーク網が完成した地域から、多国間主義的なＦＴＡを締結するとの意図が現状ではあるようである。多国間主義化することにより、制度全体の透明性や公正さが増すことは、ＮＡＦＴＡ発足の経緯より類推できる。西半球、東南アジア、中東[35]との間に大規模な自由貿易圏構想をすでに発表しているが、ＦＴＡＡ交渉が難航していることからも、たとえ実現するにせよかなりの時間を要するものと考えられる。

　また、米国にとりＥＵとの関係は第１の貿易相手国であり、ＷＴＯでは農業分野をめぐり対立を繰り返してきたが、21世紀に入ってからは協力を制度化する動きが強まっている。2007年に米国・ＥＵサミットで発表された協力フレームワークにおいても、両国は経済統合を促進するという表現を使っているが、ＦＴＡ、ＥＩＡを締結すると表明していない。同フレームワークでは、知的財産権（特にアジア、ラテンアメリカ地域における協力）、投資（開かれた投資レジームにより経済成長を促進）、安全な貿易の確保（基準の相互承認やテロリストや不正に対する対策）、金融市場（規制基準の収斂、相互承認等）、技術革新（ナノ・テクノロジー、クローン、バイオテクノロジー分野における専門家の交換や共同研究の可能性の検討等）に重点をおいた協力を規定している[36]。米国とＥＵが協力を促進しつつある状況において、日本は貿易・投資の制度作りという分野では比較的影が薄い。米国は東アジアにおいて急速に中国との経済関係を深めており、世論調査においても将来日本より中国との関係の方が重要であると考えている米国市民が多いとの結果も出ている[37]。また2003年の「米露行動計画」に基づき、2006年11月にはロシアとの間で「２国間ＷＴＯ市場アクセス協定（Bilateral WTO Market Access Agreement）」を結び、ロシアのＷＴＯ加盟問題を後押しすることになった[38]。中国とともにＢＲＩＣｓの一角を担うロシア市場へのモノ、カネの進出を促進することが米国の主要目的であり、牛肉をはじめとする農産物、ＩＴ製品、航空機の機体および部品、化学製品、建設・農業器材、化学器材、医療などの分野でロシアの関税引き下げが実施されることとなった。また、ロシア市場において知的財産権保護を強化するための条項も盛り込まれている。

米国の対発展途上国政策

　米国も多くのOECD諸国と同様にGSPを設定しており、対象品目、対象国は米国政府GSPサブ委員会に決定権があり、通常毎年7月1日にリストの変更が行われる。対象品目は3,400品目あり、さらに1,400品目が後発GSP対象国（Least Developed Beneficiary Developing Countries, LDBDC）に向けて非課税扱いとなる。しかしながら、発展途上国にとり重要な輸出品目が必ずしもGSP対象となっているわけではない。除外されている品目としては、繊維、時計、靴、ハンドバッグ、鞄、革製品などがある。GSP対象国（BDC）は113ヵ国あり、非独立地域の対象国は19地域、さらに以上とは別に、LDBDCの対象となる国は43ヵ国ある。また、GSPの原産地ルールが適用される地域として、アンデス・グループ、西アフリカ経済・通貨同盟（West African Economic and Monetary Union, WAEMU）、ASEAN、南アジア地域協力連合（South Asian Association for Regional Cooperation, SAARC）、南部アフリカ開発共同体（Southern African Development Community, SADC）、CARICOMがある。GSPの対象となるためには、①NTR（Normal Trade Relations）待遇を受けていたり、WTO、IMF加盟国となっている場合を除き共産主義国であってはならず、また国際共産主義の支配下にあってはならない、②十分な補償なく米国市民や企業の財産を国有化したり接収してはいけない、③団体交渉権や強制労働からの自由、最低賃金などの国際的に認知された労働権を受容しなくてはならない、④児童就労を廃止するよう努めなくてはならない、などの経済的要因以外の条件も設定されている[39]。米国には中国との政治・経済関係を将来最重要となると考える市民が世論上は多いが、BRICsで唯一中国はGSPの対象とはなっていない。ちなみに中国はEUのGSP制度では第2の受益国となっており[40]、米国、EUの間に社会主義体制に対する姿勢の温度差が存在することを読み取ることができる。この米国・EU間のギャップは、キューバの場合にも当てはまるものである。

　GSPの枠組みの中でも、特にサブサハラ向けに特恵関係を強化したプログラムがあり、「アフリカの成長と機会法（African Growth and Opportunity Act, AGOA）」と呼ばれている。サブサハラ諸国48ヵ国のうち38ヵ国がA

ＧＯＡの対象となっており、そのうちの26ヵ国に対してアパレル関係の特恵が供与されている。対象国となるための基準は、私的財産権の保護、自由主義的貿易制度、法の統治と政治的多元主義、米国に対する貿易・投資障壁の除去、貧困や腐敗対策、労働者の権利、人権問題などが条件となっており（ＡＧＯＡ第104項（ａ））、ＦＴＡ締結の条件とも相似している。また、アンゴラ、ナイジェリア2ヵ国も対象国であり、この2国はＯＰＥＣ加盟国でもある。米国へのＡＧＯＡ対象国からの輸出の98％が非関税となっているが、このプログラムは米国にとっても十分利益のあるものとなっている。2005年より2006年にかけて米国のＡＧＯＡ対象国からの輸入は16％伸びたが、9％が石油であり、逆に米国からサブサハラ全体への輸出はこの期間17％伸びているというデータがある[41]。サブサハラ地域の貿易全般を見ると、輸出入とも約3分の1が対ＥＵであり、輸出では米国が約30％、輸入では米国は約6％を占めているに過ぎず、貿易収支は不均衡な状況にある。2004年には米国政府はミレニアム・チャレンジ口座（Millennium Challenge Account, ＭＣＡ）を設置し、貿易関連能力を強化するための2国間援助を基準該当国に対して実施している。また2006年には南部アフリカ関税同盟との間に貿易・投資協力協定（Trade and Investment Cooperation Agreement, ＴＩＣＡ）を結び、長期的には将来ＦＴＡを締結する可能性も視野にあると言えよう。このように、ＡＧＯＡはＧＳＰより優位な条件で対象国の経済発展支援を目指すものであるが、同時に米国のエネルギー確保政策の一端に寄与する一面もある。そのために環境技術面での援助、天然ガス・パイプライン建設などのインフラ面での援助をも含む、多角的支援プログラムが米国と関係諸国間で検討されている。

　また、米国はＦＴＡと環境問題に関する協定とを結びつけ包括的に合意に至る方法をとることにより、環境に関する条項に強制力を持たせようとの政策が、2002年の貿易法制定以降とられている。環境問題に係る紛争解決のために、罰金という従来の方法だけではなく、貿易面において制裁が実施されるという方法もとられることになった。すでにチリ、シンガポール、北米とのＦＴＡでこのような環境協定が結ばれており、ペルー、コロンビア、パナマ、韓国とのＦＴＡにも環境条項が盛り込まれている[42]。シンガポールとのＦＴＡでは、米国とシンガポールが環境上維持可能な都市づくりのためにＡＳＥＡＮに協力するという取り決めがあり、米国は米国の都市とアジア

の都市とを姉妹都市のように結びつけ、大気、水質、土壌を浄化するための支援を行うという、新たな方法を模索している。また、シンガポールとの協力のもと、種の保存の危機に直面している木材などの輸出を取り締るため、港湾の検査官や関税官の訓練も実施してきた。

韓国とのFTAでは、韓国と米国がそれぞれの環境法や環境政策を尊重したうえで、既存の多国間主義的国際環境法である①ワシントン条約（The Convention on International Trade in Endangered Species of Wild Fauna and Flora, CITES）、②モントリオール議定書（The Montreal Protocol on Substances that Deplete the Ozone Layer, 1987）、③海洋汚染条約（The Protocol of 1978 Relating to the International Convention for Prevention of Pollution from Ships, 1973）、④ラムサール条約（The Convention on Wetlands of International Importance Especially as Waterfowl Habitat, done at Ramsar, 1971）、⑤南極の海洋生物資源の保存に関する条約（The Convention on the Conservation of Antarctic Marine Living Resources, 1980）、⑥国際捕鯨取締条約（The International Convention for the Regulation of Whaling, 1946）、⑦米州熱帯マグロ委員会設立条約（The Convention for the Establishment of an Inter-American Tropical Tuna Commission, 1949）を採択し、維持し、履行するよう規定されている。米州熱帯マグロ委員会は必ずしも米州地域に限られた条約ではなく、以前よりフランス、バヌアツが署名している。また、上記の条約以外にも、将来協力の対象とする環境条約を追加することも可能である。韓国とのFTAと同様の環境条項をペルー、コロンビア、パナマとのFTAにも盛り込んでいる。米国は将来米国を中核とするFTAのネットワーク網を、環境保護のための規範的制度構築のために積極的に活用する可能性が、米州協力、アジア太平洋協力の場合には高いと言えよう。

以上の他に、米国の発展途上国向けの特恵プログラムとしては、アンデス諸国に対する麻薬撲滅プログラムとCBIがあるが、すでに第Ⅴ章において論じたとおりである。

中南米地域・諸国の対域外経済政策

アンデス共同体は、共通外交政策を実施しており、米州域外国に対する共通政策としては、対EU、中国、インド、日本、APEC・ASEAN、ロ

シア政策があり、またWTO、FTAA交渉においても共通政策が実施されている。しかしながら、ECのように域外国とFTAを締結したり、あるいはWTOにおける加盟資格を得たりという段階には至ってはいない。1996年にはCANとEUの間で「政治対話共同宣言」が調印され、アンデス首脳理事会議長と、欧州理事会議長および欧州委員会委員長との間で、あるいは閣僚レベルで共通の国際問題について議論を重ねてきた。さらに2002年には、両地域間で連合協定を締結するための交渉を開始することが決められ、翌03年には「政治対話・協力条約」が結ばれている。両地域間の協力の柱として、①政治対話、②EU統一市場へのアクセス（EUのGSPはCANにも適用されている）、③1992年に締結された協力枠組み条約、④麻薬問題に関する対話、があり、2007年9月には連合協定を結ぶための交渉も開始されたばかりである。

　メルコスールは、2000年よりEUと連合協定を結ぶための交渉を続けており、政治対話、FTA、両地域間の協力を三つの柱とする包括的協定を目指している。メルコスールは主として農業製品を、EUは工業製品を輸出するという貿易構造となっているが、WTO規則に基づいた、すべてのセクターにおける自由化を達成目標としている。また2005年5月にはブラジリアで南米・アラブ諸国サミットが開かれ、メルコスール＝GCC自由貿易地域に向けての枠組み条約が調印され、FTA交渉が開始された。湾岸協力会議（Gulf Cooperation Council, GCC）はサウジアラビア、クウェート、アラブ首長国連邦、バーレーン、カタール、オマーンの6ヵ国により構成され、通貨統合を目標に掲げているが、2003年に関税同盟として条約が発効している。

　カリブ共同体は、1998年にドミニカ共和国、2004年にはコスタリカとFTAを締結し、一部の国々では批准手続きが終了し発効している。FTA以外の経済協力や貿易協定等はカナダ、米国を中心に、西半球諸国や国際機構と多数結んでいるが、米州域外国との条約締結は極めて稀である。例外としては、1999年にスペインとの間で科学技術協力に関する協定が結ばれている。もちろん英連邦カリブ地域にとり欧州との経済関係は重要であるが、カリブ共同体を窓口としてはおらず、コトヌー協定や英国との2国間協定等により協力関係は維持されていると言えよう。中米共同市場（CACM）は、米国とのFTAが発効しているが、米州域外国とのFTA、EIA構想は今

のところ具体化していない。

　米州域外の国と積極的にFTAを結ぶ方針をとっているのがメキシコであり、イスラエル（FTA、2000年）、EC（FTA・EIAとも2000年）、EFTA（FTA・EIAとも2001年）、日本（FTA・EIAとも2005年）との条約が発効している。チリも近年、域外国との関係を深めており、EC（FTA、2003年）、中国（FTA、2006年）、日本（FTA・EIAとも2007年）との条約が発効している。この2国はドーハ・ラウンドでもブラジル、南アフリカ共和国とともに幅広い貿易自由化交渉を支持する立場をとっており、グローバルなレベルで市場の拡大を目指している。あるいは、国内市場を自由化することによるリスクを重視するよりもむしろ、自国製品が世界市場で差別されるのを予防する貿易政策を展開しているとも言える。

アジア太平洋地域の対域外経済政策

　APECはWTOを第一義的な貿易自由化の枠組みとして位置づけ、APECレベルの貿易自由化は域外に対しても同等の処遇を与え、それによりWTO自体の自由化をも促進する、という特異な立場をとっている。そのため、貿易自由化交渉の分野では、ボゴール宣言に基づきAPECの自由化を進展させれば、それが自動的にグローバルなレベルでの自由化をも促進できるという仕組みができあがっている。通常の地域統合が他地域とFTAを結ぶと、実質的には差別的な貿易関係を形成していくことになるが、APECの場合にはそのような排他性はない。通常の地域統合と比較して、APECの自由化方式はグローバリゼーションを促進するうえでより適切な方法であると言えよう。WTOとの関係におけるもう一つのAPECの機能は、ルール作りにおける団体交渉力の役割であるが、あまり強くない。米国、中国、日本という市場大国をメンバーとして擁しており、APECの発言力はWTO内でもそれなりの影響力を持つはずではある。2005年には「ドーハ開発アジェンダ交渉に関するAPEC経済首脳声明（APEC Economic Leaders Statement on Doha Development Agenda Negotiations）」を発表し、DDAの成功を求めるという点では域内の意見が一致しているが、加盟国の具体的な利害調整には手つかずのままとの感が強い。実際のWTO交渉においても、APEC主要国の立場は統一されておらず、ECのようにWTOの加盟主体と

なり意思決定に関与する力は、APECにはない。

　APECはグローバル化を促進する立場をとっており、APECのFTAに対する立場は理論上微妙である。すでに1980年代初頭よりALADIのもと、2国間主義や少数国間条約を多数締結しながら地域全体の貿易自由化を促進するという方法をとってきた中南米諸国の立場とも、APECは異なっている。しかし、2000年以降、実態としてはAPEC加盟国間でFTA、EIAが続々と締結されており、またこの流れは世界的な潮流でもある。2003年のタイ、コーンケーンにおけるAPEC貿易担当大臣会合では、FTAの問題を取り上げ、WTOとFTAとは補完するものであるとの合意が成立した。引き続きボゴール宣言の目標とFTAとの整合性などについて、APECで継続的に議題として取り上げることが決定されている[43]。

　アジア太平洋では、2国間FTA網はどの程度できているか、を現時点において確認しておきたい。オーストラリアは、ニュージーランド、シンガポール、タイ、米国との条約がすでに発効しており、また、ASEANとは調印済みで、中国、マレーシア、日本、GCCとFTA交渉にすでに入っている。中国はASEAN、香港、マカオ、チリ、パキスタンとの条約が発効しており、オーストラリア、ニュージーランド、GCC、南部アフリカ関税同盟（SACU）、アイスランド、ペルーと交渉中である。また韓国は、チリ、シンガポール、EFTA、ASEANとの条約が発効しており、米国との条約はすでに署名されている。また、ASEAN、カナダ、メキシコ、EU、インド、日本とも交渉中である。それでは、日本はどうなっているのか。シンガポール、メキシコ、マレーシア、チリ、タイ、フィリピン、ブルネイ、インドネシアとの条約は発効しており、スイスとの条約は署名済みである。ASEAN、ベトナムとは合意に達しており、GCC、韓国、インド、オーストラリアと交渉中である。米国の動きについては、すでに前項で論じてある。そのほかにも、域内には交渉開始以前のFTA構想も多数あり、アジア太平洋におけるFTA網は主要国間関係を間もなく覆い尽くすことになると予測してよいであろう。このFTA網をこのまま放置していくのか、あるいは、経済統合の効果が飽和状態に達した時点で多国間主義的な地域統合として再編することになるのか、は今後の展開を見守る必要がある。

　また、日本は米国、EUとFTA・EPAを結ぶかどうかは未定であり、世界経済秩序を規定している2大市場との関係を決めかねている状況にあ

る。貿易は為替政策と密接に連動しており、FTAにおける関税譲許が達成されても為替が変更すれば貿易量が必ずしも拡大するとは限らない。特に、日本とドイツはプラザ合意後ドルを買い支える役割をしばしば担ってきたが、ユーロが誕生して以来、国際金融の仕組み自体が変容し、ユーロはドルに次ぐ国際通貨として機能し始めている。そのような変化の中で、日本が米国、あるいはEUとのFTAやEPAを想定する場合には、金融協調まで含めた幅広い視野から2国間主義的協力を検討する必要があろう。ニクソン・ショック後の日本の高度経済成長期には、自動車をはじめとする日米経済摩擦を解決するため、GATTの枠外で、2国間主義に基づき貿易（輸出自主規制など）、為替、国内向けマクロ経済政策を駆使することにより、日米経済関係のバランスをとるという方法がとられていた[44]。しかしながら、WTO発足後は国際規範に則った自由競争と紛争解決に米国も従うようになっており、金融問題を含めて米国との新たな経済調整のシステムを構築していく必要性が高まっている。さらに、2008年にサブプライム・ローン問題が発生して以来、世界経済は縮小傾向を強めている。金融安定化と経済成長促進のため、新興諸国を含めた先進諸国間の政策協調が必要であり、G20などの交渉の場も整いつつある。

ASEANとEU——対照的な地域統合間の協力——

ASEANの場合、国際的法人格を有する主体としてASEANがFTAに調印したり、あるいは、各加盟国が個別にFTAを締結するという方法をとっており、対域外経済関係を統一しているEC・EUとは異なり、中南米地域の方法に近い。すでにASEANは中国、韓国、日本、インド、オーストラリア、ニュージーランドとのFTAを交渉中、あるいは、すでに調印済みである。ASEANの中でもシンガポールは独立して多くのFTAを締結しており、ニュージーランド、日本、EFTA、オーストラリア、米国、インド、ヨルダン、韓国、パナマとのFTA・EIAが発効している。これらの条約の多くが、APEC加盟国間の条約でもある。また、シンガポールはグローバルなFTAネットワーク網を展開している。

APEC非加盟国との関係においては、EUとの関係をASEANは重点的に展開している。ASEANとEUの関係は長く、1972年より非公式な

関係はあったが、1980年に「EC-ASEAN協力条約」を結び、経済・技術協力関係がはじめて制度化された。1996年よりASEMの会合が首脳レベル、閣僚レベルをはじめ様々なレベルで開かれ、信頼醸成、情報交換、政策調整のための場を提供してきた。またEUはARFの加盟国でもあり、政治・安全保障関連の協力はARFを窓口として行われることが多い。経済分野では、EU、ASEANは両者の民間セクターの交流や合弁を支援し、相互の経済進出を促進してきた。また、ECはASEANの統合推進を資金面、あるいは統合のノウ・ハウ面においても援助しており、2003年には「ASEAN-EC地域統合支援プロジェクト（APRIS）融資条約」が結ばれている。

また、国連、WTOなどが目指す政治・経済・社会的目標を達成するためにEU、ASEANの協力が促進されており、2007年3月には、2007年から2012年までのEUとASEANの協力関係を規定した「EU-ASEANパートナーシップ強化に関するニュールンベルク宣言実施のための行動計画」が出された。同行動計画は、政治・安全保障協力、経済協力、エネルギー安全保障・気候変動・環境分野における協力、社会・文化協力の4つの協力分野からなり、対テロリズム活動、麻薬・犯罪対策、非武装化と非核地帯化、貿易・投資、交通、エネルギー、環境、持続的開発と鉱物資源、教育及び人と人の関係、公衆衛生、女性、災害管理と緊急対策、科学技術、開発協力など、多岐にわたる項目を扱っている。また、将来両地域間でFTA交渉を開始するための準備作業に入るよう言及されている。この行動計画は極めて包括的な地域間協力構想となっており、その内容は米州機構（OAS）の社会・経済協力を彷彿させるものがある。

FTA・RTA、地域主義とグローバリズム

以上、地域統合機構や国家がFTA政策をどのように展開しているか、について、欧州、米州、アジア太平洋地域の視点から論じた。本章の考察をまとめるとするならば、次のような議論を展開できるのではないだろうか。

まず、地理的、空間的関係に着目した場合、FTA・RTAは、①地域貿易圏の拡大、②飛び地的なグローバリゼーションの展開（異なる地域に属する国家間、あるいは国家と地域統合とのFTA）、③地域統合と地域統合と

のFTA、という三つのタイプに分類できる。貿易圏の拡大の例としては、EUの欧州近隣諸国政策や米国のFTAA構想があり、経済的相互依存を深めることにより、近隣地域の政治・経済的安定を促進しようとする大国や先進地域の意図がその背景にはある。飛び地的な展開とは、経済成長が著しい市場や、先進国市場への進出を目指して、グローバルなレベルで経済ネットワークを構築していこうとする動きである。FTAを締結した国の企業は、FTAネットワークを利用することによりグローバルな投資・経営戦略を展開しやすくなると言えよう。このような方法をとっているのは、メキシコ、チリ、シンガポール、韓国、GCC、イスラエル、EFTAなどである。このグローバルなFTA戦略を展開しているのは、経済発展が進んだ国々であることも一つの特徴である。第3の地域統合と地域統合とのFTAについては、ECとメルコスール間で長らく交渉中であり、またECとASEAN間で交渉へ向けての準備中であるが、WTOに申請された条約はまだない。EEAはEFTAとECとの統合関係を規定しているが、EEAという組織として申請されている。また、メルコスールとアンデス共同体はFTAを締結したが、WTOに申請された条約ではない。

　次にRTAの近年の特徴として、先進国と発展途上国との間で多くのRTAが結ばれていることを指摘できる。これらの統合の多くが、単なる貿易・投資、サービスの自由化だけではなく、環境問題、労働基準、知的財産権、麻薬撲滅、公衆衛生、発展途上国間の地域統合支援、技術協力などを多角的に協力関係に組み込んでいる。従来の特恵供与と援助という南北経済関係と比べて、発展途上国は市場の自由化を求められ、条件は厳しいものとはなっているが、先進国側が発展途上国の持続的発展を側面から支援しようとする姿勢は感じられる。また、WTOのドーハ開発アジェンダや、国連のミレニアム目標を達成するための一つの方法としてRTAは機能しており、これらの国際規範はRTAの一方の主体である米国とEC及びその加盟国が中心となって規定したものでもある。先進国と発展途上国地域との間で結ばれるRTAの多くが、地域主義よりもむしろグローバリズムに寄与するものである。

　特に、環境問題、労働基準、食品衛生、公衆衛生、麻薬等の問題は、先進国対発展途上国という単純な構図では解き明かせない、トランスナショナルな利害の連鎖を内包している。環境問題にしても、大気汚染を排出している国が近隣諸国に悪影響を与えている場合には、裏を返せば、排出している国

の市民はさらに深刻な環境のもとに生活を送っていることになる。隣国の環境改善への働きかけは、排出国の市民の利益ともなっているのである。同様のことが、食品安全基準、労働基準などにも該当し、ＲＴＡに組み込まれた条項により、これらの基準が標準化される方向に向かえば、両国の市民、消費者の利益となるわけである。ただし、企業の視点から見た場合には、基準が厳しくなることは生産力を鈍らせ、収益を減らす原因ともなる。理想としてのグローバル・スタンダードへ移行するまでの過渡的措置として、2国間主義的交渉により、基準の調整を図っていくことは現実的な方法である。特に環境問題の場合、地理的に隣接した地域でこのような包括的ＲＴＡを結ぶことができれば、ターゲットを絞って問題を解決することが可能かもしれない。京都議定書のようなグローバルな視点からの削減方法と併用することが、今後は肝要であろう。

　麻薬の場合にも、かつてフレンチ・コネクションが撲滅された結果、トルコから中南米地域に麻薬・覚醒剤栽培の拠点が移ってしまったとの歴史的経緯が存在する。麻薬栽培は発展途上国の貧しい人々にとり数少ない現金収入を得るための手立てであり、他の収入源を見つけることができるまでは、不法栽培は根絶しないであろう。そのためには、政府や国際機関の何らかの支援が必要であり、ＲＴＡがそのための一つの方法となっている。また、中南米における麻薬栽培に終止符を打つだけでは、問題の一時的な解決にすぎない。生産拠点がアジア、アフリカに移るだけであれば、先進国側の問題は何ら解決に向かうことにはならないであろう。グローバルなレベルでの貧困対策、麻薬犯罪の取り締まりが同時に急がれる所以である。

　本章では、グローバリゼーション、国際経済秩序と地域主義との関係について幅広く論じたが、地域主義と国際秩序とはゼロ・サム的な、相反する関係にはないことを明らかにした。国際経済秩序も地域統合もグローバリゼーションを促進する機能を果たし、かつ、市場の自由な活動に一定の制約を加えるという役割も果たしている。また、ＥＣはＷＴＯの加盟主体としてＷＴＯの意思決定において主要な役割を果たしており、米国（国家）とＥＣ（地域）が国際貿易秩序の2極構造を形成している。法規範上はＷＴＯが地域主義を規定している傾向が強いが、ＷＴＯの意思決定システムにおいてはＥＣが主要な主体として参画している、というグローバリズムとリージョナリズムの相互作用的関係を国際貿易秩序に見出すことができるのである。

【注】

1) 小寺彰「ＦＴＡとＷＴＯ──代替か、補完か？」『国際問題』第566号（2007年11月）、ジャクディシュ・バグワティ著、佐藤隆三・小川春男訳『危機に立つ世界貿易体制──ＧＡＴＴ再建と日本の役割』（勁草書房、1993年）、第5章。Robert Gilpin, *Global Political Economy: Understanding the International Economic Order* (Princeton U. Press, 2001), Ch.13. また、1996年には日本国際政治学会とＩＳＡ（International Studies Association）との共催による研究大会が日本で開催され、その成果がYoshinobu Yamamoto, *Globalism, Regionalism & Nationalism: Asia in Search of its Role in the 21st Century* (1999, Blackwell Publishers) として出版されている。
2) バグワティ『危機に立つ世界貿易体制』、76 – 80頁。
3) 古城佳子『経済的相互依存と国家──国際収支不均衡是正の政治経済学──』（木鐸社、1996年）、船橋洋一『通貨烈々』（朝日新聞社、1988年）等を参照。
4) 松本八重子『地域経済統合と重層的ガバナンス──ラテンアメリカ、カリブの事例を中心に──』、86 – 106頁。
5) 細野昭雄『ラテンアメリカの経済』（東京大学出版会、1983年）、166 – 182頁、200 – 218頁。
6) 恒川恵市『従属の政治経済学メキシコ』（東京大学出版会、1988年）、第1 – 2章。
7) Jacques H.J. Bourgeois, "The European Court of Justice and the WTO: Problems and Challenges," in J.H.H. Weiler, ed., *The EU, The WTO and the NAFTA: Towards a Common Law of International Trade* (Oxford U. Press, 2000), p.72.
8) ベルギー、フランス、オランダでは国家により発効された国際条約は自動的に国内法の一部となり、ドイツやイタリアでは国際条約はそれ自体は効力はあるものの、国内法体系では効力がなく、効力を持たせるためには立法手続きを踏む必要がある。さらに第3のタイプとしては、国際条約自体には効力がなく、国際条約を組み込むための国内法が制定されてはじめて効力を発する場合もあり、デンマークや英国ではこの方法がとられている（Bourgeois, "The European Court of Justice and the WTO," p.91.）。
9) Jeffrey J. Schott and Jayashree Watal, "Decision Making in the WTO," in Jeffrey J. Schott, ed., *The WTO After Seattle* (Institute for International Economics, 2000), p.285.
10) http://www.wto.org/english/thewto_e/whatis_e/tif_e/tif_e/org3_e.htm 11/09/2007.
11) Schott and Watal, p.286.
12) Corporate Secretariat, "International Bank for Reconstruction and Development, International Finance Corporation, International Development Association, Executive

Directors and Alternates," November 1, 2007.
13) http://www.imf.org/external/np/sec/memdir/members/htm 01/29/2008.
14) Council of the European Union,15120/05（Presse 329), 29 November 2005.
15) Council of the European Union, 13345/07（Presse 213), 28 September 2007.
16) ＷＴＯの訴訟については、http://www.wto.org.english/tratop_e/dispu_e/cases_e を参照のこと。
17) Armand de Mestral, "NAFTA Dispute Settlement: Creative Experiment or Confusion?" in Lorand Bartels and Federico Ortino, eds., *Regional Trade Agreements and the WTO Legal System*（Oxford U. Press, 2006), pp.366-367.
18) *Ibid.*, p.370.
19) *Ibid.*, p.367.
20) http://www.wto.org/english/tratop_e/dispu_e/dispu_by_country_e.htm 11/14/2007.
21) William J. Davey, "Dispute Settlement in the WTO and RTAs: A Comment," in Lorand Bartels and Federico Ortino, eds., *Regional Trade Agreements and the WTO Legal System*, p.352.
22) *Ibid.*, p.353.
23) James H. Mittelman, *The Globalization Syndrome: Transformation and Resistance*（Princeton U. Press, 2000), pp.5-7.
24) *Ibid.*, p.7.
25) http://www.wto.rg/english/tratop_e/dispu_by_country_e.htm 11/14/2007.
26) David Allen and Michael Smith, "Relations with the Rest of the World," in Ulrich Sedelmeier & Alasdair R. Young, eds., *The JCMS Annual Review of the European Union in 2006*（Blackwell, 2007), p.173.
27) Directorate-General for Trade, European Comission, "EU Trade policy: Main Issues for the 133 Committee in the Second Half of 2005,"（Brussels, 1 July 2005), p.18.
28) http://ec.europa.eu/trade/issues/bilateral/countries/japan/index_en.htem 12/21/2007
29) Sandra Lavenex & Frank Schimmelfennig, "Relations with the Wider Europe," in Sedelmeier & Young, eds., *The JCMS Annual Review of the European Union in 2006*, p.151.
30) Commission Decision of 21 December 2005,（2005/924/EC), L 337/50 *Official Journal of the European Union*, 22.12.2005.
31) スーダン、モーリタニア、マリ、ブルキナ・ファソ、ニジェール、チャド、カーボヴェルデ、ガンビア、ギニア・ビサウ、ギニア、シエラレオーネ、リベリア、トーゴ、ベニン、中央アフリカ共和国、赤道ギニア共和国、サントメ・プリンシペ、コンゴ、ルワンダ、ブルンジ、アンゴラ、エチオピア、エリトリア、ジ

ブチ、ソマリア、ウガンダ、タンザニア、モザンビーク、マダガスカル、コモロ、ザンビア、マライ、レソト、ハイチ、ソロモン諸島、ツバル、キリバツ、バヌアツ、サモアの39ヵ国。

32) Maryse Robert, *Negotiating NAFTA: Explaining the Outcome in Culture, Textiles, Autos, and Pharmaceuticals*（U. of Toronto Press, 2000), pp.26-35.

33) これらのＲＴＡについてはＷＴＯのホームページの"Regional Trade Agreements Information System"（http://rtais.wto.org/UI/PublicMaintainRTAHome.aspx）を参照のこと。

34) ＮＡＦＴＡ締結の際にはこのような方法は使われなかった。

35) 2002年にはＥＡＩ（Enterprise for ASEAN Initiative）が、2003年には「中東自由貿易イニシアティブ（Middle East Free Trade Initiative）」がブッシュ（子）大統領により発表された。

36) "Framework for Advancing Transatlantic Economic Integration Between the United States of America and the European Union," 2007.

37) 『読売新聞』2007年12月7日。

38) http://www.ustr.gov/Document_Library/Press_Releases/2006/November/United_States,_Russia... 12/24/2007.

39) Office of the United States Trade Representative Executive Office of the President, "U.S. Generalized System of Preferences: Guidebook,"（Washington, D.C., February 2007), p.19.

40) http//ec.europa.eu/trade/issues/bilateral/countries/china/index_en.htm 12/21/2007.

41) Office of USTR, "2007 Comprehensive Report on U.S. Trade and Investment Policy Toward Sub-Saharan Africa and Implementation of the African Growth and Opportunity Act, The Seventh of Eight Annual Reports,"（May 2007), p.5.

42) http://www.state.gov/r/pa/scp/95955.htm 12/24/2007.

43) "Statement of the Chair," Meeting of APEC Ministers Responsible for Trade, Khon Kaen, Thailand, 2-3 June 2003.

44) 例えば、古城佳子『経済的相互依存と国家』、第4－5章。

第Ⅷ章

日本と地域主義
―― 結びにかえて

地域統合と加盟国の多様性

　本書では様々な視点から地域統合を比較検討したが、本章ではそれらの議論を整理したうえで、今後日本人が地域主義と関わっていくうえで、どのような問題意識を持つべきかを考えてみたいと思う。筆者は中南米地域、特に英連邦カリブ地域の地域主義を専門領域とし、国際関係論、国際政治学、国際政治経済学を専攻分野としてきたため、その分析視点は自ずと限られたものである。また、中東、アフリカについても比較研究の対象とはできなかったが、これらの地域が国際経済秩序を考察するうえで不可欠な要素であることを改めてお断りしておきたい。しかしながら、今回欧州、米州、アジア太平洋の比較研究を行うことにより、地域統合の実態をある程度相対化して論じることができた。

　本書は各章ごとに異なったテーマを論じるという形式をとったが、二つの主題に絞ることができる。一つ目の主題としては、政治体制、経済発展レベルが異なる国々の間で統合を行う際に、どのような統合制度を構築すればよいか、という問題を扱った。二つ目の主題として、国際経済秩序や地域統合制度がグローバリゼーションの影響により急速に発展していく過程で、加盟国はどのようにして主権を維持することができるのか、を論じた。筆者は国家が伝統的な方法で主権を維持し続けることは不可能であると考えるが、将来の見通しが不透明な国際社会において、国家が主権を行使できる方法を確保しておくことは、不測の事態への保障となると考えられる。グローバリゼーションや相互依存が浸透した現在、国家が自発的に主権の制約を受容する必要性があることを認めたうえで、筆者は自由市場において国家はどのようにして国民経済・市民生活を守れるのか、という視点より議論を展開した所存である。

　まず第1の主題からまとめていきたい。この主題とは逆の事柄から話を始めるようではあるが、現在、加盟国の政治体制、経済発展レベルが最も均質的な地域統合はEUであるということには間違いはないであろう。政治・経済上厳しい加盟条件を設定しているがゆえに、民主主義的なEUの意思決定制度が機能し、ヒトの自由移動が可能であり、また、物価指数、為替、イン

フレ率の変動幅を国内市場で抑え、共通通貨や共通金融政策を実施することが可能であると言える。EUのように、唯一の地域統合（RTA）にしか参加を認めず、域外に対する経済・外交安全保障政策を可能な限り協調させていこうとする統合方針は、域内の均質性を基盤として、いわゆる「主権を共有」することにより可能であるとの見方もされてきた。このような統合方法がとられているのは、超国家的な統合を長期的な統合目標とすることを加盟国が同意しているからであろう。ただし、主権の制約をいつ、どこまで受け入れるのか、については、統合過程においてその都度各加盟国が決定してきたと言えよう。

米州やアジア太平洋地域の場合はどうであろう。1970年代から冷戦の終焉までは、米国はFTAを締結しておらず、中南米における地域統合においては、イデオロギー上の多元主義、あるいは不干渉主義により、国内政治体制は統合の加盟条件には上らなかった。むしろ、軍部が工業化を促進するために地域統合を利用した面もある。アジアにおいても、開発独裁の問題には触れずに、国家主権の尊重と内政不干渉の原則が強く作用してきたと言える。冷戦の終焉後には、米州では民政移管を後戻りさせてはいけないという意識が強く、民主主義を浸透させようとする気運は中南米全域に広まっていった。ただし、ハイパーインフレと累積債務問題を解決するため、ブラジル、アルゼンチンは独自の金融政策や物価統制政策を実施し、IMFからは一歩距離を置く方法をとった。しかし、構造改革、自由化は実施され、社会からは人民主義的政策の放棄に対する抵抗感もあった。21世紀に入ると、新経済自由主義に対する反動からか、ブラジル、チリ、ボリビアなど多くのラテンアメリカ諸国では、中道左派や左派政権が大統領選挙を経て誕生することになった。アジアにおいては、冷戦の終焉後に社会主義国の中国やベトナムがARFやASEANに参画するようになっており、異質な政治体制に対する許容度は現在米州以上に高い。経済的には、米州では新経済自由主義が浸透しているが、市場規模や工業化レベルの差は域内で歴然としている。アジアの場合も同様であるが、さらに、社会主義経済体制と資本主義体制間の経済自由化をどのようにデザインしていくか、という問題も統合を促進していくうえで解決していかなければならない。

米州やアジア太平洋地域のように、経済的に多様な国々から構成される地域統合の方法として、協力可能な分野や国家間でまず統合していくとの原則

が働いているように思われる。貿易、投資の自由化も2国間FTAを域内に多数締結することにより、地域レベルにおける自由化を補おうとする傾向を両地域に見出すことができる。あるいは、工業化のための産業補完協定などは発展途上国の工業化にとり重要な政策であるが、加盟国全体の参加を前提とせず、プロジェクトに利害関心のある国同士で協力が実施されている。さらに、地域的な協力枠組みも、扱うイシューや協力目的に応じて重層的に設定されるという、非常に融通性のある制度設計が発達している。このような複雑な制度が機能するのも、IT革命による事務処理能力の向上に負うところも多いが、域内の途上国や小国にとり負担となっているのも事実である。また、経済統合上の優遇措置や、経済力に応じた財源負担基準を域内途上国のために設定するという方法は、EUを含めて多くの地域統合で採用されている。経済統合の理論上、経済力の異なる国同士で統合すれば双曲化現象が引き起こされるとされており、このような複数の基準の設定は妥当なものであると考えられる。

　価値の分配を考慮した制度設計が必要なのは、アジア太平洋や米州地域であると言えるが、実際に価値の再分配システムが機能しているのは、欧州である。ドイツと日本はほぼ同額のODAを拠出しているが、ドイツはEU予算を支えるために、さらにODAと同額の拠出をEUに対しても行っている。もし東アジアにおいてもEUのような制度を構築するのであれば、日本はドイツと同様の財政的貢献を必要とされるであろうという指摘もある[1]。米州における地域統合は、理念上統合の価値が加盟国にとり公平に分配されることを理想とし、経済統合や融資において域内途上国に対する優遇措置を早期から設定してきた。しかしながら、地域で共通の財源をプールし、それを開発の遅れたサブナショナルな地域へ再分配することにより、域内市場の格差を是正し、雇用や競争条件を均しくするというところまではまだ至っていないと言えよう。アジア太平洋においては、ボゴール宣言が採択されるまで、基本的には関税を引き下げられる国が自発的に実施する、という自由化方式をとっていた。米州や欧州の自由化方式と比較すると、自由化できない国は自動的に優遇されていたと解釈することも可能である。と同時に、域内格差を積極的に是正するとの目的意識は、ベトナム、ラオス、カンボジアがASEANに加盟するまで明確にされてこなかった。

　多様な政治経済体制の国々により構成される地域で統合が実施される場

合、利害対立を調整し統合を一本化することは難しいので、いくつかの統合分野ごとに制度を設定し、地域全体の統合システムが調和するよう重層的な制度を組み立てていくことが、統合を進展させるための一つの方法となると結論できる。そのような場合、2国間ＦＴＡやサブリージョナルなＦＴＡのネットワークが域内に構築され、域内の権威、権力は分散、多元化する傾向があろう。このような重層的制度は、ＥＵのような半ば超国家的と呼べる制度と比較すると、国家主権に対する強制力が弱く、共通財源の徴収力も弱く、国内政策の調和や価値の再分配政策を実施しにくいと言えよう。

地域統合と国家主権

　次に、第2の主題のまとめに入りたい。まず第1に、地域統合の意思決定における加盟国の主権の問題について検討していきたい。国際制度と国内制度とは次元が異なっており、主権国家が国民に対して有するような権限や責務を、地域統合機構は加盟国に対して負ってはいない。しかし、地域統合に参加した際にはその意思決定制度に従い、主権は制約を受けることを前提として国際協力は成立するものと考えられる。特に経済統合分野における国家主権に対する制約のレベルは、安全保障、外交分野における制約レベルと比べてはるかに高い。何故なら、グローバリゼーションにより経済的相互依存がすでに国際社会に深く浸透しており、国際社会は国際市場という公共財を共同で運営しているからである。ＧＡＴＴ・ＷＴＯにより国際貿易秩序は制度化されており、ＷＴＯの決定が市場の自由化、グローバリゼーションを促進してきたからである。ＷＴＯに規定された地域統合も、グローバリゼーションを促進する機能を担っており、ＷＴＯと同様に加盟国の主権を制約してきたのである。他方、安全保障分野は、国連安保理の拒否権などにより制度が必ずしも機能するとは限らず、また、伝統的に主権や不干渉主義が維持されてきた分野でもある。人道的介入という新たな発想により国際社会の意識は変化しつつあるが、地域機構などにおける決定がそのまま国内法化されるようなことはこの分野ではまだ起きていない。
　さらに国際経済秩序の意思決定を複雑にしているのは、ＥＣの存在である。ＥＣは地域統合で唯一ＷＴＯの正式加盟地域となり、ＷＴＯの意思決定の中心的な主体として活動している。ＥＣは、ＷＴＯやグローバリゼーショ

ンを規定する主体であり、かつその影響や制約を受ける客体としての2面性を持っているわけである。

　第Ⅱ章でも論じたように、EUを含め、通常地域統合の最高意思決定機関であるサミットでは、コンセンサス方式が重要議題では実質的に採用されており、地域統合の方向性を決める決定では、多数決制度ではなく、コンセンサス方式が採用されている。また、コンセンサス方式では各加盟国の拒否権が認められている限り国家主権が保障されていると考えられがちであるが、国力に差がある場合には、強国の影響力により合意が形成される場合も想定され、実際に主権の平等が保障されているかは別の問題である。しかし、大国主導であったとしても、その合意内容が加盟国全体の利益バランスに配慮し、地域全体の経済成長と政治的安定にとり妥当なものであるならば、加盟国は同調するであろう。そして同調できない場合には、少数派の加盟国は主権を行使することによりオプト・アウトを承認させ、あるいは極端な場合には、統合から脱退するという方法をとることが可能である。このような逸脱を正当化する方法として、国民投票は民主的で、説得力がある方法である。ただし、政府と国民との間に認識ギャップが存在する場合には、どちらの見解が果たして国益という視点から見た場合に正しいのかという微妙な問題も内包している。また、一般的に地域統合の規範体系にはセーフガードが組み込まれており、国内経済を守るために国家が自律的な決定を行う余地が保障されている。

　一方、地域統合が深化、あるいは拡大していくにつれ、手続き的な分野においては意思決定を効率化するために多数決制が導入される傾向が、EU、CARICOM、CANなどでは強まっている。多数決では少数派意見は切り捨てられるので、主権に対する制約はより強いと考えられる。国内社会においても、少数派の権利や意見をいかに汲み上げていくかが民主主義の一つの課題であるが、地域統合でも同様である。加盟国が主権を侵害されていると感じなくてすむ状況を確保するためには、地域統合のルール形成過程に積極的に参画し、自国の利害に見合ったルールを作るよう働きかけることが、基本的には重要であると考えられる[2]。

　第2に、地域統合の規範体系と加盟国の国内規範との関係についてまとめることにしたい。二つの規範体系を調和させる方法としては、国内法の相互承認と統一基準の設定の二つに大きく分けることができる。また、地域統合

の規範を国内規範に組み込んでいく方法としては、国内議会の審議・批准を経る方法と、自動的に国内法に組み込まれていく方法とに大別できる。どちらの場合も後者の方法の方が国家主権に対する制約は大きいと言えるが、意思決定・法的手続きの効率化という視点からは、相互承認、自動的な組み入れ方法が採用しやすい方法である。また、域内競争条件の公正さという視点では、統一基準を設定する方法が優れている。ＥＣでは相互承認、共通法の設定、両方の方法を併用しており、またＥＣの第２次法では自動的な組み入れ方法がとられているので、ＥＣレベルでの意思決定後には国家が影響力を行使しうる範囲は大幅に制限されている。一方、ＮＡＦＴＡなどの国家間主義を中心とした統合では、相互承認と国内議会の審議・批准が用いられており、多国間主義的意思決定も国内レベルで拒否される余地が残されている。

第３に、紛争解決と国家主権との関係についてであるが、国家間の仲裁が行われるか、あるいは中立的な機関による裁定がくだされるかにより、国家が紛争解決にどの程度影響力を行使できるかが異なってくる。常設裁判所がない場合には、通常国家間パネル等による問題解決が図られ、まず国家間の交渉による自発的な解決が目指される。一方、常設裁判所がある場合、裁判官の独立性は保障されており、裁判における中立性、公平性が保障されるが、その分、国家は裁定や解決方法に介在できなくなる。常設裁判所が設置されているのはＥＵ、中米共同体、アンデス共同体、カリブ共同体であり、ＥＵを除いて域内の経済的相互依存が必ずしも高い地域ではなく、むしろ、植民地時代の経験により、共通の法文化を共有している地域である。他方、ＮＡＦＴＡ、ＡＰＥＣでは域内貿易の比率は非常に高いが、常設裁判所を持たず、場合によってはＷＴＯに訴訟を持ち込むことを加盟国に認めている。ＷＴＯに提訴することにより、紛争解決の中立性はより高められ、国家主権に対する制約も厳しいものとなると言えよう。

地域統合を超国家的性質のものとして捕えるべきか、あるいは政府間主義により規定されるものとして理解すべきか、という問題は地域統合研究の重要課題の一つであるが、本分析からはどのような結論を導き出すことができるのであろうか。少くとも最高意思決定のレベルでは国家間の交渉と合意により統合の方向性が規定されるという構造は今回扱った全ての地域統合に共通であり、統合に関する根幹的な決定権は国家にあると解釈すべきであろう。ただし、その下のレベルにおける意思決定や、地域統合規範を国内規範

体系に組み込んでいく手続き過程において、国家が介在する余地はEUなどでは狭まってきている。しかし、加盟国は参加を望まない統合分野に関しては、オプト・アウトなどにより参加しない権利が保障されており、超国家的機関により参加を強制されているわけではない。したがって、地域統合の深化、拡大により国家主権・権限への制約は強まるが、主権そのものは保障されていると考えるのが妥当であろう。

アジア太平洋と重層的統合システム

　以上、第Ⅶ章までの内容をまとめたが、次に、日本と地域主義との関係について議論を広げることにしたい。日本は1960年代よりアジアやアジア太平洋における地域主義を模索してきたが、現在までに日本が加盟している地域経済統合はAPECのみであり、また21世紀に入るまでFTAを締結せず、日本は地域統合に対して慎重な政策をとってきた。これは、日本の農業問題などの国内的要因と、日本にとり最大の輸出先である米国が長らく地域統合に消極的であり、日米間では輸出自主規制などにより貿易摩擦が処理されていたこと、などの国際的要因により説明できる。構造的に、東アジアでは日本の工業化レベルが長らく突出していたこと、あるいは、アジア太平洋地域では政治文化や法制度の共通基盤が薄いこと、などにより、ただでさえ多様な政治経済利害が錯綜するアジア太平洋地域を一つの制度にまとめ上げることは神業に近い作業であろう。本書では、欧州、米州、アジア太平洋の三つの地域を比較したが、アジア太平洋の地域協力が欧州、米州のどちらに将来近づくか、という問題を考えると、米州により近い制度になるであろうと感じている。もちろん、制度化のレベルは米州とは異なっているものの、APECとASEAN、ASEAN関連の多国間主義的フォーラムは、すでに重層的システムとして機能している。

　米州とアジア太平洋地域は、なぜ重層的な制度に適しているのか。経済的視点から見ると、地域の多様性、発展レベルの相違がその理由であると考えられ、発展途上国が域内の多数派であることが重要な原因であると考えられる。経済統合、特に共通の開発政策やセクター統合を実施するためには、工業化レベルが近いことが前提条件となっており、先進国と発展途上国との間で統合プログラムを組むことは難しい。しかしながら、発展途上国同士の経

済統合が閉鎖的で自己完結したシステムとなってしまった場合、市場が狭すぎる。経済上の相互補完性という視点からも、先進国と発展途上国がより広域レベルで市場統合を行い、先進国から発展途上国へ資本が流れるようにすることが、地域全体の活性化には必要である。また、通貨危機が発生した際にも、域内先進国から域内途上国への速やかな支援が、地域経済の成長を失速させないためには肝要である。

　米州では、1960年代には米国とラテンアメリカとの経済発展の相違がありすぎるとして、まず中米とラテンアメリカでそれぞれ経済統合が実施され、その後ＬＡＦＴＡ・ＡＬＡＤＩ域内にアンデス共同体、メルコスールが形成された。現在では、メルコスールとアンデス共同体はＦＴＡで結ばれている。米州の場合には、地域統合と経済協力とは制度的には分かれて発展してきた。地域統合枠組みは既述したように一連の地域統合・ＦＴＡが担い、一方、経済協力は米州機構（ＯＡＳ）や米州開発銀行（ＩＤＢ）などを中心に実施されてきた。また、貿易投資の実態として、中南米諸国にとり米国、カナダとの関係が域内関係より大きいという特徴がある。そして、ＮＡＦＴＡの発足により、先進国と発展途上国との市場統合が世界ではじめて実現した。アジア太平洋ではボゴール宣言により先進国と途上国との間で貿易・投資の自由化を目指しているものの、市場統合が完成するとしても2020年以降のことである。ＡＰＥＣ域内にはＣＥＲ、ＡＦＴＡ、ＮＡＦＴＡがサブリージョナルな経済統合として機能しているが、ＣＥＲ以外は1990年代に発足したもので、経済統合としての歴史は浅い。そして、米州、アジア太平洋両地域において、ＦＴＡＡ構想、ＡＰＥＣの経済共同体化構想が米国主導で提唱されたが、どちらも実現していない。米国も近年ではＦＴＡＡよりむしろ２国間主義的ＦＴＡに重点を移している。

　アジア太平洋の成長の核の一つは中国であるが、ＥＵとの経済関係が密であり、アジア太平洋だけに優先的に市場を開放し、地域経済統合を深化させることは考えづらい。むしろ現在構築が急がれているのは、アジア太平洋の安定した金融・証券市場の構築であり、同地域に資本を呼び込み、通貨を安定させ、成長を維持していくことが重要である。アジア通貨危機の際には、日本が中心となってチェンマイ・イニシアティブを実行に移し、通貨の安定に成功した。バブル後長年日本経済は低金利政策を続けており、シンガポール、香港などの金融・証券市場に既に先を越されてしまった感もあった。ま

た、中国の外貨準備高は日本を抜いて現在世界第一位であり、対米経済関係において中国は強い影響力を持てる立場にある。

しかしながら、2008年7月末に米国のサブプライム・ローン問題が発覚して以来、世界市場は深刻な金融危機と不況の波に晒されている。同年10月には急速な円高が進み、日本を中心とする東アジア金融市場は比較的安定しているとされてはいるが、IMFはアイスランド、ウクライナ、ハンガリーに対する緊急融資を決定した。また米国FRBは韓国、メキシコ、ブラジル、シンガポールと通貨スワップ協定を結び、新興国通貨の安定を支援することになった。今回の世界的経済危機を克服するためには先進諸国間の金融政策協調は不可欠であり、かつ、中国をはじめとする新興諸国経済の成長を止めない配慮を怠らないことが肝要であろう。

政治・安全保障面から見た東アジア

日本にとり、安全保障上最重要な同盟国は米国であり、実際に有事の際に日本を軍事的に支援してくれる国は、米国及び米国の同盟国であろう。国連安保理の常任理事国の意見や利害が対立するような問題を紛争が孕んでいた場合、国連は機能しないか、あるいは機能したとしても常任理事国間で合意を形成するための時間がかなりかかる。国連を中心とする集団安全保障を尊重することは、平和国家日本の外交にとり必須の要件であるが、北朝鮮問題を抱える現状において、国連のみに全てを頼ることもできないというのが現実であろう。北朝鮮は国連加盟国であり、北朝鮮内部で紛争が勃発した場合、北朝鮮政府からの要請がない限り国連は軍事介入できない。また将来、地域安全保障制度の構築を目指したとしても、国連の集団的自衛権や地域的取決の規範的枠内で機動することになる。国連安保理で合意が形成できない問題に関しては、長期的視点からは合法的措置を地域機構に期待することはできないと言えよう[3]。こうした状況を打開するための一つの方法として、日本が安保理の常任理事国入りし、安保理内部から合意形成のため積極的に動くというシナリオは以前よりあった[4]。2008年10月に日本は非常任理事国として10回目の当選を果たし、常任理事国入りのための足場を築くためのチャンスが完全になくなったわけではないと言えよう。

日本の軍事的な意味での安全保障にとり死活的な地域は東アジアであり、

日本にとり、6ヵ国協議が問題解決に必要な地域的枠組みに一番近いように思われる。しかし、この6ヵ国で、多国間主義的な安全保障上の制度を設けることは現状では無理であろう。当事者以外も交え、ワンクッション置いたＡＲＦの信頼醸成機能が、それに代わる役割を果たそうとしているが、調停機能を果たすまでには至っていないというのが実情である。2009年4月に北朝鮮はミサイルに転用可能なロケットを発射し、国連安保理は議長声明において安保理決議1718号違反であると北朝鮮を批難した。日本も国連安保理も6ヵ国協議による問題解決を支持しているが、北朝鮮は米国との直接交渉を望んでおり、6ヵ国協議再開の目処が立たない状況にある。

核問題については、北朝鮮が核兵器の開発を放棄し、ＮＰＴを遵守することが近隣5ヵ国の共通目標であり、そのためには米国だけでなく、中国、ロシアも北朝鮮に対して政治的圧力をかける必要がある。ＮＰＴ体制では核保有国と非保有国との間には構造的に不公正が存在すると言えるが、これ以上核を増やさぬことが地球全体にとっての共通利益であるとの認識のもとに体制は成立している。よって、核を持たぬ日本、韓国が脅威にさらされている以上、核保有国である米国、中国、ロシアが核兵器の拡散を絶対的に阻止するとの強い姿勢をとることが、ＮＰＴ体制をより強固なものとすることになるのではないだろうか。そのためには、経済支援、エネルギー支援などを核兵器放棄問題とからめて総合的政策を組み立てていく必要がある。

日本は、歴史的経緯からも中国の近代化、台湾の経済的安定、南北朝鮮問題にコミットせずにはいられない立場にある。中国は近年経済成長が著しく、大都市部では富裕層が台頭し、近代化が加速度的に達成されている。他方、農村部における貧困、経済成長に伴う環境汚染、経済格差の拡大などの問題を抱えている。中国政治指導部はかつてのようにカリスマ的指導者に依存することもなくなり、官僚主義的なエリートとして、政治的安定と経済発展との難しいバランスをとっている状況にある。天安門事件(1989年)以来、2008年末の有識者による「08憲章」まで、民主化運動は長らく表面化しなかった。しかしながら、サブプライム・ローン問題以降の、世界経済の停滞が長期化すれば、経済発展から阻害されてきた人々が、何らかのきっかけにより暴動を起こす可能性は高まろう。そのような反体制暴動を封じ込める方法にはどのようなものがあるか、あるいは、その結果として、開放された中国市場はどのような影響を受けるのか、を考えれば、中国の順調な経済成長

と適切な福祉政策や価値の再分配政策が、当面東アジアや世界の共通利益であると言えよう。中国の民主化は日本にとり望ましい課題であるが、ソ連・東欧諸国やラテンアメリカで民政移管が実現したように、中国内部から湧き上がってくるのを待つべきである。さらに、大国中国が抱える国内政治問題としては、複雑な民族問題を忘れてはならない。2008年に入ってからチベットで暴動が発生しており、オリンピック開催に対するボイコットなども起き、中国の民主化はそう簡単に達成できるものではないと言えよう。また、東シナ海のエネルギー開発では、日本は中国との共同開発を促進するべきであるが、尖閣諸島の領有権問題については、解決を急がず、充分時間をかけるべきである。世界経済が停滞している現状では、特に慎重な外交関係が望ましい。

　台湾は第2次世界大戦以降、主権国家としての独立をめぐり中国との対立を続けてきたが、日本の立場は米国と一致している。両国とも「一つの中国」を原則として支持しているが、いかなる武力行使による台湾の併合を認めず、あくまでも平和的解決を求めるというものである。当面、台湾の独立問題には決着はつきそうもなく、台湾と中国とのこの問題に関する対話も進んではいないが、中国の経済成長に伴い、中台経済関係は急速に伸びている。日本にとって台湾は第4の貿易相手国であり、また、文化的結びつきも強い。資本主義イデオロギーという視点から見れば、台湾との関係は重要であるが、開放経済を採用した大国・中国の市場は世界経済のエンジンとして有望であり、米国の東アジアに対する立場も複雑なものとなっている。このように米国外交の建前と本音が入り乱れることは、決して東アジア外交のみに当てはまるわけではない。冷戦期に米国はラテンアメリカにおける軍事政権を容認し、共産主義を封じ込めようとしたが、その外交政策は現実には民主主義の基本的価値観とは相いれない矛盾を孕んでいた。中国の開かれた市場が成長を続け、国内的にも安定が維持される限り、米国の対中、対台湾の基本的方針は変わらず、また、日本の姿勢も同様であろう。2008年3月の台湾における総統選挙で国民党の馬英九氏が勝利したことにより、今後の台中関係は「統一せず、独立もしない」という関係を維持しつつ、経済的結びつきを強めることになろう。台湾資本の本土への浸透が、今後中台関係の変化をもたらす糸口となりうるかもしれないが、当面日本のすべきことは、領土問題に関しては妥協せず、他の外交分野とは切り離したうえで、中国、台湾との

また、韓国との関係はどうか。韓国の立場は、対米、対中関係を中心に組み立てられているが、過去の朝鮮戦争などにおける経験により、日本以上に中国に対しては一種の警戒感もある。韓国は日本と同様、安全保障面では米国との同盟関係を主軸に据え、ベトナム戦争以来イラク戦争まで米国の軍事活動を支援するために多くの若者を送り出し、朝鮮半島の安全を米国に保障させようと努めてきた。近年では米国とFTAを締結し、米国との経済的相互依存関係をさらに深める覚悟である。FTAの締結は、韓国企業にとって巨大な米国市場におけるビジネス・チャンスを提供するだけではなく、逆に韓国資本や農業部門が競争に敗れるリスクもあるが、それでも米国との関係を優先するとの意思表示であろう。一部の市民の意識においては、対米依存に対する嫌悪感もあるであろうが、有事の時に頼りにできるのは米国であり、日本、中国、ロシアではないとの意識は強い。韓国の日本との関係は、朝鮮半島の安定と平和を目指すという意味で共通の立場にあり、また、資本主義・民主主義体制を東アジアで維持するための盟友でもある。南北統一問題については、韓国のイ・ミョンバク大統領は所信表明演説において、韓国国民にとり統一は悲願であるとしたうえで、非核化を条件として北朝鮮の経済発展を支援する方針を示した[5]。日本としては、米国、韓国、中国、国連などの国際機構と協調しながら、対北朝鮮政策を組み立てていくべきであり、同時に日本人拉致問題をアピールし続けることが肝心である。

　ロシアとの関係であるが、ロシアの経済自由化はもはや疑うべくもないが、WTOへの加盟が大幅に遅れていることは、西側先進諸国との良好な経済関係が確立しているかに係る懸念材料でもある。日本としては、すでにロシアのWTO加盟を支持する姿勢を固めている。また、ロシアの民主主義はプーチン首相の個人的資質に依存している部分が大きく、外部から見ると権威主義的体質に映る面も多いが、メドヴェージェフ体制下においても当面プーチン首相の影響力は維持されるであろう。日本にとっては、やはりシベリアのエネルギー資源開発プロジェクトに参画することにより、ロシアとの良好な経済相互依存関係を深め、さらに、資源に乏しい日本の経済安全保障を確立する必要がある。と同時に、エネルギーはロシアにとって重要な外交手段でもあるので、ロシアに対する脆弱性を強めない配慮も不可欠である。すでにサハリンの液化天然ガスプロジェクトや、「東シベリア―太平洋」パイ

プライン・プロジェクトに関して、日露政府間、あるいは、民間企業を交えた協議が行われている。さしあたり、このようなエネルギー協力の促進と、北方領土問題・平和条約締結問題とを切り離す方針が妥当であろう。国境の画定は恒久的であり、両国にとり納得のいく解決が望まれる。

東アジア共同体は可能か

　日本をめぐる東アジアの国際関係を概観したが、このような状況で東アジア共同体は将来形成されるのであろうか。民主主義と資本主義を基本的な価値とする共同体の形成は、東アジアの場合には当面難しく、まずは経済的安定と成長のための共同体作りを目指すべきであろう。過去の経緯では、東アジア共同体構想は米国の覇権を牽制する意図が中国やＡＳＥＡＮ諸国の背後にはあったようであるが、果たしてそれが日本の国益につながると言えるのであろうか。東アジアの文化的アイデンティティーを重視するあまり、東アジアの国々の経済および安全保障上の利害が米国と深く関連しており、地域の安定のためには米国の協力が必要であることを軽視すべきではないであろう。日本では、米国の東アジアにおける軍事力縮小問題が、日本の安全保障においてどのような影響を与えるのか、という問題について市民レベルでの充分な議論がなされぬまま、今日に至ってしまった感が強い。東アジア共同体が形成される場合には、米国の利害関心を東アジアから逸らさない制度を発足することが、むしろ日本にとり利益となるのではないだろうか。いずれにせよ、安全保障面における共同体作りは、当面信頼醸成や非核地帯化のレベルで継続されるであろう。日本は唯一の被爆国として、核兵器の脅威に関する情報を国際社会に提供する使命を帯びているが、同盟国米国に対する配慮も充分心がけるべきである。

　安全保障面における多国間主義的地域制度が構築されるとすれば、それは集団安全保障の分野ではなく、麻薬、海賊、マネー・ロンダリング、テロリズムなどの国際的犯罪や自然災害、沿岸警備などの分野においてである。2001年のＡＳＥＡＮ＋3首脳会議において当時の小泉首相は海賊問題に関する地域協力を促進するための枠組み作りを提案し、2004年には「アジア海賊対策地域協力」が採択された。この協定にはＡＳＥＡＮ、日本、中国、韓国、インド、バングラデシュ、スリランカが加盟し、2006年に発効し、加盟国

の海上保安機関間の連携強化を目指している。また警察庁も2005年に「国際協力推進要綱」を制定し、「G8司法・内務大臣会議」、「G8ローマ／リヨン・グループ」、「国境を越える犯罪に関するASEAN＋3閣僚会議」、「犯罪防止及び刑事司法に関する国際連合会議」などの国際的組織犯罪やテロ対策関連の国際会議に積極的に係わってきている。またマネー・ロンダリングやテロ資金問題に関しては、「金融活動作業部会（FATF）」、「アジア・太平洋マネー・ロンダリング対策グループ（APG）」、「エグモント・グループ」を中心に情報交換や国際協力が進められている[6]。また、犯罪取り締まりのための迅速な国際協力を可能とするために、警察庁は2国間レベルで刑事共助条約を結ぶ方針をとっており、すでに米国、韓国、中国とは署名に至っており、香港、ロシアとは交渉中である。

東アジアにおける経済統合の展望

東アジアの経済統合の可能性については、どうであろうか。21世紀に入ってから2国間レベルで多数のFTAが結ばれ、日本もようやくシンガポール、マレーシア、タイ、フィリピン、ブルネイ、インドネシアと経済連携協定（EPA）に署名するに至っている。しかし、東アジアの経済統合の要となるべき中国とのFTAは未知数であり、韓国との交渉は難航している状況であり、東アジアの市場統合は実現するとしても時間がかかりそうである。以下では、東アジアの経済共同体を構築していくうえでの課題を検討していく。

まず第1に、環境問題に係る安全保障共同体を形成すべき領域にこの地域は該当している。中国における酸性雨や大気汚染は日本にも直接的な影響を与えており、しかも京都議定書では中国をはじめとする発展途上国にはこれまで削減義務が課されてこなかった。発展途上国の持続的発展を維持するという視点からは妥当な制度であると言えるかもしれないが、環境汚染が著しい地域を放置することになるという問題点があった。2008年の北海道洞爺湖サミットにおいて、中国、インドなどの新興国にも二酸化炭素の排出削減義務が課されることになったのは大きな収穫であったと評価できる。何故なら、地球温暖化枠組み条約が締結された時点と比べて、現在の新興諸国の排出量は先進諸国よりも格段と増加している。あるいは、鉄鋼などのセクタ

ーによっては、先進諸国の方がむしろ設備投資が遅れるという状況に転じており、環境対策も後手に回るという分野も出現してきている。環境問題では国家間の削減量をめぐる交渉に注目が集まりがちであるが、重点的に環境汚染の原因を直接的に削減できるアプローチが必要であると考えられる。地球全体の環境状況も人類にとり重要であるが、しかし、個々人の人体への影響の方がなお深刻な問題であるとも言え、最悪の影響を受けているのは、汚染の発生地に住む人々であるからである。そのような意味での共同体作りとして、2国間ＦＴＡや東アジア共同体は適していると考えられる。中国の環境問題の影響は韓国も受けており、まずは3ヵ国によりオープンな協力関係を構築していくことが望ましいであろう[7]。

　第2に、知的財産権や衛生基準の問題がある。高度経済成長期には日本は海賊製品の生産地であった過去があるが、今や、自国の知的財産権を守ることにより、経済的繁栄を維持していかなくてはならない立場にある。知的財産権を擁護したうえで、日本が誇る環境技術などを発展途上国に積極的に供与していくシステムを構築していくことが望ましいであろう。そのためには、財源の確保が必要であり、日本の経済自体を活性化し、さらなる技術革新を担っていける人材育成が必須である。また、日本は欧米諸国とともに積極的に知的財産権保護のためのレジーム作りに参画し、自らの利害を守る必要もある。

　食品衛生基準の問題については、日本の基準に見合うものだけを輸入するという方法では、牛肉問題のように経済摩擦がある程度起こることはやむをえないであろう。しかし、国内消費者にとりこの方法は安心感を与えてくれる。もう一つの方法として、基準の相互承認を前提に、貿易を自由化する方法があるが、この場合、消費者自身が情報を収集して自分で食の安全を守らなくてはならなくなる。また、行政側も輸入品に関する情報を消費者に提供するため、もっと時間や予算を費やす必要も出てくるであろう。さらに問題なのは、輸出国の食品衛生基準が守られているか否かを保障できるシステムがないということであり、消費者は生産国や生産会社を信用して製品を購入せざるをえないのである。昨今の中国製の粉ミルクやギョーザ問題は、このような輸入食品の安全性について一般消費者が改めて考えさせられる契機となった。特に粉ミルク問題では、中国の富裕層が国産品より日本などの外国製品を購入する傾向が強まっており、製造者と消費者との信頼関係が求めら

第Ⅷ章　日本と地域主義――結びにかえて

第3の課題として、モノ、カネ、サービスの移動に関しては、東アジアにおいてもWTOのルールに則り基本的には自由化が進み、さらに自由化できる部分は2国間FTAに基づいて自由化するという方法が当面の間はとられることになろう。その際、農業問題をどうするかは日本国内で充分議論し結論を出さなければならない問題である。実質的には放置されているに等しい農地をいかに合理的な生産に結び付けるか、あるいは、食の安全保障のために食糧自給率を上げるべきか否か、という問題を国家レベルで再考すべき時がきているのではないだろうか。また、近年結ばれたFTAが、日本の農業部門にどう影響するかも、今後の農業政策を規定するうえでの貴重な資料となろう。ECにしても、農業問題を一般的経済統合から切り離してCAPを制度化し、農業部門の所得を安定させるという政策を長年にわたり実施し、かつ改革を迫られてきたという経緯がある。日本の場合も、例えば食糧自給率を引き上げるという方針をとるのであるならば、どの産品を自由化し、あるいはどの産品の国内生産を強化するのかなど、農業問題に関する幅広いビジョンを形成していく必要があるのではないだろうか。

　また、海外直接投資は、現地において雇用を創出し、技術移転効果もあり、日本企業がアジアで長年実績を積んできた領域である。自由化が実現すれば、逆にアジアの躍進企業が日本にさらに進出してくる可能性もある。製造業部門では日本の基準賃金が高いので難しいであろうが、サービス部門においてはその可能性はあると言えよう。

　ヒトの移動に関しては、EUでは自由移動が実施されているが、一般的なFTAではヒトの自由移動まで実施するには至っておらず、条件付きで一定の外国人就労者を受け入れている場合もある。労働市場を開く場合には、通常、学歴や職業上の専門性により条件を絞ったうえで導入される場合が多く、そのような就労レジームを設定するためには学歴や専門職資格（医師・看護師・弁護士など）の認定基準をどのように設定すべきか、という問題も絡んでくる。高度な専門職では社会的責任も重く、日本の場合、コミュニケーションに必要な日本語能力が外国人就労者に求められることは妥当であろう。受け入れ国である日本も、社会全般の一層の国際化を促進し、受け入れた外国人就労者のための社会保障制度を拡充していく必要がある。また、国内労働力が有効に生かされているのか、を再考する必要もある。日本社会は、

正社員として雇用されていない若者や主婦層、あるいは高齢者層を多く抱えているが、彼らの力を有効利用することが、社会の活性化には不可欠である。日本の国内労働市場を再建する作業と関連づけながら、有能な外国人を受け入れるための枠組み作りをいかにしていくか、省庁間の垣根を越えた、総合的な雇用戦略が日本政府には求められている。

　移民の受け入れが社会にどのような影響を与えるかについては、欧州統合の経験などから多くのことを学ぶことができるはずである。英国、ドイツ、フランスなどは、トルコや中東、アフリカから多くの移民を受け入れており、社会の外国人受け入れ体制も日本よりはるかに進んでいるが、それでも様々な問題を抱えている。日本のバブル期における日系出稼ぎ労働者の受け入れの経験も、今後の外国人就労者受け入れに生かすべきであろう。バブルが弾けるとともに彼らの姿も日本社会から消えてしまったようであるが、「3K」と呼ばれる仕事に就いていた人々の中には、母国では専門職についていた者も含まれていた。長期的な視点から、どのような仕事の分野で外国人を受け入れることが望ましく、日本人では必要な労働力を確保することができないのかを厳密に吟味していく必要があろう。受け入れの第一歩として、2008年5月にはインドネシアとの経済連携協定により、看護師、介護師の受け入れが決定されたが、受け入れ後の実情を踏まえながら、社会も行政も将来の受け入れ体制を整えていく必要があろう。

　以上の考察より、東アジア・レベルでの経済共同体作りは、おそらくEUのような共同市場の形成には直結しないであろう。また、東アジア各国の安全保障にとり米国との関係を切り離して考えることは不可能であり、米国と東アジア諸国とのFTAはそのための足場作りとなるであろう。日本はFTA戦略ではアジアにおいても出遅れていたが、必ずしもFTAは万能な経済特効薬ではないので、FTA問題には冷静な態度で臨む必要がある。今後経済統合による差別待遇を日本は受ける可能性はあり、例えば、米国市場において韓国製品との競争がどのような変化を見せるのか、等を注視し適宜対処していくべきであろう。

日本は他地域から何を学ぶことができるか

　日本はアジアに属し、1970年代頃まではアジアで唯一の先進工業国であ

った。言わばアジアの孤児とでも呼ぶべき、アイデンティティーの確立しにくい状況にあったが、ＮＩＥＳの躍進後、アジア唯一の工業立国としての立場は曖昧なものとなっていった。しかしながら、現在まで日本がアジアにおいて影響力を維持できているのは、低迷しているとはいえ、そのＧＤＰの大きさとＯＤＡや国際機構への拠出金の多さゆえであろう。さらに、日本の特異な立場は、第２次世界大戦以前の宗主国、第２次世界大戦後の敗戦国としての経験が現在にまで影響している点にもある。現在、日本は経済制度、生活水準では欧米諸国に近く、地理的、文化的にはアジアに属し、安全保障上の同盟は米国と結んでいるという、非常に複雑な立場にある。日本の地域統合、ＦＴＡ戦略を考えるうえで、諸外国、諸地域の経験をどのように参考とすることができるのであろうか。すでに、地域主義の重層的な制度構築という視点からは米州の経験が参考となることを論じたので、その他の点について補足してゆくことにしたい。

　まず米州における経験であるが、先進国と発展途上国との初めての経済統合であるという意味から、ＮＡＦＴＡを参考とすべき点は多いであろう。すでに日本はメキシコとＦＴＡを締結し、アスパラガスをはじめメキシコ産の農産物等が国内産の半額以下の価格で市場に出回っており、日本人の食卓に直接影響し始めている。これと同様の変化が、米国でも起きてきたわけであるが、このような廉価な日常品の流入にはインフレ抑制効果があり、一般消費者にとりプラスのものと言える。また、ＮＡＦＴＡ締結当時、米国労働者が大量に失業するのではないか、との懸念が大統領選挙絡みで一時世相を支配したが、現在では経済統合が米国市民の失業に直結するとの極端な批判はあまり聞かれない。しかし、ＮＡＦＴＡ発足後もメキシコからの不法移民は減少せず、9.11事件以降は不法移民全般に対する規制の強化も実施されており、何らかの対策が必要であるとも考えられている。一方、米国でサブプライム・ローン問題が発生するまでは、メキシコは順調な経済発展を遂げてきたと言え、ＧＤＰは2001年の6,221億ドルから2006年の8,440億ドルへと増加した。1人当たりＧＮＩも2001年の5,580ドルから2006年の7,870ドルへと伸び、2003年にはブレイディ債権を繰り上げ償還した。2004年から2006年の期間では、消費者物価上昇率も３－５％の枠に収まっており、実質経済成長率も３－５％の間に収まっていた。

　ＮＡＦＴＡ発足以前の議論では、経済統合発足後の加盟国の経済動向がど

のように変化するのかを正確に予測できたわけではなく、また、経済状況の実態がどの程度経済統合の影響によるものか、不明な部分も多かった。しかしながら、積極的にＦＴＡを締結しようという意思がある場合には、先進国と発展途上国との統合も相互利益となることをＮＡＦＴＡの例は示していると言えよう。特にメキシコの場合、ＮＡＦＴＡ加盟はＯＥＣＤ加盟とともに民主主義国家としての安定を示す象徴的な役割を果たしており、メキシコ市民の意識の変化にも影響を与えてきたのではないだろうか。民主主義と新経済自由主義をグローバルな規範とすることを積極的に推し進めてきた米国は、メキシコの変化を評価すべき立場にあるとも言えよう。

　国際金融機関におけるドナー国としての立場や、ＷＴＯにおける授権条項の非対象国としての立場が確立されるまで、ロシア、中国、メキシコ、ブラジル、インドをはじめとする新興諸国をＧ７などの準メンバー等の形で意思決定に組み込んでいくことは、国際経済秩序の安定のためにも必要な時期にきているのかもしれない。ＩＭＦでは、新興諸国の影響力を強める形で、制度改革の動きが出ており、すでにＧ20は、Ｇ７と新興諸国との対話の場として機能し始めている。かつての南北問題の時代とは異なり、発展途上国とされた地域の政治経済状況は現在ではあまりに多様化しており、Ｇ７と新興諸国との協力こそが、国際経済秩序を維持・発展させていくうえで必須の要素である。

　それでは、欧州における地域統合の経験はどのような面で日本の手本となりえるのであろうか。欧州統合は第２次世界大戦の反省のうえに築かれたものであり、歴史認識の共通基盤を築くべく統一教科書なども導入されている。ドイツは積極的に戦争責任を認め、地域統合においても多くの経済的負担を供与してきたが、南北ドイツの統一をめぐってはＥＣ側より理解ある態度を得てきたと言える。アジアの場合、識者レベルでの共通の歴史認識基盤を確立する作業は進展しているが、実際の歴史教育は各国に任されている。アジアでは民主主義が不安定な国々もあり、また、ナショナリズムは経済発展にとり有効な原動力ともなるので、正確な歴史認識を早急に社会に浸透させることが必ずしも経済や治安にとりプラスとならないという厳しい現実がある。日本人としては、アジアの国々が抱える政治経済上の諸問題を理解し、客観的に日本が国際関係上置かれている立場や利害関係を踏まえたうえで、どのようにアジアの平和と政治経済発展に寄与することができるのかを考え

る必要があろう。さらに、日本社会では民主主義と自由、人権が基本的価値観となっており、これらの価値観に反する体制が出現すれば、共生しつつもすべての分野では協力できない立場にある。アジアに対する心情的共感と欧米型の価値規範をいかに折り合わせていくかは、日本外交の宿命であるように思われる。

　日本は第2次世界大戦後、自由主義経済体制のもとで独自の競争力を発揮し、目覚ましい経済発展を達成することができた国の一つである。バブル崩壊後、日本経済は低成長を続け近年ではＯＤＡなども停滞気味とはいえ、経済・技術立国としての自国に対して日本人はもっと誇りを持っても良いのではないだろうか。国際社会に政策や財源面で貢献できることは立派な平和国家としての道であり、その実績を発展させていく努力こそ重要なように思われる。本書で扱った地域統合の分野においては、貿易・投資・サービス分野の自由化や知的財産権の保護だけではなく、経済発展に伴う環境汚染、格差の拡大問題などにも配慮した総合的な視点を持続していくことが肝要であろう。

【注】
1) 庄司克宏『欧州連合——統治の論理とゆくえ——』（岩波書店、2007年）、208－210頁。
2) 1990年代前半に、北欧諸国がＥＥＡではなく、ＥＵへの加盟を決定した要因の一つに、ＥＵの意思決定に参画できず、ＥＥＡは一方的にＥＵの決定の影響を受けざるをえない、という問題があった（松本八重子『地域経済統合と重層的ガバナンス』、216－217頁）。
3) 国連憲章第51条、52条、53条。
4) 北岡伸一『国連の政治力学——日本はどこにいるのか——』（岩波書店、2007年）。
5) 『読売新聞』、2008年2月27日。
6) これらの会議については、警察庁長官官房国際課「平成19年の国際協力等の状況」（平成20年3月）。
7) Keiichi Tsunekawa, "Why So Many Maps There? Japan and Regional Cooperation," in T.J. Pempel, ed., *Remapping East Asia: The Construction of a Region*（Cornell U. Press, 2005）, pp.139-140.

あとがき

　筆者は中南米、特に英連邦カリブ地域の地域主義を専門分野として研究・執筆活動を行ってきたが、研究生活の中で、二つの問題意識を持つようになった。一つは、英連邦カリブ地域の地域統合の特徴とは何か、というもので、この問題を明らかにするためには比較研究的視点を導入する必要があると考えるようになった。地域統合の理論研究はもともと欧州統合を基盤としており、理論研究的視点から事例分析を行うと、欧州統合との比較を無意識のうちにしている場合も多い。本書では、各章でとりあげたテーマについて比較分析しやすい三つの地域、欧州、アジア太平洋、米州域内に存在するそれぞれの地域統合の特性を明らかにするよう努めた。もう一つの問題意識は、国際経済秩序と地域主義、国内制度がどのように関連づけられているのか、というものである。世界の地域主義の構造の多くは、国際秩序やEUの変化、あるいはグローバリゼーションの浸透に対応して変容しており、また、国内制度も国際秩序や地域機構の変化に対応して相互作用的に変質している。本書において、このような相互関連性を、事実に即して論じることができていれば幸いである。なお、世界情勢の変化は目まぐるしく、EUのリスボン条約の内容には踏み込むことができなかった点は御了解いただきたい。

　筆者はこれまでアジア太平洋の地域主義やEU統合に関する論文をほとんど発表したことがなく、大部分の章はほぼ新しく書き下ろしたものである。ただし、「第Ⅴ章　統合の拡大と重層化」は、日本国際政治学会2005年度研究大会国際政治経済分科会Ⅱでの報告をもとに、加筆したものである。この学会報告は、前著『地域経済統合と重層的ガバナンス』（2005年）で提起した重層的統合システムのモデルを、米州と欧州の比較という分析視点から発展させようとしたものであった。筆者の主たる研究テーマの一つである「重層的地域経済統合機構」に関する論考のまとめというべき章でもある。

　終章においては、専門外であるにもかかわらず、日本の対地域主義外交についても思うところを書かせていただいた。筆者も50代に入り、一市民と

しての意見を記すことも、時には許されるのではないかと思ったのである。また、本書執筆中に世界的大手金融機関の破綻やサブプライム問題が発生し、世界経済が瞬く間に後退するという事態に直面し、今後の日本や国際社会がどうあるべきかを考えざるをえない心境に至ったのである。

　本書の執筆にあたり、これまで在籍した内外の大学・大学院の先生方、学会関係者の方々や先輩、友人より、実に多くの学問上の御指導や学術的刺激を受けたことを再認識した。お一人お一人にお礼を言うことができず残念であるが、心より謝意を表したい。今は亡き先生方のお元気な姿も脳裏に浮かんでくる。

　また、中央公論事業出版編集部長の増田岳史氏には、前著に続き大変お世話になった。ここに記して、深く感謝したい。

2009年5月
松本八重子

参考文献

I　邦文文献

赤根谷達雄『日本のガット加入問題――〈レジーム理論〉の分析視角による事例研究――』東京大学出版会、1992年。

飯田敬輔『国際政治経済』東京大学出版会、2007年。

五十嵐武士『覇権国アメリカの再編――冷戦後の変革と政治的伝統』東京大学出版会、2001年。

出岡直也「ラテンアメリカ」国分良成・酒井啓子・遠藤貢編『日本の国際政治学3　地域から見た国際政治』有斐閣、2009年。

伊東孝之「東欧政治とＥＣ統合――ポーランドを中心として――」『政治学』、1993年。

浦野起央・大隈宏・谷明良・恒川惠市・山影進『国際関係における地域主義――政治の論理・経済の論理――』有信堂、1982年。

大串和雄『軍と革命――ペルー軍事政権の研究』東京大学出版会、1993年。

大隈宏「ＥＵとＡＰＥＣの軌跡――比較地域主義の視点から――」『国際問題』第452号（1997年11月）。

――「〈ＥＵ－ＡＣＰ〉開発協力の半世紀（1）〜（4）」『成城法学』第71〜74号（2004年3月・7月、2005年3月・12月）。

大芝亮『国際組織の政治経済学――冷戦後の国際関係の枠組み』有斐閣、1994年。

大島恵一、ポール・マクラッケン編『日米自動車摩擦――共存への戦略を探る』日本経済新聞社、1984年。

大矢根聡『日米韓半導体摩擦――通商交渉の政治経済学』有信堂高文社、2002年。

遅野井茂雄編『冷戦後ラテンアメリカの再編成』アジア経済研究所、1993年。

鴨武彦『国際統合理論の研究』早稲田大学出版部、1985年。
菊池努『ＡＰＥＣ：アジア太平洋新秩序の模索』日本国際問題研究所、1995年。
北岡伸一『国連の政治力学――日本はどこにいるのか――』岩波書店、2007年。
木畑洋一『イギリス帝国と帝国主義――比較と関係の視座――』有志舎、2008年。
草野厚『日米オレンジ交渉――貿易摩擦をみる新しい視点』日本経済新聞社、1983年。
黒柳米司「「ＡＳＥＡＮ共同体」論議の陥穽」『海外事情』第55巻第10号（2007年10月）。
黒柳米司編『アジア地域秩序とＡＳＥＡＮの挑戦――「東アジア共同体」をめざして――』明石書店、2005年。
国分良成編『グローバル化時代の中国』日本国際問題研究所、2002年。
――『中国政治と東アジア』慶応義塾大学出版会、2004年。
古城佳子『経済的相互依存と国家――国際収支不均衡是正の政治経済学――』木鐸社、1996年。
小寺彰「ＦＴＡとＷＴＯ――代替か、補完か？」『国際問題』第566号（2007年11月）。
――『ＷＴＯ体制の法構造』東京大学出版会、2000年。
澤田眞治「南米南部における信頼醸成と地域統合――変容する地域秩序の5つの次元――」二村久則・山田敬信・浅香幸枝編『地球時代の南北アメリカと日本』ミネルヴァ書房、2006年。
庄司克宏『欧州連合――統治の論理とゆくえ――』岩波書店、2007年。
白石隆「東アジア地域形成と「共通文化圏」」添谷芳秀・田所昌幸編『日本の東アジア構想』慶応義塾大学出版会、2004年。
添谷芳秀・田所昌幸編『日本の東アジア構想』慶応義塾大学出版会、2004年。
高木誠一郎編『脱冷戦期の中国外交とアジア・太平洋』国際問題研究所、2000年。
高橋進『歴史としてのドイツ統一』岩波書店、1999年。
武田康裕「ＡＳＥＡＮ本質論の再考（書評論文）」『国際政治』第138号（2004年9月）。

田中明彦『日中関係、1945－1990』東京大学出版会、1991年。
──『アジアの中の日本』ＮＴＴ出版、2007年。
田中俊郎・小久保康之・鶴岡路人『ＥＵの国際政治・域内政治秩序と対外関
　　係の動態』慶応義塾大学出版会、2007年。
筒井若水『国連体制と自衛権』東京大学出版会、1992年。
恒川恵市『従属の政治経済学メキシコ』東京大学出版会、1988年。
──『企業と国家』東京大学出版会、1996年。
中村民雄『イギリス憲法とＥＣ法──国会主権の原則の凋落──』東京大学
　　出版会、1993年。
中村民雄編『ＥＵ研究の新地平──前例なき政体への接近──』東京大学出
　　版会、2005年。
西川潤・平野健一郎編、毛里和子編集代表『東アジア共同体の構築3　国際
　　移動と社会変容』岩波書店、2007年。
日本国際政治学会編『日本の国際政治学』有斐閣、2009年。
日本比較政治学会編『ＥＵのなかの国民国家─デモクラシーの変容──』早
　　稲田大学出版会、2003年。
野林健『管理貿易の政治経済学──米国の鉄鋼業の事例研究』勁草書房、
　　1987年。
ジャクディシュ・バグワティ著、佐藤隆三・小川春男訳『危機に立つ世界貿
　　易体制──ＧＡＴＴ再建と日本の役割』勁草書房、1993年。
平島健司『ＥＵは国家を超えられるか』岩波書店、2004年。
平島健司編『国境を越える政策実験・ＥＵ』東京大学出版会、2008年。
福田耕治「ＥＵの東方拡大と地域・構造政策」山本武彦編『地域主義の国際
　　比較：アジア太平洋、ヨーロッパ、西半球を中心にして』早稲田大学出
　　版部、2005年。
藤原帰一・李鍾元・古城佳子・石田淳編『国際秩序の変動』東京大学出版会、
　　2004年。
──『経済のグローバル化と国際政治』東京大学出版会、2004年。
船橋洋一『アジア太平洋フュージョン』中央公論社、1995年。
Ａ・Ｇ・フランク、西川潤訳『世界資本主義とラテンアメリカ』岩波書店、
　　1978年。
細野昭雄『ラテンアメリカの経済』東京大学出版会、1983年。

――『ＡＰＥＣとＮＡＦＴＡ――グローバリズムとリージョナリズムの相克』有斐閣、1995年。
細谷千博・南義清編『欧州共同体の研究』新有堂、1983年。
堀坂浩太郎『南米南部地域における天然ガスのインフラ整備と地域統合――国家主義的発想と地域主義的発想のはざまで――』上智大学イベロアメリカ研究所、2008年。
松下洋「メルコスールからみたＦＴＡ――政治と市民社会のレベルから」『国際問題』第536号（2004年11月）。
松本八重子「国際貿易秩序と地域主義――重層的協力枠組み形成の論理」『国際政治』第111号（1996年2月）。
――「カリブ海における地域主義――拡大カリブの統合に向けて」『海外事情』（1997年2月）。
――「西インド諸島の脱植民地化と地域主義」『ラテンアメリカ・カリブ研究』第6号（1999年5月）。
――『地域経済統合と重層的ガバナンス――ラテンアメリカ、カリブの事例を中心に――』中央公論事業出版、2005年。
――「脱植民地化の国際規範と憲法改正――英領西インド諸島の事例を中心に、1941－62年――」『国際政治』第147号（2007年1月）。
――「英連邦カリブ諸国の地域主義――ミニ・ステートの経済開発と安全保障」小池康弘編『現代中米・カリブを読む』山川出版社、2008年。
ジェイムズ・ミッチェル「イギリスにおける立憲政の発展を考える」日本比較政治学会編『世界の行政改革』早稲田大学出版部、1999年。
最上敏樹『国際機構論』東京大学出版会、1996年。
百瀬宏・植田隆子編『欧州安全保障協力会議（ＣＳＣＥ）、1975－92』日本国際問題研究所、1992年。
森井裕一「欧州共同体と国民国家体系――マーストリヒト条約と複合統治モデル」『国際政治』第101号（1992年10月）。
藪下史郎・清水和己編『地域統合の政治経済学』東洋経済新聞社、2007年。
藪下史郎監修、河野勝・清野一治編『制度と秩序の政治経済学』東洋経済新聞社、2006年。
山影進「地域統合論再考――新たな展望を求めて」『国際政治』第74号、1983年。

──「国民統合のための地域統合──東南アジア島嶼部国際関係の変容と政治統合問題」『国際政治』第 84 号、1987 年。
──『ＡＳＥＡＮパワー──アジア太平洋の中核へ』東京大学出版会、1997 年。
──「メコン河開発の紆余曲折──水系・流域・地域をめぐる国際関係」『国際問題』第 521 号（2003 年 8 月）。
──「ＡＳＥＡＮの変容とアジアにおける地域共同体の構築」『海外事情』第 55 巻 10 号（2007 年 10 月）。
山影進編『東アジア地域主義と日本外交』日本国際問題研究所、2003 年。
山田敦「反グローバル化の広がりと繋がり」『国際政治』第 153 号（2008 年 11 月）。
山田高敬・大矢根聡編『グローバル社会の国際関係論』有斐閣、2006 年。
山本武彦編『地域主義の国際比較：アジア太平洋、ヨーロッパ、西半球を中心にして』早稲田大学出版部、2005 年。
山本吉宣『国際的相互依存』東京大学出版会、1988 年。
──「地域統合の政治経済学──素描」『国際問題』第 452 号（1997 年 11 月）。
──『「帝国」の国際政治学──冷戦後の国際システムとアメリカ』東信堂、2006 年。
──『国際レジームとガバナンス』有斐閣、2008 年。
吉武信彦『国民投票と欧州統合：デンマーク・ＥＵ関係史』勁草書房、2005 年。
Ｏ・ロング著、落合淳隆・清水章雄訳『ガットと経済摩擦』敬文堂、1989 年。
渡辺昭夫・土山實男編『グローバル・ガヴァナンス──政府なき秩序の模索』東京大学出版会、2001 年。

II 英文文献

Abott, Frederick M., "The North American Integration Regime and its Implications for the World Trading System," in J.H.H. Weiler, ed., *The EU, The WTO and the NAFTA: Towards a Common Law of International Trade* (Oxford U. Press, 2000).

Abbott, George C., "The Associated States and Independence," *Journal of*

Interamerican Studies and World Affairs, vol.23, No.1, 1981.

Aggarwal, Vinod K., *Liberal Protectionism: The International Politics of Organized Textile Trade* (U. of California Press, 1985).

Allen, David, "Cohesion and the Structural Fund," in H. Wallace, W. Wallace and Mark A. Pollack, *Policy-Making in the European Union*, Fifth ed. (Oxford U. Press, 2005).

Allen, David and Michael Smith, "Relations with the Rest of the World," in Ulrich Sedelmeier & Alasdair R. Young, eds., *The JCMS Annual Review of the European Union in 2006* (Blackwell Publishing, 2007).

Atkins, G. Pope, *Latin America in the International Political System*, Second ed. (Westview Press, 1989).

Atkins, G. Pope, *Encyclopedia of the Inter-American System* (Greenwood Press,1997).

Axline, W.A., ed., *The Political Economy of Regional Cooperation: Comparative Case Studies* (Pinter Publishers, 1994).

Balassa, Béla, *The Theory of Economic Integration* (Richard D. Irwin, 1961). B・バラッサ、中島正信訳『経済統合の理論』(ダイヤモンド社、1962年)。

Bhagwati, Jagdish N. and Robert E. Hudec, eds., *Fair Trade and Harmonization: Prerequisities for Free Trade?* Vol.2: Legal Analysis (MIT Press, 1996).

Bieler, Andreas, ed., *Globalization and Enlargement of the European Union: Austrian and Swedish Social Forces in the Struggle over Membership* (Routledge, 2000).

Bourgeois, Jacques H.J., "The European Court of Justice and the WTO: Problems and Challenges," in J.H.H. Weiler, ed., *The EU, The WTO and the NAFTA: Towards a Common Law of International Trade* (Oxford U. Press, 2000).

Braveboy-Wagner, Jacqueline Anne, *The Caribbean in World Affairs: The Foreign Policies of the English-Speaking States* (The Westview Press, 1989).

Braveboy-Wagner, Jacqueline Anne, et al., *The Caribbean in the Pacific Century* (Lynne Rienner Publishers, 1993).

Breslin, Shaun, Christopher W. Hughes, Nicola Phillips and Ben Rosamond, eds., *New Regionalisms in the Global Political Economy* (Routledge 2002).

Broderick, Margaret, "Associated Statehood: A New Form of Decolonization," *The*

International and Comparative Law Quarterly, Vol.17, April 1968.

Bryan, Anthony T. and Andres Serbin, eds., *Distant Cousins: The Caribbean-Latin American Relationship* (North-South Center Press, Univ. of Miami, 1996).

Burgess, Simon and Geoffrey Edwards, "The Six plus One: British Policy-Making and the Question of European Economic Integration, 1955," *International Affairs*, Feb. 1988.

Calleya, Stephen, "Malta's Post-Cold War Foreign Policy Agenda," in Andrea K. Riemer and Yannis A. Stivachtis, eds., *Understanding EU's Mediterranean Enlargement* (Peter Lang, 2002).

Castro, Max J., ed., *Free Markets, Open Societies, Closed Borders?: Trends in International Migration and Immigration Policy in the Americas* (North-South Center Press, U. of Miami, 1999).

Chayes, Abram and Antonia H. Chayes, "On Compliance," *International Organization*, Vol.47, No.2, 1993.

Chernick, S., *The Commonwealth Caribbean: The Integration Experience* (The Johns Hopkins U. Press, 1978).

Cox, Robert W. and Harold K. Jacobson, et al., *The Anatomy of Influence: Decision Making in International Organization* (Yale U. Press, 1974).

Dahl, Robert A., *On Democracy* (Yale U. Press, 1998). R・A・ダール著、中村孝文訳『デモクラシーとは何か』(岩波書店、2001年)。

Davey, William J., "Dispute Settlement in the WTO and RTAs: A Comment," in Lorand Bartels and Federico Ortino, eds., *Regional Trade Agreements and the WTO Legal System* (Oxford U.Press, 2006).

Dell, Sidney, *A Latin American Common Market?* (Oxford U. Press, 1966).

Demas, William, G., "The Caribbean and the New International Economic Order," *Journal of Interamerican Studies and World Affairs*, Vol.20, No.3, 1978.

Deutsch, K.W., et al., *Political Community and the North Atlantic Area: International Organization in the Light of Historical Experience* (Princeton U. Press, 1957).

Devlin, Robert, Antoni Estevadeordal and Luis Forge Garay, "Some Economic and Strategic Issues in the Face of the Emerging FTAA," in Jorge I. Dominguez, ed., *The Future of Inter-American Relations* (Routledge, 2000).

Dominguez, Jorge I., "The Transformation of Mexico's Electoral and Party Systems," in J. I. Dominguez and A. Poire, eds., *Toward Mexico's Democratization* (Routledge, 1999).

Dominguez, Jorge I., ed., *The Future of Inter-American Relations* (Routledge, 2000).

Dominguez, Jorge, I. and James A. AcCann, *Democratizing Mexico: Public Opinion and Electoral Choices* (The Johns Hopkins U. Press, 1996), pp.178-179.

Dominguez, Jorge I., R.A. Pastor and R. DeLisle Worrell, eds., *Democracy in the Caribbean, Political, Economic, and Social Perspectives* (The Johns Hopkins U. Press, 1993).

Dresser, Denise, "Trading Lightly and without a Stick: International Actors and the Promotion of Democracy in Mexico," in Tom Farer, ed., *Beyond Sovereignty: Collectively Defending Democracy in the Americas* (The Johns Hopkins U. Press, 1996).

Duina, Francesco, "National Legislatures in Common Markets: Autonomy in the European Union and Mercosur," in T.V. Paul, G. John Ikenberry and John A. Hall, eds., *The Nation-State in Question* (Princeton, 2003).

Eichengreen, Barry, and Jeffry Frieden, eds., *Forging an Integrated Europe* (U. of Michigan Press, 1999).

El-Agraa, Ali M., ed., *International Economic Integration*, Second ed. (Macmillan Press, 1988).

Emmanuel, Patrick A.M., *Approaches to Caribbean Political Integration* (Institute of Social and Economic Research, U. of the West Indies, Cave Hill, Barbados, 1987).

Emmanuel, Patrick, V. Lewis and A. McIntyre, *The Political Economy of Independence for the Leeward and Windward Islands* (U. of West Indies, Mona, 1975).

Fawcett, Louise and Andrew Hurrell, *Regionalism in World Politics: Regional Organization and International Order* (Oxford U. Press, 1995). ルイーズ・フォーセット／アンドリュー・ハレル編、管英輝・栗栖薫子監訳『地域主義と国際秩序』（九州大学出版会、1999年）。

Feinberg, Richard E., *Summitry in the Americas: A Progress Report* (Institute for International Economics, 1997).

Feinberg, R.E., and Robin L. Rosenberg, eds., *Civil Society and the Summit of the Americas: The 1998 Santiago Summit* (North-South Center Press, U. of Miami, 1999).

Feld, Werner J., *Western Europe's Global Reach: Regional Cooperation and Worldwide Aspirations* (Pergamon Press, 1980).

Frankel, Jeffrey A., *Regional Trading Blocs in World Economic System* (Institute for International Economics, 1997).

Frei, Eduardo M., "The Alliance That Lost Its Way," *Foreign Affairs* (March, 1967).

Freymond, Jean F., *Political Integration in the Commonwealth Caribbean: A Survey of Recent Attempts with Special Reference to the Associated States (1967-1974)* (Genève: Institut Universitaire de Hautes Etudes Internationales, 1980).

Gallagher, Kevin P., *Free Trade and the Environment: Mexico, NAFTA, and Beyond* (Stanford U. Press, 2004).

Gamble, Andrew and Anthony Payne, eds., *Regionalism and World Order* (St. Martin's Press, 1996).

Garcia Muñiz, Humberto, *Boots, Boots, Boots: Intervention, Regional Security and Militarization in the Caribbean 1979-1986* (Rio Piedras, Puerto Rico: Caribbean Project for Justice and Peace, 1986).

Gauhar, Altaf, *Regional Integration: The Latin American Experience* (Third World Foundation, 1985).

George, Stephen, *An Awkward Partner: Britain in the European Community* (Oxford U. Press, 1990).

——, *Politics and Policy in the European Community*, Second ed. (Oxford U. Press, 1991).

Gilpin, Robert, *Global Political Economy: Understanding the International Economic Order* (Princeton U. Press, 2001). ロバート・ギルピン著、古城佳子訳『グローバル資本主義——危機か繁栄か』(東洋経済新聞社、2001年)。

——, *The Political Economy of International Relations* (Princeton U. Press, 1987). 佐藤誠三郎、竹内透監修『世界システムの政治経済学』(東洋経済新聞社、1990年)。

Green, Roy E., ed., *The Enterprise for the Americas Initiative: Issues and Prospects for a Free Trade Agreement in the Western Hemisphere* (Praeger, 1993).

Gregg, Robert W., ed., *International Organizations in the Western Hemisphere* (Syracuse U. Press, 1968).

Grunwald, J., ed., *Latin America and World Economy: A Changing International Order* (Sage Publications, 1978).

Grunwald, J., M.S. Wionczek and M. Carnoy, *Latin American Economic Integration and U.S. Policy* (the Brookings Institution, 1972).

Haas, Ernst B., "The Study of Regional Integration: Reflections on the Joy and Anguish of Pretheorizing," in Leon N. Lindberg and Stuart A. Scheingold, eds., *Regional Integration: Theory and Research* (Harvard U. Press, 1971).

Haas, E.B., *The Obsolescence of Regional Integration Theory* (Institute of International Studies, U. of California, Berkeley, 1975).

Haggard, Stephan and Beth A. Simmons, "Theories of International Regimes," *IO*, Vol.41, No.3, 1987.

Heraldo Munoz, ed., *Environment and Diplomacy in the Americas* (Lynne Rienner Publishers, 1992).

Hewan, Clinton G., *Jamaica and the United States Caribbean Basin Initiative: Showpiece of Failure?* (Peter Lang, 1994).

Hirschman, Albert O., *Exit, Voice, and Loyalty: Responses to Decline in Firms, Organizations and States* (Harvard U. Press, 1970).

Hooghe, Liesbet and Gary Marks, *Multi-Level Governance and European Integration* (Rowman & Littlefield Publishers, Inc., 2001).

Iida, Keisuke, *Legalization and Japan: The Politics of WTO Dispute Settlement* (Cameron May, 2006).

Ince, Basil A., Anthony T. Bryan, Herb Addo and Ramesh Ramasaran, eds., *Issues in Caribbean International Relations* (U. Press of America, 1983).

Jackson, John H., *Restructuring the GATT System* (Royal Institute of International Affairs, 1990). ジョン・ジャクソン著、松下満雄監訳『世界貿易機構、ガット体制を再構築する』(東洋経済新聞社、1990年)。

Jacobson, Harold, *Networks of Interdependence: International Organizations and the Global Political System* (Alfred A. Knopf, 1979).

Katzenstein, Peter J., *A World of Regions: Asia and Europe in the American*

Imperium (Cornell U. Press, 2005).

Kay, Cristobal, *Latin American Theories of Development and Underdevelopment* (Routledge, 1989).

Keohane, Robert, *After Hegemony* (Princeton U. Press, 1984).

Keohane, Robert O., and Joseph S. Nye, Jr., *Power and Interdependence: World Politics in Transition* (Little Brown and Company, 1997; Third ed., Longman, 2001).

Keohane, Robert O., Andrew Moravcsik, and Anne-Marie Slaughter, "Legalized Dispute Resolution: Interstate and Transnational," in Beth A. Simmons and Richard H. Steinberg, eds., *International Law and International Relations* (Cambridge U. Press, 2006).

Kizilyurek, Niazi "Cyprus," in Hortense Horburger, ed., *EU Enlargement: Our Neighbour's Views* (Schuren, 2003).

Korbonski, Andrej, "Theory and Practice of Regional Integration: the Case of Comecon," in Lindberg and Scheingold, eds., *Regional Integration: Theory and Research* (Harvard U. Press, 1971).

Kostecki, M.M., *East-West Trade and the GATT System* (St. Martin's Press, 1978).

Krasner, Stephen D., ed., *International Regimes* (Cornell U. Press, 1983).

Krause, Walter and F.J. Mathis, *Latin America and Economic Integration: Regional Planning for Development* (U. of Iowa Press, 1970).

Lavenex, Sandra & Frank Schimmelfennig, "Relations with the Wider Europe," in Sedelmeier & Young, eds., *The JCMS Annual Review of the European Union in 2006*.

Leary, Virginia A., "Workers' Rights and International Trade: The Social Clause(GATT, ILO, NAFTA, U.S. Laws), in Jagdish N. Bhagwati and Robert E. Hudec, eds., *Fair Trade and Harmonization: Prerequisites for Free Trade?* (MIT Press, 1996).

Levinson, Jerome and Juan de Onis, *The Alliance That Lost Its Way: A Critical Report on the Alliance for Progress* (Quadrangle, 1970).

Lewis, Gordon K., *The Growth of the Modern West Indies* (Monthly Review Press, 1968).

―――, *Grenada: The Jewel Despoiled* (The Johns Hopkins U. Press, 1987).

Lewis, Sir W. Arthur, *The Industrialization of the British West Indies* (Caribbean Organization, Puerto Rico).

Lewis, Vaughan, ed., *Size, Self-Determination and International Relations: The Caribbean* (Mona, Kingston: Institute of Social and Economic Research, U. of the West Indies, 1976).

Lindberg, L.N. and S.A. Scheingold, eds., *Regional Integration: Theory and Research* (Harvard U. Press, 1971).

Lowenthal, David, and Lambros Comitas, eds., *The Aftermath of Sovereignty: West Indian Perspectives* (Anchor Books, 1973).

Luif, Paul, *On the Road to Brussels: the Political Dimension of Austria's, Finland's and Sweeden's Accession to the European Union* (Austrian Institute for International Affairs, 1995).

Luo, Yan, "Dispute Settlement in the Proposed East Asia Free Trade Agreement: Lessons Learned from the ASEAN, the NAFTA, and the EU," in Lorand Bartels and Federico Ortino, eds., *Regional Trade Agreements and the WTO Legal System* (Oxford U. Press, 2006).

Manley, Michael, "Overcoming Insularity in Jamaica," *Foreign Affairs* (Oct.1970).

Mattli, Walter, *The Logic of Regional Integration: Europe and Beyond* (Cambridge U. Press, 1999).

Mayer, Frederick W., *Interpreting NAFTA: the Science and Art of Political Analysis* (Columbia U. Press, 1998), p.115.

Mestral, Armand de, "NAFTA Dispute Settlement: Creative Experiment or Confusion?" in Lorand Bartels and Federico Ortino, eds., *Regional Trade Agreements and the WTO Legal System* (Oxford U. Press, 2006).

Milenky, Edward W., *The Politics of Regional Organization in Latin America: The Latin American Free Trade Association* (Praeger, 1973).

Mittelman, James H., *The Globalization Syndrome* (Princeton U. Press, 2000).

Morawetz, David, *The Andean Group: A Case Study in Economic Integration among Developing Countries* (MIT Press, 1974).

Mordecai, Sir John, *Federation of the West Indies* (Northwestern U. Press, 1968).

Mytelka, Lynn, *Regional Development in a Global Economy: The Multinational Corporaton, Technology, and Andean Integration* (Yale U. Press, 1979).

Nye, J. S., Jr., "Comparing Common Markets: A Revised Neo-Functionalist Model," in Lindberg and Scheingold, eds., *Regional Integration* (Harvard U. Press, 1970).

Nye, J. S., Jr, and John D. Donahue, eds., *Governance in a Globalizing World* (Brookings Institution Press, 2000).

Pastor, Robert A., *Toward A North American Community: Lessons from the Old World for the New* (Institute for International Economics, 2001).

Payne, A.J., *The Politics of the Caribbean Community 1961-79: Regional Integration amongst New States* (Manchester U. Press, 1980).

——, *The International Crisis of the Caribbean* (The Johns Hopkins U. Press, 1984).

Payne, A.J., Paul Sutton and Tony Thorndike, *Grenada: Revolution and Invasion* (St Martin's Press, 1984).

Payne, A. and T. Thorndike, eds., *Modern Caribbean Politics* (The Johns Hopkins U. Press, 1993).

Pedersen, Thomas, "EC-EFTA Relations: An Historical Outline," in Helen Wallace, ed., *The Wider Western Europe: Reshaping the EC/EFTA Relationship* (Pinter Publishers, 1991).

Preiswerk, Roy, ed., *Documents of International Relations in the Caribbean* (Institute of Caribbean Studies, Universidad de Puerto Rico).

Puyana de Palacios, Alicia, *Economic Integration Among Unequal Partners* (Pergamon Press, 1982).

Ramsaran, Ramesh, *The Commonwealth Caribbean in the World Economy* (Macmillan, 1989).

Riemer, Andrea K., "Turkey: A Regional Player and Bridge in EU's Eastern Mediterranean Enlargement?" in Andrea K. Riemer & Yannis A. Stivachtis, eds., *Understanding EU's Mediterranean Enlargement: the English School and the Expansion of Regional International Societies* (Peter Lang, 2002).

Robert, Maryse, *Negotiating NAFTA: Explaining the Outcome in Culture, Textiles, Autos, and Pharmaceuticals* (U. of Toronto Press, 2000).

Robson, Peter, *The Economics of International Integration*, Third ed. (Unwin Hyman, 1987), pp.169-170.

Rosenau, James and E. Czempiel, eds., *Governance without Government: Order and Change in World Politics* (Cambridge U. Press, 1992).

Ruggie, John Jerard, ed., *Multilateralism Matters: The Theory and Praxis of An Institutional Form* (Columbia U. Press, 1993).

Russett, Bruce M., *International Regions and the International System: A Study in Political Ecology* (Greenwood Press, 1967).

Sedelmeier, Ulrich "Eastern Enlargement," in Helen Wallace, William Wallace, and Mark A. Pollack, eds., *Policy-Making in the European Union*, Fifth ed. (Oxford U. Press, 2005).

Smith, James McCall, "The Politics of Dispute Settlement Design: Explaining Legalism in Regional Trade Pacts," in Beth A. Simmons and Richard H. Steinberg, eds., *International Law and International Relations* (Cambridge U. Press, 2006).

Stivachtis, Yannis A., "Cyprus' Entry Into the European Union," in Andrea K. Riemer and Yannis A. Stivachtis, eds., *Understanding EU's Mediterranean Enlargement* (Peter Lang, 2002).

Teitel, Simon and Francisco E. Thoumi, "From Import Substitution to Exports: The Manufacturing Exports Experience of Argentina and Brazil," *Economic Development and Cultural Change*, Vol.34, No.3, 1986.

Tinbergen, J., *International Economic Integration*, Second ed. (Amsterdam: Elsevier, 1965).

Tsoukalis, Loukas, *The European Community and its Mediterranean Enlargement* (George Allen & Unwin, 1981).

Tsunekawa, Keiichi, "Why So Many Maps There? Japan and Regional Cooperation," in T. J. Pempel, ed., *Remapping East Asia: The Construction of a Region* (Cornell U. Press, 2005).

Vayrynen, Raimo, ed., *Globalization and Global Governance* (Rowman & Littlefield Publishers, 1999).

Wallace, Elizabeth, *The British Caribbean: From the Decline of Colonialism to the End of Federation* (U. of Toronto Press, 1977).

Wallace, Helen, ed., *The Wider Western Europe: Reshaping the EC/EFTA Relationships* (Pinter Publishers, 1991).

Wallace, Helen and William Wallace, eds., *Policy-Making in the European Union*, Fourth ed. (Oxford U. Press, 2000).

Wallace, Helen, William Wallace and Mark A. Pollack, eds., *Policy-Making in the European Union*, Fifth ed. (Oxford U. Press, 2005).

Wallace, William, *Regional Integration: The West European Experience* (The Brookings Institution, 1994).

Watson, Hilbourne A., ed., *The Caribbean in the Global Political Economy* (Lynne Rienner Publishers, 1994).

Williams, Eric, *From Columbus to Castro: The History of the Caribbean 1492-1969* (Harper & Row, 1970). エリック・ウィリアムズ著、川北稔訳『コロンブスからカストロまで——カリブ海域史、1492－1969』Ⅰ、Ⅱ（岩波現代選書、1978年）。

Worrell, DeLisle, *Small Island Economies: Structure and Performance in the English-Speaking Caribbean since 1970* (Praeger, 1987).

Wionczek, Miguel S., ed., *Latin American Economic Integration* (Praeger, 1973).

Wise, Carol, ed., *The Post-NAFTA Political Economy: Mexico and the Western Hemisphere* (Pennsylvania State U. Press, 1998).

Yamamoto, Yoshinobu, *Globalism, Regionalism & Nationalism: Asia in Search of its Role in the 21st Century* (Blackwell Publishers, 1999).

Yarbrough, Beth V. and Robert M. Yarbrough," Reciprocity, Bilateralism and Economic ‘Hostages’: Self-Enforcing Agreements in International Trade," *International Studies Quarterly*, Vol.30, No.1, 1986.

Young, Oran, *International Governance: Protecting the Environment in a Stateless Society* (Cornell U. Press, 1996).

（注）日本語訳を引用した文献については、Ⅰ邦文文献としてまとめた。

索引

（あ行）

IMF　　16,31,82,96,114,149,150,170,190,
　　197,205,212,228,235,245
アイスランド　　23,137,217,235
アイルランド　　24,29,66,78,79,80,103,104,
　　135,136,168
アジア開発銀行　　14,93,94,95
アジア通貨危機　　38,59,149,234
ASEAN　　36,56-59,117-120,179-181,218,
　　219
ASEAN拡大外相会議（PMC）　　16,37,
　　58,149,150,151
ASEAN閣僚会議　　57
ASEAN憲章　　57,117-118,120,181
ASEAN自由貿易地域　　4,14,165
ASEAN首脳会議　　56,57
ASEAN＋3　　38,59,94,129,149,150,239
ASEM　　14,37,206,219
ARF　　14,37,38,58,59,127,129,149,150,151,
　　152,153,169,219,228,236
アムステルダム条約　　29,45,106,140,163,
　　167
アリステッド　　114,115
アルゼンチン　　25,35,82,83,84,85,86,88,90,
　　111,142,166,228
RTA　　16,22,143,165,189,219-221,224
アンギラ　　88,89
UNCTAD　　17,26,75,184,205
安全保障共同体　　2,6,21,101,102,118,119,
　　120,121,130,195,240
アンティグア（・バーブーダ）　　26,88,89,
　　144
アンデス開発公社　　13,14,54,82,83,88
アンデス外相理事会　　54,55,171,177
アンデス議会　　54,55
アンデス共同市場　　14,21,25,35,53,54,83,90,
　　122,131,142
アンデス共同体　　25,26,54,55,177,178,214,
　　215

アンデス共同体委員会　　54,55,171,177
アンデス共同体司法裁判所　　177,178
アンデス・グループ　　212
アンデス大統領理事会　　54
EAI構想（米州）　　15,30,31
域外共通関税　　27,35,43,91,131
域内先進国（MDC）　　16,83,89,91,94,142,
　　234
域内途上国（LDC）　　16,27,77,83,89,90,91,
　　94,229,234
EC（欧州）委員会　　43,44,45,47,57,60,78,
　　107,108,138,139,141,215
ECSC　　15,22,23,24,44,46,107,133,134
EC（EU）加盟申請　　104,134,141
EC閣僚理事会　　44
ECのGSP　　208
EC理事会（EU理事会）　　44,45,47,51,138,
　　154,199
意思決定機関　　44,50,53,54,154,161
逸脱　　5,161,162,163,164,166,168,182,183,
　　231
一般特恵制度（GSP）　　16,75,77,90,199,
　　208,209,212,213,215
イタリア　　1,22,66,79,80,84,104,136,168,193,
　　197,222
イデオロギー　　5,38,74,92,95,101,102,103,
　　106,111,112,115,116,118,120,193,228,237
インド　　14,28,34,58,95,150,151,152,193,196,
　　200,206,208,214,217,218,239,240,245
インドネシア　　36,67,95,118,149,217,240,
　　243
インフォーマル・セクター　　33
ウィリアムズ、E.　　27,111
ウルグアイ　　25,35,82,84,85,86,88,111,166
ウルグアイ・ラウンド　　29,30,194,198
英国　　1,23,24,26,29,39,43,45,50,66,78,79,80,
　　85,103,104,106,111,112,119,131,133,134,
　　135,136,137,138,141,144,145,162,163,166,
　　168,169,176,183,184,189,192,193,194,197,
　　198,215,222,243,250,251,252
ACP諸国　　24,76,134,136,199,205,208,209
APEC　　36,37,55,56,115-117,181,216,217
英領ヴァージン諸島　　88,89
英連邦　　23,26,39,111,133-135,136,189,193,

194

エクアドル　25,35,55,64,82,84,86,88,90,147,
　163,166,199,208
エネルギー　33,38,56,67,102,133,180,206,
　210,213,219,236,237,238,239
エルサルバドル　24,82,84,85,86,166,208
沿岸警備　239
ＯＥＣＤ　16,31,77,138,203,205,212,245
欧州安全保障協力会議（ＣＳＣＥ）　102,
　105,135,252
欧州議会　10,15,43,44,45,47,66,107,108,207,
　209
欧州共同体（ＥＣ）・欧州連合（ＥＵ）
　22-24,44-50,103-108,133-142,175,195-200,
　204-209
欧州経済地域（ＥＥＡ）　15,104,137,140,
　246
欧州憲法　29,47,107
欧州司法裁判所　13,15,44,45,46,175
欧州自由貿易連合（ＥＦＴＡ）　9,10,15,21,
　22,23,24,103,131,132,133,134,135,136,137,
　144,155,216,217,218,220
欧州社会基金　15,78
欧州地域開発基金　15,78,104,136,198
欧州中央銀行（ＥＣＢ）　15,162,163
欧州中央銀行制度（ＥＣＢＳ）　15,163
欧州通貨同盟（ＥＭＵ）　15,47,162,163
欧州通貨制度（ＥＭＳ）　15,29
欧州農業指導保証基金　81
欧州理事会　44,47,51,60,63,79,140,161,215
オウロ・プレット議定書　52,171
オーストラリア　14,26,36,37,38,55,58,67,
　77,117,129,148,149,150,151,196,198,210,
　217,218
オーストリア　23,66,79,80,84,134,135,137,
　138,140
オチョ・リオス宣言　113
オプト・アウト　127,162,231,233
オランダ　22,47,66,79,80,85,133,136,168,
　222

（か行）

ガイアナ　27,28,51,64,82,84,86,88,89,123,
　143,144,146
海賊　58,239,241
開発援助　16,36,76,77,82,95,198,207
開発政策　233
開発独裁　117,118,228
拡大（ＥＣ・ＥＵ）
　第1次拡大　24,131,132,135
　第2次拡大　136
　第3次拡大　79,132,135,136
　第4次拡大　104,131,132,135,137,140
　第5次拡大　29,81,82,106,138,139,140,
　　141,206
価値の分配　4,5,67,71,73,74,78,81,90,91,93,
　95,229
ＧＡＴＴ　21,22,24,29,30,37,71,75,76,81,95,
　110,164,165,178,182,183,189,194,195,196,
　197,198,208,218,222
ＧＡＴＴ第24条　22,37,60,71,143,144,189,
　195
カナダ　6,26,37,51,58,67,77,84,115,117,149,
　150,151,166,167,170,191,192,194,196,198,
　200,201,209,215,217,234
カリブ開発銀行　13,14,82,83,87,88,89,145,
　154,176
カリブ共同体・共同市場（ＣＡＲＩＣＯＭ）
　26-28,50,51,111-115,144-146,175,176,215
カリブ共同体閣僚理事会　50,51
カリブ共同体事務局　51
カリブ共同体首脳会議　50,62,145
カリブ司法裁判所　14,176
カリブ自由貿易連合（ＣＡＲＩＦＴＡ）
　14,21,27,50,131,144,145
カリブ地域支援構想（ＣＢＩ）　14,34,93,
　148,214
カルタヘナ条約　55,178
環境問題　30,31,32,33,34,52,110,147,204,
　210,213,220,221,240,241
韓国　37,38,58,59,67,85,95,116,117,147,149,
　150,151,152,210,213,214,217,218,220,235,
　236,238,239,240,241,243

関税同盟　3,16,22,27,45,71,132,133,134,141,143,145,206,210,213,215,217
カンボジア　92,93,118,129,209,229
気候変動枠組み条約　32,34
北大西洋条約機構（ＮＡＴＯ）　16,23,103,130,135,137,154,167,168
北朝鮮　36,38,58,59,116,150,151,152,235,236,238
機能的協力　51,128,145
キプロス　66,103,104,105,106,123,136,137,138,139,140,141,142,156,162,168,206
京都議定書　32,210,221,240
キューバ　30,93,112,113,115,143,166,208,212
競争政策　78,200
共通外交・安全保障政策（ＣＦＳＰ）　14,47,167
共通外資政策（ＣＦＰ）　14,25,26
共通農業政策（ＣＡＰ）　14,28,45,78,80,81,82,104,136,139,197,198,242
漁業指導基金　78
ギリシャ　66,78,79,80,103,104,136,137,139,141,156,168
金本位制　193,194
グアテマラ　24,82,84,85,86,108,166,199,208
クーデンホーフ・カレルギー、Ｒ．　23
クリントン、Ｂ．　30,55,110,115,149,172
グリーンルーム　196
グレナダ　26,88,89,111,112,113,115,145
グレナダ介入　112,113,119,121
グローバリズム　5,189,190,191,192,194,195,219,220,221,251
グローバリゼーション　5,6,29,65,102,130,153,174,191,192,201,202,203,204,216,219,221,227,230,247
軍事政権　25,28,102,103,108,122,237,249
ケイマン諸島　88,89
ケネディ、Ｊ．Ｆ．　25
構造主義　3,191,194
公的補助金　75
国際経済秩序　5,26,29,71,95,154,189,190,191,194,195,197,221,227,230,245
コペンハーゲン基準　104
コミトロジー　44

コメコン　101,102,122,135,138
コモン・ロー　176
ゴルバチョフ、Ｍ．Ｓ．　105
コンディショナリティー　149,170,190,208
公平な価値の分配　73-74,91
国民投票　13,24,27,29,104,105,107,108,109,135,137,163,171,172,184,231,253
国連　17,104,109,112,114,115,119,120,141,142,146,151,152,153,156,167,168,178,181,205,219,235,238
国連開発計画　17,150
国連憲章第51条　112,167,246
国連ミレニアム開発目標　4,76,94,220
国連ラテンアメリカ・カリブ経済社会委員会　25,35,39
コスタリカ　24,25,82,84,85,86,88,166,208,215
国家主権　5,6,32,50,59,60,65,129,154,161,165,168,170,172,174,181,182,228,230,231,232,233
国家間機関　173
コトヌー協定　6,24,76,97,207,215
コヘイン　174
コロンビア　25,35,82,83,84,85,86,88,90,147,163,166,208,213,214
コンセンサス方式　47,51,56,61,62,63,64,65,151,196,231

（さ行）

最高意思決定機関　36,50,52,53,54,56,57,59,60,64,171,182,196,197,231
砂糖　199,209
サブリージョナルな統合　25,122,131,145
サリーナス　31,110
産業補完協定　25,163,229
シェンゲン協定　168
市場狭小国　90,142
自助努力　95,96
ジスカールデスタン、Ｖ．　47
自然災害　36,77,239
持続的発展　32,34,199,220,240
司法内務協力（警察・刑事司法協力）　38,44,163,168

社会主義　38,65,74,92,93,96,101,102,105,
　　108,112,115,117,118,120,121,138,139,193,
　　194,228
社会保障　46,74,79,132,242
ジャマイカ　26,27,64,82,84,85,86,88,89,111,
　　112,113,144
授権条項　60,71,75,143,148,189,200,208,245
自由主義　3,28,92,97,193,194,213,246
重商主義　192
重層的制度　129,153,230
重層的地域経済統合機構　128,129,130,
　　131,132,142-146,153,154
重層的統合システム　5,182,233
集団安全保障　108,112,166,167,168,235,239
自由貿易協定（FTA）　6,7,201-204,
　　219-221
主権の相互尊重　57,118
シューマン、R.　22
少数国間主義　163
常設裁判所　173,175,178,179,181,182,
　　183,232
食品衛生基準　241
シンガポール　36,57,67,92,95,149,196,210,
　　213,214,217,218,220,234,235,240
新機能主義　2,3,59,101
新経済自由主義　25,31,35,74,96,109,110,
　　115,116,190,205,228,245
人権問題　31,66,116,119,120,141,167,177,
　　210,213
新国際経済秩序（NIEO）　16,26,29
新太平洋共同体構想　149
人道的介入　112,120,167,230
進歩のための同盟　25
信頼醸成　36,37,38,58,102,105,129,150,169,
　　207,219,236,239
スイス　23,77,85,104,134,137,217
スウェーデン　23,66,79,80,85,134,135,137,
　　140,163
スクレ議定書　35
スピルオーバー仮説　2
スペイン　1,24,52,66,78,79,80,81,85,103,
　　104,136,168,207,215
スミス、A.　3,173
スリナム　82,84,86,122,143,146,176

西欧同盟（WEU）　17,23,135,167,168,183
政治統合　1,2,3,6,24,28,40,47,107,128,129,
　　145,176
世界貿易機関（WTO）　75-77,189-191,
　　195-201
石油ショック　29,190
世銀　82,85,96,114,150,154,178,190,197,205
セーフガード　164,165,166,182,183,231
繊維　34,138,198,199,212
全会一致　28,45,50,51,57,61,62,63,112,135,
　　177
セント・キッツ・ネービス　26,88,89
セント・ビンセント　26,88,89
セント・ルシア　26,88,89
相互主義　75,76,77,90,94,97,189
ソ連（ソビエト）　23,37,93,101,102,105,
　　115,135,137,138,156,193,237

（た行）

タイ　36,67,92,117,118,119,149,210,217,240
第1次法　171,172
第2次法　171,172,176,182,183,232
第一審裁判所　45,46,175
大恐慌　193
太平洋経済協力会議（PECC）　16,36
台湾　37,56,67,95,117,152,236,237
多角主義　24,75,194,195
多国籍企業　25,26,191
脱植民地化　21,23,26,28,38,39,50,76,119,
　　131,135,144,146,176
単一欧州議定書　29,45,137,171
団体交渉力　37,72,129,197,216
地域主義　1-4,6
地域政策　78
地域統合　1-4,6,230-233
チェコ　66,80,104,105,138,140,162
チェンマイ・イニシアティブ　59,150,234
知的財産権　34,147,199,204,206,210,211,
　　220,241,246
中欧自由貿易協定（CEFTA）　14,138,
　　156
中国　14,34,36,37,38,56,58,59,63,67,74,
　　85,92,93,95,115,116,117,121,129,149,150,

　　　　151,152,169,193,194,197,199,205,206,211,
　　　　212,214,216,217,218,228,234,235,236,237,
　　　　238,239,240,241,245,250
中米経済統合銀行　　14,82,85
中米機構　　16,24,25,53,142,177
中米統合システム（ＳＩＣＡ）　　17,53,54,
　　　　62,129,163,171,175,177,194
中米共同市場（ＣＡＣＭ）　　3,14,21,24,25,
　　　　53,82,85,108,142,147,176,215
中米裁判所　　176,177
中米紛争　　34,166,176,177
中立政策　　23,104,135,137,139,156
チャグアラマス条約　　50,91,113,115,165,
　　　　171
チャーチル、W.　　23,39,155
超国家的　　2,5,43,60,78,81,96,101,129,133,
　　　　134,163,166,171,173,175,181,228,230,232,
　　　　233
チリ　　25,28,35,37,67,82,84,85,86,90,116,117,
　　　　127,143,144,146,147,149,166,208,213,216,
　　　　217,220,228
通貨統合　　163,183,190,215
帝国主義　　3,193
テグシガルパ議定書　　35,53,171,177
テロリズム　　102,204,219,239
デンマーク　　23,24,66,79,80,84,91,103,134,
　　　　135,136,162,163,184,222
ドイツ　　1,3,22,23,43,45,66,79,80,84,104,133,
　　　　134,136,137,138,141,168,193,197,198,218,
　　　　222,229,243,245
ドイッチュ、K.W.　　2,6,101,120,121,130,
　　　　195
投票権　　50,62,86,87,90,94,95,196,197
東南アジア友好協力条約（ＴＡＣ）　　17,57,
　　　　151
特定多数決制度　　45,62
ド・ゴール、Ch.　　28,133,134,135
ドーハ開発アジェンダ　　14,205,210,220
ドミニカ共和国　　14,24,34,82,84,85,86,114,
　　　　166,215
ドミニカ（国）　　26,86,88,89
トリニダード・トバゴ　　26,27,28,64,82,84,
　　　　85,86,88,89,111,144,166
トルコ　　77,80,103,104,106,136,137,141,156,
　　　　206,221,243
トルヒーヨ議定書　　35,54
奴隷制　　28,192,193

　　　　　　　　（な行）

ナイ、J.　　3
内政不干渉　　57,118,120,151,153,228
南北問題　　26,75,104,245
ニカラグア　　24,34,82,83,84,85,86,166,208
ニクソン・ショック　　28,93,190,218
二国間主義　　131
西インド諸島大学　　27,145
西インド諸島連邦　　26,27,127,144,154
ニース条約　　29,45,66,106,140,163,168
日本の対東アジア関係　　235-239
日本の経済連携協定　　6,7,240,243
ニュージーランド　　14,37,58,67,77,117,148,
　　　　150,151,217,218,235
人間の安全保障　　74,76,95
ノルウェー　　23,24,77,85,104,134,135,137

　　　　　　　　（は行）

ハイチ　　16,82,83,84,86,92,113,114,115,
　　　　119,122,123,146,166,167,176,224
パキスタン　　58,95,150,151,152,217
ハース、E.　　2
バナナ　　199,209
パナマ　　25,53,82,85,88,147,163,166,208,213,
　　　　214,218
バーナム、F.　　27,111,123
バハマ　　82,84,86,88,89,114,164,166
パプア・ニューギニア　　58,150,151
パラグアイ　　25,35,82,84,85,86,88,91,110,
　　　　111,166
バラッサ、B.　　3,202
バルセロナ宣言　　207
バルバドス　　26,27,82,83,84,86,88,89,112,
　　　　113,144,145
ハンガリー　　23,66,80,101,104,105,138,140,
　　　　162,235
バングラデシュ　　58,209,239
不干渉主義（非介入主義）　　24,65,67,109,

167,228,230
非核地帯化　58,67,152,166,219,239
比較的低開発国　83,90,142
東アジア共同体　1,38,116,239,241
東カリブ共同市場（ECCM）　15,21,22,27,28,64,131,145
東カリブ諸国機構（OECS）　16,21,28,64,91,112,119,127,128,131,132,145,166
東カリブ地域安全保障システム（RSS）　16,123
東カリブ・ドル　27
東ティモール　58
非国家主体　179
ヒトの自由移動　27,28,35,52,71,79,96,227,242
ピノチェト　25
開かれた地域主義　37
貧困問題　30,77,94,167,170,193
ファスト・トラック　172
フィリピン　36,67,118,217,240
フィンランド　23,66,79,80,84,134,135,137,140
ブエノス・アイレス議定書　24
ブッシュ、G.（父）　30,31,110,115,138,172
ブラジリア議定書　179
ブラジル　14,25,30,35,63,64,82,83,84,85,86,88,90,108,109,111,146,147,166,192,196,198,216,228,235,245
フランス　22,23,28,29,43,45,47,66,79,80,81,84,104,115,133,134,135,136,137,141,168,169,193,197,198,207,214,222,243
ブルガリア　29,66,77,80,106,138,139,140
ブルネイ　67,118,217,240
フレイ　25
プレビッシュ、R.　25,75,90
紛争解決　5,13,58,63,67,120,146,167,168,172,173,174,175,178,179,180,181,191,200,201,205,213,218,232
プンタ・デル・エステ憲章　142
米国のFTA政策　30,146-148,209-211,213,214
米国のGSP　212,213
米州開発銀行（IDB）　16,82,83,84,85,86,87,89,90,97,114,145,154,234

米州機構（OAS）　16,24,38,39,56,82,93,97,108,109,112,113,114,115,146,166,167,219,234
米州自由貿易圏（FTAA）構想　15,29,109,146-148
米州人権裁判所　177
米州大統領会談（米州サミット）　30,39,109
米州民主主義憲章　113,167
ベトナム　36,67,92,95,117,118,119,129,150,217,228,229,238
ベネズエラ　25,35,82,83,84,86,88,89,90,109,143,163,166,208
ベネルクス関税同盟（経済同盟）　22,132,133,195
ベリーズ　53,64,82,84,85,86,88,89,91,129,163
ペルー　25,35,37,55,67,82,83,84,86,88,90,117,122,129,147,166,167,208,213,214,217,249
ベルギー　22,66,79,80,84,168,222
貿易自由化　23,25,27,28,33,34,35,37,50,71,90,117,133,142,147,149,164,189,190,195,216,217
ホーク　36
北米自由貿易協定（NAFTA）　30-34,51,52,178,179,200,201
保護主義　3,21,81,144,197,198
ボゴール宣言　94,149,165,216,217,229,234
北海道洞爺湖サミット　34,240
ポーランド　66,80,82,104,105,138,140,156,162
ボリビア　25,35,64,82,83,84,86,88,90,147,166,208,228
ポルトガル　23,66,78,79,80,85,91,103,134,135,136,168
香港　37,56,67,95,117,149,152,217,234,240
ホンジュラス　24,25,82,83,84,85,86,166,199,208

（ま行）

マキラドーラ　31,40
マーストリヒト条約　29,78,106,162

マハティール　149
マナグア条約　25
マネー・ロンダリング　239,240
マルタ　66,104,105,106,136,139,140,141,
　　162,168
マレーシア　36,67,149,210,217,240
麻薬　30,36,58,114,147,167,200,204,208,214,
　　215,219,220,221,239
ミャンマー　92,118,119,129,209
民主化　5,26,31,102,103,105,106,109-120,
　　123,138-141,146,156,167,209,210,236,237
民主主義　5,92,101-121,138,139,146,149,
　　167,177
メキシコ　6,25,30,31,32,33,34,37,51,52,67,
　　82,83,84,85,86,88,90,91,97,110,117,127,
　　129,142,143,144,146,166,170,199,201,208,
　　209,216,217,220,222,235,244,245,251
メルコスール　35,52,53,110-111,179,201,
　　215
モネ、J．　22
モンゴル　58,150,151,208
モンテビデオ条約　90,142
モントセラト　26,88,89
モンロー宣言　65

（や行）

ヤウンデ協定　24,103,134,195
優遇措置　10,27,33,74,76,77,90,91,95,96,
　　127,142,162,208,229
輸入代替工業化（ＩＳＩ）　16,21,25,28,72,
　　110,142,191
ＥＵＲＡＴＯＭ　15,23,24,44
ユーロ　162,163,218

（ら行）

ラオス　93,118,119,129,209,229
ラテンアメリカ自由貿易連合（ＬＡＦＴＡ）
　　3,16,21,25,68,82,90,93,108,127,131,142,
　　143,234
ラテンアメリカ準備基金（ＦＬＡＲ）
　　15,54
ラテンアメリカ統合連合（ＡＬＡＤＩ）

　　14,21,71,127,129,131,132,142,143,147,148,
　　163,217,234
リオ条約　24,39,108,166,167
リスボン条約　2,29,44,47,107,161,175
リーダーシップ　33,52,57,58,61,63,64,67,
　　116,196,197
リトアニア　66,80,104,105,140,162
リヒテンシュタイン　137
累積債務問題　31,96,190,228
ルクセンブルク　22,28,66,79,80,168
ルクセンブルクの合意　28,45
ルーマニア　29,66,80,106,138,139,140
レーガン、R．　34
レジーム論　2,7,66
連携協力協定　138
連合協定　85,131,137,138,139,140,208,215
ロシア　14,37,38,58,63,67,77,117,129,138,
　　150,151,156,169,197,205,206,211,236,238,
　　240,245
ローマ条約　21,22,23,45,103,106,134,137,
　　155
ロメ協定　24,29,76,97,103,134,136,195,199
6ヵ国協議　38,59,152,236

（わ行）

ワシントン議定書　109
ワルシャワ条約機構　102

著者略歴
1957年　東京都生まれ
1980年　東京外国語大学英米語学科卒業
1982年　ミシガン大学大学院前期博士課程修了（政治学修士）
1990年　東京大学大学院総合文化研究科博士課程単位取得退学（国際関係論専攻）
現　在　亜細亜大学国際関係学部非常勤講師

主要論文
「国際貿易秩序と地域主義――重層的協力枠組み形成の論理」『国際政治』第111号、1996年
「脱植民地化の国際規範と憲法改正――英領西インド諸島の事例を中心に、1941－62年――」『国際政治』第147号、2007年

著書
『地域経済統合と重層的ガバナンス――ラテンアメリカ、カリブの事例を中心に――』中央公論事業出版、2005年

地域統合、国家主権とグローバリゼーション

2009年7月6日初版発行

著　者　松　本　八重子

制作・発売　中央公論事業出版
〒104-0031　東京都中央区京橋2-8-7
電話 03-3535-1321　Fax 03-3535-1325
http://www.chukoji.co.jp/

印刷／藤原印刷　製本／青木製本所

Printed in Japan　2009 © Matsumoto Yaeko
ISBN978-4-89514-337-0 C3033 ¥3200E